차 애호가와 티 소믈리에를 위한

티 tea 커뮤니케이션

글·사진 고재윤 박사

머리말

국민들의 소득수준과 함께 힐링과 웰빙에 대한 관심이 높아지면서 차(茶, tea) 문화는 일상생활에 자리 잡았고, 건강한 음료의 대명사가 되었다. 저자 역시, 건강이 악화되어 보이차를 마시게 되었는데, 건강에 유익하다는 것을 직접 체험하게 되었다. 그래서 늘 찾아 마시던 커피와 이별하고, 차에 대한 연구를 시작하게 되었다. 실제로 차를 즐겨 마시면 정신적인 건강에도 도움을 주고, 암을 예방하며, 혈당상승억제, 콜레스테롤 상승억제, 항균-항바이러스 작용, 다이어트, 해독작용, 숙취해소, 치아건강, 당뇨병 등에도 탁월한 효과가 있다고 한다.

1997년부터 와인에 빠져 와인을 연구하였고, 2009년부터 먹는 샘물, 생수에 빠져 전 세계 생수를 찾고 연구하였다. 2010년부터는 보이차로 인해 건강을 회복하면서 녹차, 백차, 홍차, 청차, 흑차 그리고 보이차에 빠지게 되었고, 영국의 황실과 귀족들이 고귀하게 생각하였던 홍차, 늘 자연을 신선한 그대로 선사하는 중국, 일본, 한국의 녹차, 마시는 골동품으로 알려진 보이차에 대한 흥미는 더욱더 깊어졌다.

대학에서 차학 수업을 개설하고, 관광대학원에서 티 소믈리에 과정을 개설하면서 차 관련 서적을 찾았지만, 티소믈리에에 대한 전문지식을 다룬 서적은 거의 전무하였다. 출간된 서적 또한 차 문화나 개인의 감상에 치우쳐 차에 대한 정보나 지식을 얻기에는 부족한 면이 많았다. 그래서 차에 대한 지식이 쌓이고, 어느 정도의 자료가 모이면 차에 관심을 가지기 시작한 사람들이나 차 애호가, 티 소믈리에들에게 도움이 될 만한 책을 쓰고자 마음먹게 되었다.

우선, 차의 종주국이며 차 문화가 일상의 생활에 자리 잡은 중국의 차재배지와 생산지역을 찾아다녔다. 거기서 만난 소수민족들과 차에 얽힌 이야기는 그 사람들의 삶이고 역사인 것 또한 알게 되었다. 특히 운남의 차산은 오지에 있어 늘 위태로운 여행길이었다. 꾸불꾸불 산길의 황톳길을 몇 시간씩 가야 만나는 차산과 사람들, 하지만 차에 대한 호기심을 풀고 새로운 정보를 마주하면 기쁨과 함께 고생도 사라졌다.

경희대학교 호텔관광대학의 「티 소믈리에」 교재에서 처음으로 시작된 이 책은 『티 커뮤니케이션』과 『보이차 커뮤니케이션』, 두 권으로 출간하게 되었다. 『티 커뮤니케이션』에는 차의 역사부터 차나무의 생태, 국가·지역별 차생산지, 차를 만드는 방법, 차를 우리는 법, 티 소믈리에의 역할과 테이스팅 등을 다루고 있으며, 『보이차 커뮤니케이션』에서는 보이차의 역사부터 차나무 생태환경, 보이차와 차마고도, 보이차 만드는 방법, 보이차 감정과 판별법, 보이차의 산지별 특성, 보이차 우리는 방법, 보이차와 건강 등을 다루고 있다.

이 책이 나오기까지 여러 날 수고해주신 세경북스 식구들, 경희대학원의 김진평 조교, 강지원 조교, 우채원 원생, 한국으로 유학 온 박사과정의 수원대학교 호텔관광학부 이수백 교수, 석사과정의 이청천 원생 그리고 Hospitality 경영학부의 컨벤션경영학과 정경진 학생, 에게 진심어린 감사의 말을 전한다. 인도의 차산지 사신을 제공한 박규은 박사 그리고 늘 묵묵히 곁에서 지켜주는 사랑하는 가족들에게 또한 특별히 감사의 마음을 전하고 싶다.

오래 사는 것도 중요하지만 무엇보다 건강을 지키면서 여유롭게 사는 것이 중요하다. 이차회우(以茶會友)라고, '차를 통해 친구를 사귄다'는 말이 있다. 저자는 차를 공부하면서 좋은 사람들을 많이 만나고 친구가 되었으며, 가르치면서 또 많은 사람들을 만났다. 이 책을 통해 차 애호가, 차 전문가, 티 소믈리에뿐만 아니라, 차를 가까이 두고 공부하는 여러분 모두 건강하고 풍요로워지기를 바란다.

2015년 3월 28일
고황산 기슭에서
저자 고재윤 드림

CONTENTS

1 차나무와 차의 종류
1. 차나무의 기원과 찻잎 8
2. 차의 뜻과 각국의 명칭 19
3. 차의 종류 23

2 세계 차의 역사
1. 중국의 차 역사 54
2. 한국의 차 역사 62
3. 일본의 차 역사 70
4. 영국의 차 역사 75
5. 미국의 차 역사 80

3 세계의 차 생산지와 명차
1. 세계의 차 생산국가 86
2. 중국 88
3. 타이완 126
4. 한국 132
5. 일본 141
6. 인도네시아 149
7. 네팔 152
8. 인도 155

9. 스리랑카 167

10. 아프리카 174

11. 오세아니아 178

4 차의 건강효능과 다구 사용

1. 차의 성분과 건강효능 182

2. 차의 종류별 건강효능 190

3. 차 우리는 물과 온도 196

4. 차를 위한 다구와 티 포트 204

5. 중국의 다구 사용법 215

5 티 소믈리에와 티 테이스팅 방법

1. 티 소믈리에의 자질 224

2. 티 테이스팅의 환경과 준비 230

3. 티 테이스팅하는 방법 237

4. 티 테이스팅 용어 241

5. 중국 다예사의 좋은 차를 우려내는 방법 250

중국 차 관련 용어 중국식 발음 270

참고문헌 278

1

차나무와 차의 종류

차나무의 기원과 찻잎

차나무의 기원

차나무의 기원은 어느 누구도 밝혀 내지 못하다가 1823년 당시 인도에 체류하고 있던 영국의 스코틀랜드 탐험가 로버트 브루스(Robert Bruce)가 아삼지역의 야생 차나무를 발견한 후에 차나무의 원산지는 인도라고 주장하였다. 그래서 한때 인도와 중국이 서로 차나무 종주국이라고 자존심 싸움이 벌어지기도 하였다.[1] 그러나 최근 차 전문가와 식물학자들에 의해 중국이 차나무의 원산지라는 사실이 밝혀졌으며, 실제로 중국 운남성에는 수령 2,000년이 넘은 야생 차나무가 발견되었고, 열대우림의 깊은 지역에서는 야생 차나무 군락도 발견하였다.

저자도 2015년 1월 초순 난창지역에 위치한 맹고 대설산(大雪山) 정상에서 중국정부에서 보호하고 있는 100그루 이상의 야생 차나무 군락을 직접 보기도 하였다. 현지인들은 차왕수(茶王樹) 1호는 3,500년, 2호는 3,000년, 3호는 2,500년 이상 되었다고

---
[1] 박영환 『중국의 차 문화』 도서출판 문현(2013)

전하면서 매우 신성한 지역으로 여기고 있었다. 1960년 운남성(雲南省) 맹해(勐海) 지역의 대흑산(大黑山) 원시림 산중에 높이 32.12m, 직경이 1.03m인 야생 차나무를 발견하였는데 수령이 1,700년 이상 된 것으로 판명되어 중국인들은 이 차나무를 '차왕수'라고 부르고 있다.[2] 맹해의 남나산(南糯山)에서는 재배한 차나무가 발견되었는데 수령 800년 이상으로 이 지역의 소수민족은 제갈량이 심었다고 믿고 있다.

차나무는 사시사철 잎이 푸른 동백나무과에 속하며, 30속 최소 500종 이상의 식물을 포함하고 있다. 차나무 중 *카멜리아 시넨시스(Camellia-Sinensis)* 속에는 90여종이 있으며, 차나무도 아열대, 온대기후에 따라 나무의 높이가 30cm부터 36m까지 다양하고, 찻잎도 3cm부터 30cm 정도 되는 크기도 있다.

차나무는 1753년 5월 스웨덴의 식물학자 린네(C.V. Linne)가 학명을 데아 시넨시스(Thea Sinensis)라고 명명하였으나 3개월 후 카멜리아 시넨시스(Camellia-Sinensis)라고 개명하였다.[3] 카멜리아 시넨시스에는 3개의 변종이 있는데 중국의 *카멜리아 시넨시스(Camellia-Sinensis var Sinensis)*, 인도의 *카멜리아 아사미카(Camellia-Sinensis var Assamica)*, 캄보디아의 *카멜리아 캄보디에니스(Camellia-Sinensis var Cambodienis)*로 구분한다.[4]

차나무는 온대지방의 소엽종과 열대지방의 대엽종으로 구분하며, 1907년 영국의 식물학자 와트(Watt)는 중국대엽종(macrophlla), 중국소엽종(bohea), 인도종(assamica), 샨종(shan)으로 구분하였다.

중국대엽종은 중국의 호북성(湖北省), 사천성(四川省), 운남성(雲南省) 일대에서 재배되고, 찻잎은 13~30cm, 키는 5~32m 정도이며, 잎은 약간 둥글고 크다. 발효차용으로 사용되고, 차나무의 수명은 보통 500년 이상이다. 중국소엽종은 중국 동남부, 타이

---

[2] 오지환 『중국다예』 정중서국(2006)
[3] 이진수 『차의 이해』 꼬레알리즘(2007)
[4] 프랑수와 사비에르 델마스·마티미네·크르스틴 마르바스트티 『소믈리에 가이드』 한국 티 소믈리에 연구원(2013)

완, 한국, 일본 등에서 재배되고, 찻잎은 10cm 이하, 키는 2~3m 정도로 재배용 차는 녹차용으로 사용되고 수명은 50년 정도이다. 인도종은 인도의 아삼, 매니푸, 카차르, 루차이 지방에서 주로 재배되며, 찻잎은 22~30cm, 키는 10~20m이다. 찻잎은 넓고 농녹색, 홍차용으로 사용되고 수명은 100년 이상이다. 샨종은 라오스, 미얀마의 샨 지방 등에서 주로 재배되며, 찻잎은 15cm 내외, 키는 4~10m, 찻잎의 끝은 뾰족하다. 옅은 녹색을 띠며, 수명은 100년 이상이다.

중국은 국제식물명규약에서 기술한 국제적 차나무 분류법 대신에 중국 고유의 분류법으로 차를 구분하며, 중국의 *카멜리아 시넨시스(Camellia-Sinensis)*만 인정하고 있다. 중국은 차나무를 나무의 형태에 따라 교목형, 소교목형, 관목형으로 구분하기도 한다.[5]

교목형(arbor form)은 야생 차나무를 의미하며, 키가 높고, 나무의 주간(柱間)이 명확하며, 나뭇가지의 위치가 높고, 뿌리가 땅속 깊이 파고 들어가는 특성을 가지고 있다. 자연 환경상태에서의 차나무 높이는 보통 3~5m이나 야생 차나무의 높이는 10m 이상이 된다. 주로 중국 운남 대엽종과 인도 아삼종이 여기에 속한다.

소교목(semi-treerescent form)은 반교목이라고도 부르며, 키는 교목과 관목의 중간 정도이고, 나뭇가지는 지면 가까이 있으며, 주간이 비교적 뚜렷하다. 자연환경상태에서는 비교적

---
[5] 김경우 『중국차의 이해』 월간다도(2005)

크고, 뿌리도 땅속 깊이 파고 들어가는 특징이 있다. 복건성(福建省)의 백차를 만드는 데 주로 쓰이며, 스리랑카의 차나무가 여기에 속한다.

셋째, 관목형(shrub form)은 나무가 작고 왜소한 것이 특징이다. 나무의 잔뿌리는 비교적 얇게 나 있으며, 주간이 뚜렷하지 않고, 자연환경상태에서의 키는 보통 1.5~3m이다. 주로 한국과 일본에 재배되는 품종이다.

차나무의 생육 조건

차나무의 재배 환경조건, 즉 떼루아는 야생차와 재배차에 따라 다르며, 차나무의 재배환경조건이 다르기 때문에 차의 종류도 다르게 나타난다. 17세기 말 일부 유럽 국가에서는 차나무의 재배가 국가 이익이 된다는 사실을 인지하고 차 묘목을 심었으나 모두 실패하였다. 차나무는 자연적으로 통풍이 잘되고 경사지 곳에 잘 자라며, 해발이 높은 지역의 배수가 잘되는 토양이어야 하며, 뿌리가 땅속 깊이 내려가기 때문에 산악지대에서도 잘 자라고, 험한 산악 경사진 곳, 바위 틈 사이에서도 자생하는 희귀

차나무의 재배조건은
야생차와 재배차에 따라 다르다.

한 식물이다. 예를 들면 인도의 다즐링 지역과 중국 운남성의 노반장(老班章), 혁등(革登) 등에서는 45°가 넘는 경사진 곳에 차나무가 자라고 있다.

차나무의 산지별 재배환경은 다루기 어렵기 때문에 지대(地帶), 기후, 토양, 해발, 일조량 등의 일반적인 재배환경조건으로 설명할 것이다.

첫째, 지대로 차나무는 아열대성 상록나무로 열대와 아열대 지역에서 자생하기 때문에 남위 30°와 북위 40° 지역에 가장 많이 분포하고 있다. 차나무의 세계적인 분포 지역을 보면 북방한계는 북위 45°인 흑해 연안에 위치한 소련의 크라스노다르(krasnodar) 지방이며, 남방한계는 남위 30°로 아프리카의 나탈과 북부 아르헨티나이다. 중국의 북방한계선은 북위 37°인 산동반도이며, 일본은 42°인 아오모리현의 구로이(黑石)이다. 우리나라는 북위 36°인 전북 익산시 웅포면이다.[6]

둘째, 기후는 온난 다습한 적도기후나 강우량이 많은 지역이 좋으며, 연간 2회 정도의 건기와 우기가 있는 기후가 적격이다. 생육온도는 연평균 14~16℃이고, 겨울철 최저 기온은 2℃ 이상이 적당하며, 영하 13~14℃에서 견디기도 하지만 동사할 수도 있다. 예를 들어 영하 5℃에서 72시간 노출되면 얼어 죽게 된다. 그래서 13~25℃의 일정한 온도를 유지해야 하는데, 최적지는 일 년 내내 찻잎을 수확할 수 있는 중국의 운남성이다.

연강수량은 1,500mm 이상이 좋으나 너무 많이 내리면 차의 품질에 영향을 줄 수 있다. 이러한 기후조건은 차의 품질에도 영향을 미치는데, 일반적으로 일교차가 심하면서 습도는 70~90%, 안개와 구름에 둘러싸인 고산 지역의 차가 향과 맛에서 뛰어나다.

셋째, 토양은 점토나 석회질이 아닌 화산재 토양이 좋으며, 수소 이온 농도(pH)는 약산성인 pH 4.5~6.5가 좋으며, 차나무의 뿌리는 6m이상 깊이 파고 들어가기 때문에

---

[6] 이진수 『차의 이해』 꼬레알리즘(2007)

유효 토층이 80~120cm로 층이 깊고 두터워야 한다. 물의 배수와 통기성도 원활해야 하며, 지하수는 1m 이하에서 흘러야 하고, 특히 중금속 같은 유해물질에 오염이 되지 않은 토양이어야 한다.

차산지의 토양을 보면 인도의 아삼지역은 충적토이며, 중국, 스리랑카 지역은 화강암, 편마암, 점토질, 사질토이고 케냐, 우간다 등은 화산재나 용암에서 생성된 토양이다. 토양의 조건 또한 차의 품질에 영향을 미치는데, 점토질 토양은 차의 맛을 강하게 하고, 사질토는 차의 맛을 부드럽고 가볍게 만든다.

넷째, 해발로 차나무는 열대 혹은 아열대 중에서도 해발이 높은 청정지대, 주야간의 일교차가 심한 지역, 특히 배수가 잘되고 경사진 지형이 좋다. 같은 차나무라도 평지에서 자란 찻잎보다 고지대에서 재배된 찻잎이 향도 좋으며, 깊은 맛을 낸다. 녹차는 서늘한 온대기후에서 생산된 것이 좋으며, 홍차, 흑차는 열대지방의 기후에서 생산된 것이 색과 맛에서 강하다.

세계적인 차산지 중 타이완과 스리랑카를 보면 해발 2,000m 이상의 고지대에 위치해 있으며, 최고 품질의 보이차가 생산되는 운남성의 경우도 해발 1,500~1,800m에 위치해 있어 명차생산의 최적의 조건을 갖추고 있다. 같은 품종의 차나무라도 평지보다 고지대로 올라 갈수록 찻잎의 품질이 우수하고 향도 자연스럽고 깊은 맛을 낸다.

다섯째, 일조량으로 차나무는 하루 최소 5시간 이상 햇빛을 받아야 한다. 특히 홍차는 보다 많은 일조량이 요구되며 녹차는 일조량이 너무 많으면 찻잎에 영향을 주어 오히려 쓰고 떫은맛이 강하게 나타난다. 일본의 경우는 녹차 밭에 해가림을 설치하여 녹차 맛을 조절하기도 한다.

찻잎의 품질 조건

찻잎의 채집 시기에 따라 품질과 개성에서 확연한 차이가 나기 때문에 차를 생산하는 지역마다 채엽 시기를 아주 중요하게 여기고 있다. 예를 들면 중국 복건성(福建省)의 백차는 이른 봄에 며칠만 첫 새싹을 채집하고 더 이상 채집하지 않기 때문에 고가로 판매되고 있다. 지역의 특성에 따라 손수확을 하기도 하고 기계수확을 하기도 하는데 중국의 운남성, 인도의 남부지역, 스리랑카, 인도네시아는 일 년 내내 수확을 하지만, 겨우내 성장이 멈추는 인도 북부, 중국 일부지역, 타이완의 고지대, 한국, 일본 등은 정확한 시기에 찻잎을 채집한다.

녹차는 품종이나 재배환경, 채엽시기나 가공법 등에 따라 맛의 차이가 난다.

중국, 한국, 일본의 찻잎 평가

찻잎 생긴 모양을 보통 창(槍)과 기(旗)로 설명하는데 창은 차나무의 어린순이 창끝처럼 뾰족한 데서 나온 말이고, 기는 그 옆에 난 이파리가 깃발처럼 보인다고 해서 붙여진 말이다. 찻잎을 따는 시기는 창과 기가 일창일기(一槍一旗) 또는 이기(二旗) 때가 적기이며, 삼기(三旗)나 사기(四旗)는 그 다음이다.

보통 첫물차는 춘차(春茶)라고 하며 두물차는 하차(夏茶), 세물차는 추차(秋茶)라고 한다. 첫물차는 4월 중순~5월 초순에 찻잎을 채집하며, 차 맛이 부드럽고 감칠맛과 향이 뛰어나다. 두물차는 6월 중순~6월 하순에 찻잎을 채집하며, 차 맛이 강하고 감칠맛이 덜하다. 세물차는 8월 초순~8월 중순에 찻잎을 채집하며, 떫은맛이 강하고 아린 맛이 약간 있다. 네물차는 9월 하순~10월 초순에 찻잎을 채집하며, 섬유질이 많아 형상이 거칠고 맛이 덜하다.

일본은 찻잎을 따는 시기에 따라 일번차(一番茶), 이번차(二番茶), 삼번차(三番茶)로 나누며, 음용하는 시기에 따라 봄차(春茶), 여름차(夏茶), 가을차(秋茶), 겨울차(寒茶)로 분류한다.

우리나라는 청명과 입하 사이, 곡우 전후가 찻잎을 따기에 가장 적당한 때라고 한다. 그러나 차가 생산되는 지역마다 기후도 조금씩 다르기 때문에 절기에 맞춰 찻잎을 채집하기 보다는 절기를 기준으로 하되 찻잎의 나는 모양을 참고해서 채집하는 것이 더 적절하다.[7]

우리나라도 첫물차를 춘차(春茶), 두물차를 하차(夏茶), 세물차를 추차(秋茶)라고 하며, 절기에 따라 찻잎을 채집한 것으로 만든 차 종류를 다음과 같이 분류하고 있다.

---

[7] 정동효·윤백현·이영희 『차생활백과사전』 홍익재(2012)

- 우전차(雨前茶) : 곡우(穀雨 : 4월20일~ 4월21일) 전에 아주 어린 찻잎 순만을 채집하여 만든 차를 말하며, 봄이 오는 시기에 따라 찻잎을 채집하는 시기가 조금씩 달라질 수 있다.
- 세작(細作) : 곡우에서 입하 사이, 부드럽고 고운 찻잎 순과 펴진 잎을 채집하여 만든 차를 말하며, 일반적으로 4월 5일~5월 5일 사이에 찻잎을 채집한다.
- 중작(中作) : 입하 이후 찻잎이 좀 더 자란 후에 펴진 잎을 채집하여 만든 차를 말하며, 일반적으로 5월 5일~5월 15일 혹은 20일 사이에 찻잎을 채집한다.
- 입하(立夏) : 중작보다 더 굵은 잎을 채집하여 만든 차를 말한다.
- 대작(大作) : 한여름에 찻잎을 채집하여 생산되어지는 차를 대작이라하며, 일반적으로 5월 5일 이후에 찻잎을 채집한다.
- 작설차(雀舌茶) : 우리나라에서는 곡우 5일전에 찻잎을 채집하여 만든 차를 말하며, 찻잎이 참새의 혓바닥을 닮았다고 하여 붙여진 이름이다.
- 죽로차(竹露茶) : 차나무 잎이 대나무 이슬을 먹고 자란 차라는 뜻으로 대숲에서 영롱한 아침의 대나무 이슬을 머금고 자란 야생 죽로 찻잎만을 엄선 채집하여 일일이 손으로 덖어 만든 수제녹차로 우리나라에서는 담양이 유명하다.

영국의 홍차 찻잎 평가

홍차의 레이블에는 찻잎에 관련된 중요한 정보가 들어있다. 홍차 제조의 마지막 단계는 등급을 결정하는 것으로 등급기호를 보면 찻잎의 품질을 알 수 있다. 홍차 전문가들은 홍차의 등급을 품질과 맛에 따라 나누는 것이 아니라 모양과 잎의 형태에 따라 구분한다. 그래서 가장 훌륭한 홍차 등급이 가장 좋은 품질임을 보장하며, 두개의 주요 분류는 "잎의 등급"과 "잘려진 잎의 등급"이라고 할 수 있다.

홍차의 등급과 품질을 잎을 자르는 정도에 따라서 홀 리프(Whole Leaf : 통찻잎) 브로큰(Broken : 2~3cm로 가늘게 잘려진 잎), 패닝스 & 더스트(Fannings & Dust : 가루), 이렇게 3가지로 구분한다.

여기 소개되는 것은 영국과 인도에서 정한 등급용어이다. 차나무 맨 위쪽 이른 시기에 갓 돋아난 새싹을 채엽하면 플라워리 오렌지 페코(Flowery Orange Pekoe : FOP) 그 아래 길고 얇으며 털이 보송하게 솟은 두 번째 잎을 채엽하면 오렌지 페코(Orange Pekoe : OP), 페코(Pekoe : P)는 OP아래 세 번째 잎으로 오렌지 페코보다 약간 작으며, 털도 덜 달려 있고 우려낸 수색이 더 엷은 것이 특징이다. 페코 소총(Pekoe Souchong : PS)은 네 번째 잎으로 소총과 페코 사이의 찻잎을 말한다. 소총(Souchong : S)은 그 아래 넓고 단단한 잎이며, 가장 굵으면서 더 엷은 수색을 나타낸다.[8]

그리고 골든 플라워리 오렌지 페코(Golden Flowery Orange Pekoe : GFOP)는 새싹 끝부분이 황금색을 갖고 있으며, 티피 골든 플라워리 오렌지 페코(Tippy Golden Flowery Orange Pekoe : TGFOP)는 새싹의 옅은 찻잎 눈이 많이 들어 있는 차를 말한다. 파이네스트 티피 골든 플라워리 오렌지 페코(Finest Tippy Golden Flowery Orange Pekoe : FTGFOP)는 FOP중에서도 특별히 고품질의 차를 의미하며, 스페셜 파이네스트 티피 골든 플라워리 오렌지 페코(Special Finest Tippy Golden Flowery Orange Pekoe : SFTGFO)는 FOP 중에 최상급의 차이다.[9]

또한 T는 'tippy'로 끝부분의 어린 새싹, F는 'finest'로 고급, S는 'special'로 특별한 것을 의미하고, B는 'broken'으로 부서진 찻잎, F는 'fannings'로 아주 작은 조각으로 부서졌다는 뜻이다. D는 'dust'로 가루를 나타내기도 한다.

---

[8] 하보숙·조미라 『홍차의 거의 모든 것』 열린세상(2013)
[9] 제인 피티그루 『세계의 명품차 TEA』 세경(2009)

"홍차의 샴페인"으로 불리는 인도의 다즐링 홍차 등급은 또 다른 용어를 사용하고 있다.

SFTGFOP(Super Fine(or Fancy) Tippy Golden Flowery Orange Pekoe)
FTGFOP(Fine(or Fancy) Tippy Golden Flowery Orange Pekoe)
TGFOP(Tippy Golden Flowery Orange Pekoe)

용어 중에서 Estate(차를 수확한 농장의 이름)와 Vintage(다른 것과 블렌딩하지 않고 한 번의 수확으로 얻은 찻잎만 사용해서 만든 것)를 알면 쉽게 이해할 수 있다. 차를 공부하는 많은 사람들이 오렌지 페코(Orange Pekoe)라는 의미를 이해하지 못해 오렌지 맛이 나는 홍차로 알고 있는데 잘못 알려진 상식이다. 이것은 찻잎을 채집하는 방식에 따른 분류 용어이며, 오렌지의 역사적 배경에는 17세기에 처음 중국차를 유럽에 수입한 사람이 네덜란드 왕실가의 "오랑주-나소(Orange-Nassau)"였고, 그를 기리기 위해 붙여졌을 뿐이다.

차의 뜻과 각국의 명칭

차는 사(茶) 혹은 다(茶)라고 하며, 산다화과(山茶花科)에 속하는 상록관엽수인 차나무의 어린잎을 따서 가공하여 만든 것을 말한다.[10] 차는 산차(山茶)과의 목본성 상록활엽식물로 학명은 카멜리아 시넨시스(Camellia sinensis)로 (L) O. 쿤츠(Kuntze)라고 불리는 차나무에 한하며, 그것의 새싹, 잎 그리고 부드러운 줄기를 원료로 하여 가공한 것을 말한다.[11]

차를 좀 더 자세히 설명하면 첫째, 차나무의 어린잎을 채집하여 만든 마실 거리의 재료이며, 찻잎이나 찻가루 혹은 찻덩이는 찻감이라고 한다. 둘째, 찻감을 끓이거나 우려내거나 물에 타서 마실 거리로 만든 찻물이다. 여기는 맑은 탕다(湯茶)와 탁한 유다(乳茶)가 있다. 셋째, 차꽃, 차싹 등의 경우에 차는 차나무를 의미한다.[12] 차의 사전적 정의는 '차나무'의 준말이며, 차나무의 어린잎을 채집하여 만든 음료의 재료, 그것을

---

[10] 이진수 『차의 이해』 꼬레알리즘(2007)
[11] 제인 피티그루 『세계의 명품차 TEA』 세경(2009)
[12] 정영선 『한국 차 문화』 너럭바위(2007)

우리거나 달인 물, 식물의 잎, 뿌리, 열매 따위를 우리거나 달인 음료의 일반적인 말을 의미하기도 한다.

다시 정리를 하면 차는 차나무에서 채집한 찻잎으로 만든 것을 의미하고, 일반적으로 차 대신에 열매, 과실, 줄기, 뿌리, 꽃을 사용하여 만든 차는 대용차로 재료명과 차를 합성하여 사용하는데 국화차, 레몬차, 보리차, 옥수수차, 생강차, 마테차 등을 말한다.

차를 나타내는 글자는 초 두(艹) 변을 따르기도 하고, 나무 목(木) 변을 쓰기도 하고, 혹은 초 두 변과 나무 목 변을 함께 쓰기도 하였다. 초 두로 하면 마땅히 차(茶)자가 되는데 그 출처는 개원문자음의(開元 文字音義)라는 책이고, 나무 목 변을 하면 도(茶)자가 되니 그 출처는 본초강목(本草綱目)이다. 또 초 두와 나무 목 변을 함께 쓰면 도(茶)자가 되는데 그 글자는 이아(爾雅)에서 나왔다.[13]

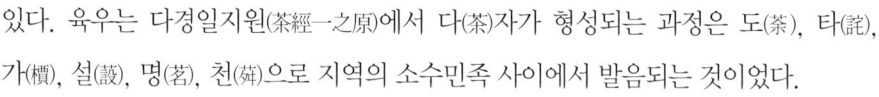

문헌상으로 차를 정립한 사람은 차에 관한 최초의 문서인 '다경(茶經)'을 저술한 육우(陸羽)라고 할 수 있다. 육우는 다경일지원(茶經一之原)에서 다(茶)자가 형성되는 과정은 도(荼), 타(詫), 가(檟), 설(蔎), 명(茗), 천(荈)으로 지역의 소수민족 사이에서 발음되는 것이었다.

도(荼)는 차(茶)의 전신이며 현존하는 문헌 중에서 도자가 가장 먼저 나타나는 것은 시경(詩經)으로 의미는 차, 야채, 모초류, 옥기 등이다. 한나라시대에 와서 도를 차라는 의미로 사용하였고, 삼국시대에는 도자를 'cha'라고 발음하였다. 진나라에서는 차를 가리키는 통일된 글자가 없었는데, 사천방언에서 차를 두 가지로 사용하였다. 촉지방은 고도(苦荼)로 사용하고, 파남지방에서는 가(葭)자로 사용되었다. 그리고 '荼(도)' 자는 '茶(차)' 자가 성립되기 전에 가장 많이 사용되었다. 詫(타)는 문헌에서 荼(도)

---

[13] 석용운 『한국다예』 도서출판 초의(2009)

보다 오래된 글씨로 차를 의미한다. 중국 언어의 음운학적인 측면에서 보면 詫(타)와 荼(도)는 같은 소리 발음이며, 詫(타)자는 茶(차)자의 옛 정자(正字)라는 설도 있다. 또한 詫(타)는 원래 뚜껑과 그릇받침이 있는 마실거리 도구를 의미하기도 한다.[14] 櫝(가)는 문헌에는 자주 등장하지 않지만 찻잎을 의미하며, 苦(고)와 荼(도)의 합성발음으로 형성되었는데 찻잎이 '쓰다' 는 의미로 쓴 차를 가리키기도 한다. 가의 본뜻은 고대수목(高大樹木)을 의미하며, 교목형 차수라고도 한다. 蔎(설)은 차를 가리키는 글자이지만 문헌에 자주 등장하지는 않는다. 설은 본래 향초(香草)를 뜻하는 것이며, 설을 이용하여 차라는 의미로 사용하였는데 차가 방향이 있었기 때문이다.

특히 사천(四川)과 귀주(貴州)에 사는 소수민족들이 차를 가리켜 'she' 라고 발음하였는데 한문으로 번역하면 蔎(설)이 된다. 茗(명)은 荼(도), 櫝(가), 荈(천)의 글자보다 늦게 출현하였고, 荼(도)보다는 일찍 발견되었다. 명은 차싹(茶芽)을 의미하며, 노차(老茶)로 사용되기도 하는데, 늦게 딴 차를 의미하기도 하였으며, 茶(차)와 荈(천) 사이의 차엽(茶葉)을 뜻하기도 한다. 荈(천)은 옛 고어로 茶(차)이며, 의미는 채엽 시기가 늦은 노차엽(老茶葉)을 가리킨다. 천자는 한대에서 남북조시대에 많이 사용하였으며, 일반적으로 荼(도), 茗(명)사와 병행하여 사용되었다. 수 당나라 이후에 천자의 사용은 줄고 점차 명자로 대체되었다. 육우는 茶(도), 詫(타), 櫝(가), 蔎(설), 茗(명), 荈(천)의 사용을 차(茶)라는 단어로 언어적 통일을 하였고, 지금에 이르고 있다.[15]

중국의 차는 다양한 이름으로 불리고 있는데 일반적으로 동양권에서는 차(cha)라고 하며, 영어권에서는 티(tea)라고 한다. "티(tea)"라는 명칭이 영어로 받아들여지기 전까지 찻잎을 차(tcha, cha), 테이(tay), 테(tee)라고 불렀다. 영어로 불리는 차는 중국의 표준어인 만다린어 차(cha)에서 따온 것이 아니고 중국에서 생산된 차가 광동성의 육로로 수출되었고, 복건성(福建省)은 해로로 수출되면서 중국의 아모이(Amoy : 현재는 하문(廈門)으로 중국의 5대 경제 특구) 방언에서 테(te : 발음은 테이, tay)라고 하는 데서 따왔

---

[14] 박영환 『중국의 차 문화』 도서출판 문현(2013)
[15] 이진수 『차의 이해』 꼬레알리즘(2007)

다. 이것은 무역 초창기에 복건성 지역의 하문(廈門 : 국제적으로 Amoy)항구에서 네덜란드 무역업자와 무지했던 중국인과의 교류에서 생겨난 언어이다.

차를 유럽에 전하면서 번역이 필요했기 때문에 그 이름을 네덜란드어로 치(thee)로 불렀고 독일어로는 치(tee)로, 이탈리아와 스페인, 덴마크, 노르웨이, 스웨덴, 헝가리, 말레이시아에서는 테(te)로 불렀고 영어로는 티(tea)라고 하였다. 그리고 프랑스에서는 테(the´), 핀란드에서는 티(tee), 라트비아에서는 테자(teja), 한국에서는 차(茶), 타밀어로는 테이(tey), 신할라어로는 타이(thay)로 부르게 되었다.[16] 만다린어로 차(茶)는 광둥어로 차아(ch´a)가 되었고 광둥어를 사용하는 마카오와 무역을 했던 포르투갈에는 차(cha)라고 전해졌다. 그리고 페르시아, 일본, 힌두어에서도 역시 차(cha)라고 부르고 있다. 아라비아어로는 샤이(shai)라고 하고 티베트 언어로는 자(ja), 터키어로는 차이(chay), 러시아어로는 차이(chai)라고 한다.

---

[16] 제인 피티그루 『세계의 명품차 TEA』 세경(2009)

차의 종류

차는 발효정도에 따라 구분을 하기도 하는데, 적당한 온도와 습도에서 찻잎의 폴리페놀(polyphenol)에 찻잎 세포의 산화효소(oxidase)가 작용하면 누런색의 테아플라빈(theaflavins)과 자색의 테아브로인(thearubigins) 등으로 변한다. 그리고 독특한 향기와 맛을 만들어내는 작용에 따라 불발효(9%이하), 약발효(5~15%), 반발효(15~70%), 약후발효(15~25%), 완전발효(70~95%), 후발효(80~98%)로 나눈다.

구분	녹차	백차	청차	황차	홍차	흑차
발효기준	불발효	약발효	반발효	약후발효	완전발효	후발효
발효정도	9% 이하	5~15%	15~70%	15~25%	70~95%	80~98%
중국 10대 명차	용정차 벽라춘 모봉차	백호은침	철관음 동정오룡	몽정차 군산은침	기문홍차	운남 보이차

중국의 6대 차 분류법으로 나누고, 6대 차별로 명차(名茶)를 소개하면 다음과 같다.[17]

기본종류 6대차류	녹차(綠茶)	홍청(烘靑)	보통홍청 : 민홍청(閩烘靑), 절홍청(浙烘靑), 휘홍청(徽烘靑), 소홍청(蘇烘靑)
			세눈(細嫩)홍청 : 황산모봉(黃山毛峰), 태평후괴(太平猴魁), 화정운무(華頂雲霧), 고교은봉(高校銀峰) 등
		초청(炒靑)	미차(眉茶) : 초청(炒靑), 특진(特珍), 봉미(鳳眉), 공희(貢熙) 등
			주차(珠茶) : 주차(珠茶), 우차(雨茶), 수미(秀眉) 등
			세눈초청(細嫩扁炒靑) : 용정(龍井), 대방(大方), 벽라춘(碧螺春), 우화차(雨花茶), 송침(松針) 등
		증청(蒸靑)	전차(煎茶), 옥로(玉露) 등
		쇄청(曬靑)녹차	전청(滇靑), 천청(川靑), 섬청(陝靑) 등
	황차(黃茶)	황아차(黃芽茶)	군산은침(君山銀針), 몽정황아(蒙頂黃芽)
		황소차(黃小茶)	북항모첨(北港毛尖), 위산모첨(潙山毛尖), 온주황탕(溫州黃湯) 등
		황대차(黃大茶)	곽산황대차(藿山黃大茶), 광동대엽청(廣東大葉靑) 등
	백차(白茶)	백아차(白芽茶)	백호은침(白毫銀針) 등
		백엽차(白葉茶)	백모단(白牡丹), 공미(貢眉) 등
	홍차(紅茶)	소종(小種)홍차	정산소종(正山小種), 연소종(烟小種)
		공부(工夫)홍차	전홍(滇紅), 기홍(祁紅), 천홍(川紅), 민홍(閩紅) 등
		홍쇄차(紅碎茶)	엽차(葉茶), 쇄차(碎茶), 편차(片茶), 말차(抹茶)
	청차(靑茶) 오룡계열	민북(閩北)오룡	무이암차(武夷岩茶), 수선(水仙), 대홍포(大紅袍), 육계(肉桂) 등
		민남(閩南)오룡	철관음(鐵觀音), 기란(奇蘭), 황금계(黃金桂) 등
		광동(廣東)오룡	봉황단총(鳳凰單樅) 봉황수선(鳳凰水仙), 영두단총(嶺頭單樅) 등
		대만(臺灣)오룡	포종(包種), 청심오룡(靑心烏龍), 동정오룡(凍頂烏龍), 동방미인(東方美人) 등

[17] 박영환 『중국의 차 문화』 도서출판 문현(2013)

기본종류 6대차류	흑차(黑茶)	호남(黑茶)흑차	안화흑차(安化黑茶) 등
		호북 노청차 (老靑茶)	포기노청차(蒲圻老靑茶) 등
		사천변차 (四川邊茶)	남로변차(南路邊茶,) 서로변차(西路邊茶), 변소차(邊銷茶) 등
		전계흑차 (滇桂黑茶)	보이차(普洱茶), 육보차(六堡茶) 등
재가공류 再加工類	화차(花茶)		말리화차(茉莉花茶), 주란화차(珠蘭花茶), 매괴화차(玫瑰花茶), 계화차(桂花茶) 등
	긴압차(緊壓茶)		흑전(黑磚), 복전(茯磚), 타차(沱茶), 병차(餠茶) 등
	췌취차(萃取茶)		속용차(速溶茶), 농축차(濃縮茶), 관장차수(罐裝茶水) 등
	과미차(果味茶)		여지홍차(荔枝紅茶), 레몬홍차(檸檬紅茶), 미후도차(獼猴桃茶)
	약용(藥用) 보건차		감비차(減肥茶), 두충차(杜沖茶), 강지차(降脂茶)
	함차(含茶)음료		차콜라, 차사이다 등

형태에 따른 분류에는 잎차(차나무 잎을 그대로 덖거나 찌거나 발효시켜 찻잎의 모양이 변형되시 않고 그대로 보손), 넝이차(찻잎을 시루에 넣고 수증기로 익혀 절구에 넣어 떡처럼 찧어서 틀에 박아낸 고형차), 가루차(말차라고 하며, 시루에서 쪄낸 찻잎을 그대로 말린 다음 맷돌로 미세하게 갈아 만든 차)가 있다.[18]

찻잎을 채집하는 시기에 따른 분류는 국가마다 차이가 있지만, 보통 첫물 차, 두물 차, 세물 차로 구분하기도 하며, 춘차(春茶), 하차(夏茶), 추차(秋茶), 동차(冬茶)로 구분하기도 한다. 또한 중국과 우리나라는 절기에 따라 우전(雨前), 세작(細作), 중작(中作), 대작(大作)으로 구분하기도 한다. 또 제다방법에 따라서 부초차(釜炒茶), 증제차(蒸製茶), 발효차(醱酵茶), 덩이차, 일쇄차(日曬茶 : 찻잎을 햇볕에 말린 차) 등으로 나누기도 한다.

---

[18] 이진수 『차의 이해』 꼬레알리즘(2007)

살청 및 건조방법에 따라서 초청녹차(炒靑綠茶 : 신선한 찻잎을 살청과 유념을 거친 후 최종적으로 덖음과 공정을 거쳐 건조시킨 차)는 외형에 따라 장초청(長炒靑), 원초청(圓炒靑), 세눈초청(細嫩炒靑) 등으로 나누며, 홍청녹차(烘靑綠茶 : 신선한 찻잎을 살청과 유념을 거친 후 최종적으로 홍배(烘焙)를 거쳐 건조시킨 차)는 보통홍청(普通烘靑), 세눈홍청(細嫩烘靑), 반초반홍(半炒半烘) 등으로 나눈다. 그리고 쇄청녹차(曬靑綠茶 : 신선한 찻잎을 살청과 유념을 거친 후 최종적으로 햇볕에 쬐어 말려서 만든 차)와 증청녹차(蒸靑綠茶 : 신선한 찻잎을 증기로 쪄서 나른하게 한 뒤에 다시 비벼서 말려 제조하는 차)로 나누기도 한다.

지금까지 차의 각기 다른 분류에 대해 설명을 했는데, 보통 차의 종류는 크게 제조과정에 따라 3종류로 분류한다. 그린 티(green tea, 녹차), 우롱 티(oolong tea, 우롱차), 블랙 티(black tea, 홍차)이다. 그러나 중국에서는 제다과정에 따른 산화정도 즉 색상에 따라 구분하여 녹차, 백차, 청차, 황차, 홍차, 흑차로 크게 6개로 나누고 있다. 본서에서도 차의 종류 중 가장 핵심적인 분류인 색상에 따라 구분하여 설명할 것이다.

차는 종류별로 우려내는 온도를 달리해야 고유의 맛을 볼 수 있다.

녹차

녹차(綠茶)는 가열을 통해 발효를 막아 녹색과 찻잎 성분을 그대로 유지시킨 불발효차를 말한다. 우선 신선한 찻잎을 채집해서 발효나 산화되는 것을 막기 위해 살청 즉, 열을 가한다. 찻잎을 채집하여 바로 증기로 찌거나 솥에서 덖어 발효가 되지 않도록 만들어 녹색의 색상과 수색 그리고 신선한 풋냄새를 특징으로 가진다. 녹차는 청탕녹엽(淸湯綠葉)이며, 한국과 중국, 일본 등이 주요 생산국이다.

최근에 주로 홍차를 생산하는 인도나 스리랑카에서도 녹차를 만들고 있지만 품질이 현저하게 떨어진다. 중국에서는 전통적으로 수작업을 해왔으며 지금도 여전히 많은 지역에서 수작업을 하고 있다. 특히 가장 좋은 녹차를 생산하는 지역에서는 더욱 많은 사람의 손을 거친다.

중국은 명나라시대부터 녹차제조과정이 시작되었으며, 한국과 중국에서는 덖음차가 유명하고, 일본에서는 증제차를 주로 생산한다. 종류로는 한국의 전통녹차, 중국의 용정차, 일본의 옥로차, 말차 등이 있다.

위에서부터
채반 건조-살청기-수제 유념기-유념기-건조기

▶ 첫째, 덖음 녹차는 위조–살청–유념–2차 살청–건조하는 방식으로 제조한다.

위조(萎凋)는 찻잎을 시들게 하는 것으로 전통적인 방법은 채취한 잎을 먼저 채반(싸리나 대나무 껍질로 만들어 둥글넓적한 소쿠리)에 얇게 펴서 기계로 말리지만, 쇄청녹차의 경우 태양열에 말리기도 한다. 그리고 자연바람에 1~2시간 정도 노출시키면 15~20%의 수분이 감소된다.

살청(殺靑)은 고온의 덖기로 녹차의 품질을 결정하는 중요한 공정이다. 380℃로 가열하여 찻잎에서 나오는 증기로 효소를 불활성화시켜 발효를 억제하고, 차 성분이 산화되지 않도록 한다. 이 방법은 찻잎을 부드럽게 하며, 수분이 증발할 때쯤 재빨리 꺼내 차의 향미를 더욱 짙게 한다. 약 4~5분 후에는 부드러워진 찻잎을 대나무 탁자에 펼친다.

유념(揉捻)은 녹차의 외형을 잡는 단계로 찻잎의 수분을 고르게 한다. 어린잎은 가볍게 비벼 부드럽게 하고, 굵은 잎은 힘 있게 비벼 잎사귀에 상처를 내어 부드럽게 만든다. 두 손으로 찻잎을 한쪽 방향으로 돌리면서 비비기를 반복하여 수분을 균일하게 제거하고, 체적(體積 : 부피)을 줄여주는 효과를 낸다. 또한 세포조직을 파괴하여 차 성분이 잘 우려 나오게 하고 여러 번 우려낼 수 있도록 한다. 녹차의 유념에는 냉유(冷揉 : 살청한 찻잎을 펼쳐서 식힌 후에 작업)와 열유(熱揉 : 살청한 찻잎에 아직 열기가 남았을 때 작업)가 있으며, 어린잎의 유념에는 냉유가 좋다.

찻잎을 한 번 더 솥에 덖어주는 2차 살청은 추가로 발생하는 산화과정을 방지하며, 수분을 제거해 준다. 또한 생잎이 붙어있지 않도록 두 손으로 덖어주면서 찻잎을 흩뜨려 공기와 접촉시켜주는 역할을 한다.

건조(乾燥)과정은 수분을 증발시킴과 동시에 외형을 정리하여 차향을 충분히 발휘하도록 해준다. 이 과정에서 수분함량은 4% 이하가 되며, 약 1~2시간 후에는 흐린 녹색의 잎으로 변하고, 더 이상 변화는 일어나지 않는다. 건조방법에는 열 건조법과 냉 건조법이 있는데, 열에 의한 건조법이 더 좋은 품질의 녹차를 만들어낸다는 연구결과도 있었다.

녹차는 가열로 발효를 막아 녹색을 그대로 유지한다.

▶둘째, 증제 녹차는 수증기로 가열하여 제다하는 방법으로 일본이 유명하며, 녹차 제다에 있어 다른 무엇보다 살청과 유념에 공을 들인다. 증제 녹차는 증열-조유-유념-중유-정유-건조하는 방식으로 제조한다.

증열(蒸熱)은 수증기로 잎을 쪄서 효소를 제거하고, 찻잎 중의 효소활성을 억제한다. 열을 가하면서 동시에 찻잎을 부드럽게 하여 생잎의 풋풋한 냄새를 없애준다.

조유(粗揉)는 증기로 찐 잎을 열풍 속에서 털면서 교반시켜 찻잎 표면의 수분을 말리는 작업으로 녹색을 유지하면서 수분함량은 50%전후로 감소시킨다. 조유 온도가 낮으면 건조속도가 늦어 뭉크러지는 원인이 된다.

유념(揉捻)은 비비기로 찻잎의 수분함량을 균일하게 하고, 찻잎 세포조직을 적당히 파괴하여 차에 함유된 성분이 잘 우러나게 한다. 찻잎의 상태에 따라 10~20분 정도의 공정으로 찻잎의 형태도 좋아지게 한다.

일본 녹차 제다방법 중 유념
(사진 : 일본 시즈오카시 제공)

중유(中揉)는 찻잎을 열풍으로 건조시켜 표면의 수분을 균형 있게 확산시키는 과정이다. 중유의 온도가 과하게 상승되지 않도록 찻잎의 온도를 34~36℃로 유지시키는 것이 중요하며, 차온이 과도하게 상승하면 적흑색을 띠게 된다. 그러므로 배기온도는 2℃ 낮은 32~34℃가 유지되도록 해야 한다. 열풍 건조로 수분함량은 50~26%까지 낮아진다.

정유(精揉)는 찻잎 내부의 수분을 배출시켜 건조시키는 과정으로 증제차 특유의 바늘 모양을 만드는 공정이다. 차엽을 손으로 압박하여 수분이 압출될 수 있게 건조시키는데 이때 차온은 38~40℃가 적당하다. 소요시간은 약 40분정도이며, 함수율은 25%까지 떨어진다.

건조(乾燥)는 찻잎의 수분함량을 약 13% 정도로 떨어뜨리는 마지막 공정단계이다. 80~90℃의 열풍으로 약 45분 정도 건조시키면 수분함량이 4~5%까지 떨어지는데, 보관 유통의 품질 변화를 막기 위해서 시행한다.

살청이 제대로 되지 않으면 색이 선명하지 않고, 유념이 잘 되지 않으며 찻잎 파손으로 탕색이 흐리고 엽저도 고르지 못하다. 오늘날 중국은 녹차를 아주 다양하게 만들고 있으며, 찻잎을 채집하여 고온에 살청할 때는 두 가지 방법(솥이나 증기)을 사용한다. 이렇게 살청하고 유념하고나서 건조시킨다. 건조방법에 따라 초청(炒靑 : 솥에서 말리는 것), 쇄청(曬靑 : 햇볕에 말리는 것), 홍청(烘靑 : 불에 쬐어 말리는 것)이라고 한다.[19] 중국의 유명한 녹차로는 용정차, 벽라춘, 산양모첨, 황산모봉, 태평후괴, 육안과편 등이 있다.

백차

경 발효차에 속하는 백차(白茶)는 복건성(福建省)이 원조이며, 아직도 이 지역에서 생산되고 있다. 마른 찻잎의 표면이 백색의 부드러운 솜털로 빽빽이 덮여 있어 백차라고 부른다. 현재 중국과 스리랑카에서 매우 한정된 규모로 생산되고 있으며, 찻잎이 피어나기 전에 채집하여 수분을 증발시켜 말린다. 오그라든 싹은 매우 옅고 밀짚 색깔과 비슷한 은색 빛깔을 띠기 때문에 때로 실버 팁(Silver tip, 白毫銀針 : 백호은침)이라고 부르기도 한다.

---

19 김영숙 『중국의 차와 예』 불교춘추사(2006)

백차는 다른 차와 달리 제조방식이 매우 독특하다. 찻잎의 채집과정에서 하얀 솜털이 많고 어리고 부드러운 싹과 잎만을 채집한다. 그리고 제다하는 방법에 있어 덖고 비비는 살청과 유념 없이 그냥 햇볕에 말리는 홍건(烘乾)기술을 사용한다.[20] 백차를 만드는 기술은 매우 뛰어나야 하며, 제조과정에서 적당한 때를 놓치면 찻잎이 어두운 색을 띠거나 붉은색이 나타날 수 있으며, 향기도 적고 발효 냄새가 나서 백차의 품질을 떨어뜨린다.[21]

백차는 중국 당·송나라 시기에 발견된 백엽차나무(白葉茶樹)로 생엽 자체가 희게 보이는 나무에서 채집하여 만든 것으로 북송나라의 휘종황제(徽宗皇帝)가 저술한 『대관다론(大觀茶論)』에 기술되어 있다. 백차는 다른 차나무와 그 종류가 다르며, 벼랑에 자생하기 때문에 사람의 힘으로 재배하기 어렵다. 그리고 그 희소성으로 최고의 차로 손꼽힌다.

대백차나무는 복건성(福建省)의 정화(政和)마을에서 발견되었는데, 현재 대백차나무에서 싹과 어린잎으로 채집하여 만든 백차가 대부분이다. 청나라시대 한 농부가 발견했다고 전해지는 대백차나무는 현재 차 싹이 크고 튼실한 대엽류인 정화대백차(政和大葉茶)와 중엽류인 복정대엽차(福鼎大葉茶) 그리고 대엽류인 수선(水仙) 종류가 백호은침, 백목단, 수미 등의 원료로 사용되고 있다. 어린 찻잎은 튼실하고 솜털이 많아 햇볕에 쬐어 말리면 향기와 맛이 일품이며, 해열작용에 탁월한 효과가 있다.

백차의 종류는 많지 않으므로 어린 싹을 사용하는 백아차(白芽茶)와 1창 1기~3기의 찻잎을 사용하는 백엽차(白葉茶)로 구분한다. 백차는 선엽-위조-자연건조 혹은 홍배 방식으로 제조한다.

---
[20] 박영환 『중국의 차 문화』 도서출판 문현(2013)
[21] 김영숙 『중국의 차와 예』 불교춘추사(2006)

선엽(鮮葉)은 아주 신선한 찻잎을 따는 것이며, 만드는 종류에 따라 백아차, 백엽차로 구분한다.

위조(萎凋)는 대나무로 만든 넓은 선반용 발에 펼쳐 놓고 자연 위조 방식으로 한다.

자연 건조 혹은 홍배는 찻잎 속의 수분이 증발되고, 20~30% 정도 남았을 때 다시 건조하는 것이다. 자연 건조는 햇볕에 말리는 것이며, 홍배를 할 경우에는 45~60℃의 열을 가해주는 것이 좋다. 백차는 온도와 습도에 매우 민감하므로 계절에 따라 조금씩 달라진다. 춘차인 경우에는 실온 20~25℃, 습도 70~80%가 적당하며, 약 24시간 혹은 48시간 정도 건조시킨다.

사간(篩揀)은 크기가 고르지 못한 찻잎이나 이상한 색깔의 찻잎, 그리고 불순물을 골라내는 과정이다. 이러한 과정을 거친 백차는 품질이 더 좋아지게 된다.

복화(復火)는 다시 약한 불을 쐬어 차의 모양과 형태를 유지하도록 하는 것이다.

은빛을 띠는 백차를 실버 팁(Silver tip, 白毫銀針 : 백호은침)이라고도 한다.

백차의 주생산지는 복건성의 복정(福鼎), 정화(政和), 송계(宋溪), 건양(建陽) 등이며, 타이완과 스리랑카에서도 소량 생산된다. 백차는 품질 특성상, 찻잎이 삼백(三白) 조건을 갖추어야 하는데, 어린 싹, 1창 2기의 여린 찻잎에 흰색 솜털이 있어야 한다.

백호은침은 청나라 1796년에 만들어진 차이며, 전체가 솜털로 둘러싸여 있는 싹으로 줄기와 싹이 붙어있지 않다. 튼실하고 길고 뾰족한 바늘모양 침형의 은백색으로, 향기는 맑고 신선하며, 찻물색은 연황색과 푸른색이 감도는 살구빛이다. 복정에서 생산되는 북로은침(北路銀針)과 정화에서 생산되는 남로은침(南路銀針)이 있다.

백모단은 『생활문화대전(2012)』에 따르면 백호은침을 만드는 어린 싹보다는 조금 더 자라서 잎이 약간 펴진 상태에서 따서 만든 차로서 가격 역시 약간 싼 편이다. 녹색의 차 잎에 흰색털이 끼어있는 모양이 목단의 꽃과 같다고 하여 백모단이라는 이름이 붙여졌으며 향기가 상쾌하고 맛 또한 산뜻하다. 중국 백차(반 발효차)의 일종이며 차의 모양에 따라 붙인 차 이름으로 차 잎에 흰털이 많은 품종이다. 공미(貢眉)와 수미(壽眉)의 외형은 튼실하고 부드러우며, 꽃봉오리가 펼쳐진 듯한 모양으로 싹과 잎이 붙어 있다. 수미는 1창 2기와 3기 정도의 잎과 줄기가 연결된 것을 사용한다. 색은 회녹색으로 어두운 녹색을 갖고 있으며, 잎의 뒷면은 은백색을 갖고 있다. 솜털향이 진하며, 맛이 신선하고 순수하며, 단맛이 난다. 찻물은 맑은 등황색이며, 우린 후에 싹은 밝고 균일하고 백목단의 솜털이 있는 싹은 튼실하고 크고 품질이 우수하다.[22]

백모단은 주로 건양(建陽), 송계(宋桂) 등에서 생산되는데 수길백모단, 정화백모단으로 구분한다. 공미는 복건성 건양(建陽), 건구(建甌), 포성(捕城)이 주생산지로 백엽차이며, 만드는 방법은 백모단과 유사하다. 수미는 넓게는 공미와 같은 의미로 사용하나 백호은침을 만드는 지역에서는 백호은침에 사용한 후에 남은 싹이 없는 줄기와 잎으로 만든 백엽차이다.

---

[22] 정동효·윤백현·이영희 『차 생활 문화대전』 홍익재(2012)

청차

청차(靑茶)는 반 발효차로 우려낸 찻물이 청록색을 띠기 때문에 청차라는 이름이 붙여졌다. 청차는 위조(萎凋) 과정에서 원하는 향과 맛이 나면 더 이상 발효가 되지 않도록 살청(殺靑)하여 품질을 고정시킨다. 청차는 유념과 건조로 마무리하는 홍차처럼 만들다가 녹차의 제다공정으로 완성한다.

중국의 복건성에서 처음 만들어져 18~19세기에는 유럽에도 이름을 알렸다. 청차의 생산은 복건성 남부인 민남(閩南)의 안계(安溪)와 북부의 무이산(武夷山)을 중심으로 발전하였다. 20세기 초에 청나라가 멸망하고, 1950년 중국 내전으로 청차는 쇠퇴기를 맞기도 하였다. 중국에서는 한때 청차의 한 종류임에도 불구하고 우롱차(烏龍茶 혹은 오룡차)가 청차의 대명사로 잘못 알려지기도 했는데, 40~60% 발효공정으로 제다되어 소비되었기 때문에 대표적인 반 발효차로 알려졌다. 그러나 최근에 많은 소비자들이 청차의 향과 맛에 매료되면서 부활하게 되었고 청차의 명칭도 되찾았다.

청차는 중국과 대만(대만의 옛 명칭인 포르모사는 차용어로 아직도 쓰이고 있으며, 타이완을 말함)에서 생산된다. 중국의 우롱차는 찻잎을 너무 빨리 채집하면 품질이 떨어지므로 찻잎을 채집하자마자 즉시 제조하는 것이 중요하다. 청차는 짙은 녹색과 청갈색을 띠고 있으며, 찻물색은 녹황색에서 황갈색까지 다양하다. 천연의 꽃향과 과일향이 뛰어나며, 맛은 진하고 바디감이 강해 오랫동안 여운을 남긴다.

청차는 위조-주청-살청(혹은 초청)-유념-건조 과정의 제다법을 통해 만들어진다.

위조(萎凋)는 찻잎의 수분이 부분적으로 탈수되어야 효소가 더욱 활성화되고 푸른 기운이 싱싱하게 잎으로 가며, 맑은 향기를 끌어낸다. 청차의 위조 방법 중에는 통풍이 잘되는 서늘한 실내에서 자연스럽게 위조시키는 양청(凉青), 햇볕에 쬐어 위조시키는 쇄청(曬青), 열기를 주어 위조하는 홍청(烘青), 사람의 통제로 이루어지는 인공조건위조(人控條件萎凋)가 있다. 이 중에 쇄청을 해야 좋은 품질의 차를 만들 수 있다. 봄이나 여름에 채집한 청차 찻잎은 햇볕에 수분이 증발하도록 약 30분~1시간 정도 말린다. 그리고 다시 실내에서 약 25℃의 온도에서 위조과정을 거친다.

주청(做青)은 매우 중요한 공정단계로 이때 청차에 독특한 향이 생성된다. 바구니처럼 생긴 요청기에 찻잎을 담아 흔드는 요청, 손으로 찻잎을 비비는 교반 등의 방법으로 잎 가장자리의 세포조직이 파괴되면서 효소의 촉매작용으로 폴리페놀, 산화효소의 형성이 활발해지고, 독특한 향과 맛이 발현된다. 산화가 가장 중요한 청차는 다양한 향들이 발산되기 시작하며, 약하게 산화한 차는 진한 꽃향과 야채향이 생성되며, 많이 산화한 차에는 향신료 향과 함께 과일향과 목재향이 풍긴다. 이 과정을 일명 '발한과정'이라고도 하는데 이는 찻잎이 땀을 흘리는 듯하여 지어진 이름으로 온도는 22~25℃, 습도는 85%가 넘는 환경에서 찻잎을 계속 뒤적여준다.

청차 공정에서 초청(炒青)이라고도 하는 살청(殺青)은 찻잎의 효소활성화를 억제하여 산화가 더 이상 진행되지 않도록 제어하고 붉은색으로의 진행을 차단한다. 또한 저온 살청과정으로 나타나는 푸릇한 풀냄새를 휘발시켜 향긋한 향으로 전환시키며, 부분적으로 엽록소를 파괴하여 찻잎을 황록색으로 밝게 하면서 차의 품질을 고정시킨다. 이 방법은 찻잎을 팬이나 회전 드럼에 넣고 200℃에서 열처리를 해 주는 것으로 가끔 245~260℃까지 온도를 올려 열처리하는 경우도 있다. 이때 30초~5분간의 열처리를 통해 산화작용을 억제시켜 찻잎을 유연하고 탄력 있게 만든다.

유념(揉捻)은 비비는 과정이며, 조형(條形)의 청차는 일반적으로 포유(包揉)-단유(團揉)-해괴(解塊) 과정이 생략되나 반구형(半球形)과 환형(圜形)의 청차는 특성을 살리기 위해

포유(包揉 : 차를 흰 보자기에 싸서 비비는 것), 단유(團揉 : 포유한 차를 덩어리로 만들어 흰 보자기에 싸서 기계틀에 넣어 돌리며 비비는 것), 해괴(解塊 : 포유와 단유과정을 마친 차를 보자기를 풀어 헤치는 과정) 단계가 첨가된다. 유념과정에 따라 조형(條形 : 가지모양), 반구형(半球形 : 반원 형태), 환형(圜形 : 둥근 원처럼 생긴 모양)으로 결정된다.[23] 청차는 다른 차에 비해 찻잎이 더 두껍기 때문에, 열처리 과정이 끝난 직후, 찻잎이 아직 따듯할 때에 말아줘야 한다.

건조(乾燥)는 차에 남아있는 수분을 제거하는 과정으로 몇 시간의 건조과정을 거칠 때 메르 반응이 일어나 찻잎의 색상이 검게 변하면서 토스트 향과 타는 듯한 향이 생성되기도 한다. 참고로 전통적 방법을 고집하는 포르모사 우롱차는 오랜 시간 발효(60~70%)를 거치기 때문에 옅은 갈색 빛이 나는 오렌지 빛깔의 중국 우롱차보다 더 검고 진한 것이 특징이다.

포종(包種)은 아주 가볍게 발효된 또 다른 종류의 차를 말하는데 녹차와 산화 발효도가 높은 우롱차 중간쯤 된다. 포종은 복건성에 기원을 두고 있으며, 지금은 대부분 대만에서 제조하고 있다. 가끔 재스민 차의 주성분으로 사용되거나 향을 내는 차에 사용된다.

청차는 복건성의 옛 이름인 민(閩)에서 유래되어 현재도 민(閩)을 약칭으로 사용하고 있다. 청차의 주산지는 복건성, 인접한 광동성 그리고 대만으로 나뉘는데 민북청자(閩北青茶)는 명나라시대인 1567~1590년경부터 복건성 북부 무이산(武夷山) 일대에서 지금의 청차가 만들어졌다. 원나라 성종 대덕 6년(1302)에 무이산 4곡에 어차원이 건립되어 공차를 바친 기록도 남아있다. 무이암차에는 재배지역에 따라 정암차(正岩茶), 반암차(半岩茶), 주차(洲茶)가 있고, 사대명차는 대홍포(大紅袍), 백계관(白溪冠), 철라한(鐵羅漢), 수금귀(水金龜)가 있으며, 그 외 민북수선(閩北水仙)이 있다. 무이암차 중에서는 대홍포가 가장 유명하다.

---

[23] 박영환 『중국의 차 문화』 도서출판 문현(2013)

민남청차(閩南靑茶)는 안계(安溪)지방을 중심으로 청나라시대인 1725년부터 생산되었으며, 안계철관음(安溪鐵觀音), 황금계(黃金桂), 영춘불수(永春佛手), 영춘수선(永春水仙), 평화백아기란(平和白牙奇蘭), 조안팔선(詔安八仙), 장평수선병차(漳平水仙餠茶), 민남색종(閩南色種)이 있으며 특히 철관음이 유명하다.

광동청차(廣東靑茶)는 광동성 동쪽이면서 민남청차 생산지역에 인접한 산두(汕頭)지역의 봉황산(鳳凰山)과 오동산(梧桐山)지역에서 생산되는 것으로 남송시대인 1272년에 시작된 봉황단총(鳳凰單樅), 봉황수선(鳳凰水仙), 영두단총(嶺頭單樅), 석고평오룡(石古坪烏龍)이 있다.

대만청차(臺灣靑茶)는 오래전 중국 복건성에서 전래되어 연구한 결과 1855년 대만 동정오룡이 만들어졌으며, 대만 포종차는 1881년에 만들어졌다. 고산오룡, 동정오룡, 문산포종, 백호오룡의 동방미인, 목책철관음 등이 있으며, 이 중에서 대우령(大禹嶺)지역에서 생산하는 동종오룡이 최고의 차로 가장 먼저 알려졌으며, 최근에 이산(梨山)에서 만든 고산오룡의 품질을 높게 평가하고 있다.

황차

황차(黃茶)는 찻잎도 황색, 찻물도 황색, 우린 찻잎도 황색을 띠고 있어 삼황차(三黃茶)라고도 한다. 황차는 녹차와 청차의 중간 단계라고 할 수 있는 차로 처음 녹차를 제조하는 과정에서 실수로 잘못 만들어진 차였으나 변질된 녹차 중에서 연황색의 탕색과 독특한 향미, 순한 맛이 도드라져 하나의 상품으로 자리 잡기 시작하였다. 녹차가 잘못 만들어져 황차가 되었다는 이론적인 근거는 명나라의 허차서(許次舒)가 저술한 『다소(茶疏)』에 녹차를 만드는 과정 중에 제대로 살청이나 유념과정을 하지 않아 황색차로 변화되었다는 내용이 기술되어 있다.

황차는 당나라시대부터 내려온 차로 고대 황차에는 2종류가 있었다. 하나는 차나무의 품종에 의해 찻잎이 황색으로 발아한 것이며, 다른 하나는 차를 만드는 과정 중에 퇴적하여 쌓아둔 찻잎이 황색으로 변한 것이다. 고대에는 주로 찻잎을 증기로 쪄서 병차(餠茶 : 떡차)나 단차(團茶)로 만들기도 하였다

황차의 가장 중요한 특징은 민황(悶黃)과정을 거치는 것으로 고온의 살청을 통해 효소의 활성화를 억제하고 여러 가지 페놀의 산화과정을 이용하고 습열 작용을 통해 약간의 유색 물질을 생성하게 한다.[24] 황차는 산뜻한 단맛, 맑고 부드러운 맛과 향, 많이 마셔도 위에 큰 부담을 주지 않는 차로 유명하다.

황차의 제조과정은 지역과 종류에 따라 약간의 차이가 있으며, 녹차 가공과정에서 민황과정이 첨가된다. 일반적으로 제조하는 방법은 위조-살청-유념-민황-건조과정을 거친다.

---

[24] 박영환 『중국의 차 문화』 도서출판 문현(2013)

위조(萎凋)는 찻잎말리기로 전통적인 방법으로 채집한 잎을 먼저 채반에 얇게 펴서 태양열이나 자연 바람에 1~2시간 정도 노출시켜 15~20% 정도의 수분을 날려 보낸다.

살청(殺靑)은 솥의 온도를 100~120℃에서 80℃로 조절해서 약 4~5분정도 덖는 방법으로, 무게 감소율이 30%에 달하면 즉시 솥에서 끄집어낸다. 살청과정을 거치면 효소의 활성은 파괴되고, 수분은 부분적으로 증발되며, 동시에 푸릇한 풀 비린내를 발산시킨다. 그리고 이것이 황차의 향과 맛을 형성하기 때문에 발효차를 만드는 과정에 있어 중요한 공정이다.

황차는 찻잎도 황색, 찻물도 황색, 우린 찻물도 황색을 띠고 있어 삼황차라고도 한다.

유념(揉捻)은 황차 제다법에서 꼭 해야 하는 공정단계는 아니다. 살청 후에 민황을 하기도 하고, 유념 후에 민황을 하기도 하는데, 제조하는 차창마다 차이가 있다.

황차의 큰 특징 중 하나는 민황으로 살청을 거친 찻잎을 통풍이 되지 않게 꼭 덮어 밀폐하여 황변을 일으키도록 하는 공정으로 살청을 마친 찻잎을 그대로 쌓아두는 것이다. 황변을 위한 적당한 습열 조건을 유지하는 단계인 민황은 황차류의 제다 공정에 있어 가장 중요한 과정이며, 황색·황탕 형성에 있어 없어서는 안 되는 공정이다. 민황은 짧게는 30~40분, 길게는 5~7일 정도 쌓아 두는데, 종류마다 약간의 차이가 있다.

건조는 일반적으로 몇 차례에 걸쳐서 진행되며, 건조하는 온도도 다른 차 종류에 비해 비교적 낮게 해야 한다. 가공방법의 특징에 따르기도 하지만, 최근에는 원료인 찻잎의 어린정도에 따라 황아차(黃芽茶 : 군산은침, 몽정황아, 곽산황아), 황소차(黃小茶 : 북항모첨, 위산모첨, 록원모첨, 은주황탕), 황대차(黃大茶 : 곽산황대차, 광동대엽청)로 구분하기도 한다.

홍차

전통의 수작업은 섬세한 맛과 함께 고품질의 홍차를 만든다.

중국에서 개발된 홍차(紅茶)는 세계 각지에서 생산되어 교역과 소비가 이루어진다. 완전 발효차로써 최대 생산량은 65% 이상을 차지하며, 영국에서 많이 마시는 차이기도 하다.

1781~1795년 사이 만들어진 소종홍차(小種紅茶)를 최초의 홍차로 인정하고 있으며, 1875년에 공부홍차(功夫紅茶)로 많이 알려진 안휘성(安徽省)의 기문홍차가 만들어졌다고 한다. 홍차의 유래에 대해서는 많은 논란이 있지만, 우선 포르투갈의 선교사 가스팔 다 쿠루스(Gaspar Da Cruz : 1520~1570)가 1570년에 저술한 『중국에 관한 연구』에 보면 '사대부 집안에서는 손님이 오면 차를 대접한다' 는 내용이 나온다. 또 이탈리아의 작가 지오반니 라무지오(Giovanni Ramusio : 1485~1557)가 저술한 『항해기집성』이 사후 1559년 세상에 알려졌는데, '중국 사천지역 사람들은 차를 약으로 사용한다' 는 내용이 기술되어 있다. 그러나 실제로 차를 처음 접한 유럽인들은 1557년 중국 마카오에 교역기지 설치를 허락받은 포르투갈인으로 추정한다. 또한 일본의 센리큐(千利休 : 1522~1591) 다도가 성행하던 시기에 일본을 방문한 포르투갈인에 의해 유럽으로 전파되었을 것이라고 추정하기도 한다.

1610년 네덜란드가 중국 마카오와 일본 나가사키현의 히라도(平戶)에서 구입한 차를 네덜란드 헤이그로 보낸 것이 유럽에 최초로 선보인 역사적인 차라고 볼 수 있다. 이때부터 동양에서 온 진귀하고 신기한 차가 유럽의 귀족과 상류사회에 큰 인기를 끌게 되었으며, 네덜란드, 프랑스, 독일 등으로 확산되었다. 그 후 1657년 영국에 차가 들어오면서 홍차 문화시대를 열게 되었다.

홍차의 일반적인 특징은 붉은 탕색과 붉은 잎, 색, 향 그리고 맛이 모두 유사한 화학적 변화과정을 거쳐서 형성된다는 것이다. 홍차의 제조방법은 두 가지가 있는데, 하나는 전통적인 제조방법이고 다른 하나는 CTC(Crush, Tear, Curl의 약자) 제조방법이다. CTC 제조방법은 1930년대 맥커쳐(W. Mckercher)가 고안한 근대적인 제다방법으로 CTC라는 기계를 사용한다. 전 세계 홍차의 50% 이상이 CTC 제조방법을 사용하는데, 제조시간은 짧고, 색과 향은 강하며, 가격도 저렴하면서 일정수준 이상의 품질을 유지하면서 대량생산도 가능하다.[25]

전통적인 제조방법은 위조-유념-분쇄-선별-발효-건조하는 과정으로 이루어지며, CTC 제조방법은 위조(Wilt)-분쇄(Crushing)-압쇄(Tearing)-컬링(Curling)의 공정이 모두 하나의 기계로 이루어져 작업 효율성을 향상시킨 대량생산방법이다.

선엽(鮮葉)은 나원의 차나무 사이를 지나가면서 새로 돋아난 싹을 직접 손으로 뜯어서 모으거나 기계로 차나무의 표면을 깎아서 잎을 모으는 것이다.

사진 : 일본 시즈오카시 제공

---

25 하보숙·조미라 『홍차의 거의 모든 것』 열린세상(2014)

위조(萎凋)는 찻잎의 수분함량이 일정 정도 줄어들도록 대나무 발이나 소쿠리에서 시들게 하여 자연스럽게 건조시키는 것이다. 큰 찻잎을 사용하는 중국, 대만, 인도 일부, 스리랑카, 인도네시아 등지에서 사용하고 있는 전통적인 방법에 따르면 찻잎을 채집하여 펴서 시들 때까지 둔다. 그러나 보다 훌륭한 홍차 제품은 그늘에서 말린다. 이런 과정을 거치면 잎이 갈라지는 일이 없으며 부드럽게 말 수 있다. 이 단계에서 찻잎은 사과 같은 향을 생성한다. 기계로 할 경우 큰 직사각형 나무통 속에 2/3 높이의 금속 망을 펴고 그 아래로 바람이나 온풍을 통과시키고 시들게 하여 말린다. 생엽을 30cm 정도의 두께로 평평하게 쌓아 올리고 8~14시간 정도 송풍시키면 찻잎 수분이 40~50% 정도 증발된다.

유념(揉捻)은 덖기로 찻잎의 세포를 분쇄하여 즙이 나오게 하는 것이다. 차의 색과 농도 그리고 맛을 결정하게 되며, 엽록소의 파괴정도에 따라 멈춘다. 엽즙 속의 산화효소인 폴리페놀 화합물, 펙틴, 엽록소 등이 산소와 접하면 산화가 시작된다. 대부분 차는 수작업으로 진행하는데, 전통적인 수작업이 섬세한 맛을 더하고 고품질의 홍차를 만들지만, 상대적으로 고품질이 아닌 홍차는 거의 기계를 사용하기도 한다.

분쇄(粉碎)는 숨이 죽은 찻잎을 기계로 자르거나 찢어 자연즙을 빼내는 것으로 최근에 생산성 향상을 위한 공정 기계화로 CTC라는 기법이 개발되었다. 우리가 접하는 대부분의 찻잎은 CTC 기계를 사용하지 않고 기존의 로터베인(rotervane)으로 분쇄한 것이다.

선별(選別)은 찻잎을 크기별로 고르는 것인데, 여기서 찻잎의 등급이 이루어진다. 여러 가지 크기의 체를 통해 떨어지는 찻잎을 분류하는데, 뒤에 남는 큰 잎만 반드시 좋은 차가 되는 것은 아니다.

발효(醱酵)는 찻잎이 각종 효소의 힘으로 초록색에서 붉은빛을 띤 암갈색으로 변하게 하는 것이다. 홍차의 맛은 대부분 이때 결정되므로 발효과정은 아주 중요하다. 실내온도 25℃에서 80~90%의 습도를 유지시켜 20분~3시간 정도로 강제 발효할 경우 자연발효보다 시간이 단축된다.

건조(乾燥)는 산화 중인 찻잎을 건조시켜 산화를 완전히 멈추게 하여 홍차로 만드는 것이다. 온풍기나 숯불을 이용하여 찻잎의 수분함량을 5% 이하로 줄인다.

마지막 선별작업은 정전기를 이용하여 잔가지를 흡착해 없애며, 이 과정에서 분쇄되지 않은 차는 사람들이 손으로 직접 골라낸다.

홍차의 주요 생산국은 중국을 비롯한 인도, 스리랑카, 케냐, 터키, 인도네시아 등이며, 그중에 인도와 스리랑카, 케냐가 세계 홍차시장을 거의 장악하고 있다.

홍차는 제다 특성에 따라서 잎홍차인 소종홍차(정산소충, 외산소종 등)와 공부홍차(중국의 기홍, 전홍, 천홍, 민홍 등, 영국의 다질링, 우바, 누아라엘리야, 딤블라 등), 파쇄홍차(로터벤 : rotervane, CTC : crush tear curl, 쇄차, 편차, 말차 등), 긴압홍차(미전차, 소경전차, 봉안향차 등)가 있다.

소종홍차(小種紅茶)는 중국 복건성의 특산품으로 초제가공은 대체로 입하(5월6일경)부터 1창2기~1창3기의 생엽을 채집하여 만들며, 춘차(春茶)가 대부분이다. 소종홍차는 숭안(崇安), 건양(建陽), 광택(光澤) 등의 고산지대에서 생산되는 정산소종(正山小種)과 탄양(坦洋), 북령(北嶺), 민후(閩候), 병남(屛南), 고전(古田), 사현(沙縣), 정화(政和) 등에서 생산되는 외산소종(外山小種)으로 구분한다.

공부홍차(工夫紅茶)는 소종홍차를 기반으로 더욱 발전된 홍차로 전통홍차라고도 한다. 생산지에 따라 기홍(祁紅), 전홍(滇紅), 천홍(川紅), 녕홍(寧紅), 의홍(宜紅), 민홍(閩紅), 호홍(湖紅) 등으로 나누며, 가장 유명한 홍차인 기문(祁門)의 기홍(祁紅)은 검은 색의 윤기가 아름답게 나며 꿀향이 있어 국제시장에서 인기가 많다. 운남성의 전홍은 대엽종으로 만들어 길쭉하고 두툼하며, 튼튼한 싹이 금황색 솜털로 덮여 있고, 풍부한 과일 향과 꽃향이 진하며 오랫동안 여운을 남긴다.

홍쇄차(紅碎茶)는 파쇄된 홍차를 통칭한 것으로 인도, 스리랑카, 케냐 등지에서 생산되며, 엽차, 쇄차, 편차, 말차로 구분된다. 홍차 긴압차인 홍전차(紅磚茶)는 홍차를 원료로 하여 벽돌 또는 경단모양으로 만든 압제차를 말하며, 호북성의 조리교(趙利橋) 다창(茶廠)에서 만들어 내몽고 신강지역에서 소비된다. 세계 3대 홍차는 인도의 다즐링(Darjeeling), 스리랑카의 우바(Uva), 중국의 기문(祁門)이 있다.

세계적으로 유명한 홍차의 원산지별 특성을 요약하면 다음과 같다.[26]

원산지	이름		차의 특성
인도	다즐링	Darjeeling	매우 신선하고 상쾌한 맛과 깊고 풍부한 머스캣 포도 향이 일품
	닐기리	Nilgiri	매우 진하고 상쾌하고 우아한 맛
	아삼	Assam	강한 맛과 위스키 향
스리랑카	누와라 엘리아	Nuwara Eliya	산뜻하고 상쾌하며, 향긋한 꽃, 과일향, 풀향
	딤블라	Dimbula	깨끗하고 잔맛이 없는 떫은맛과 장미향
	우바	Uva	상큼하고 감미로운 박하 향
	캔디	Kandy	떫은맛이 적고 부드러운 향
	루후나	Ruhuna	진하고 깊은 맛과 훈제 향
중국	기문(祁門)	Keemun	꿀처럼 달콤한 풍미, 난초 향, 사과 향
	정산소종 (正山小種)	Lapsang Souchong	소나무 훈제 향, 단맛
	운남 진홍(滇紅)	Yunnan	감미로운 맛과 달콤하고 과일 향
대만	홍옥(紅玉)	Hongwe	깊은 맛, 육계 향
인도네시아	자바	Java	부드러운 맛과 향
아프리카	케냐	Kenya	강하고 깔끔한 풍미, 신선한 난초 향

---

[26] 하보숙·조미라 『홍차의 거의 모든 것』 열린세상(2014)

흑차

흑차(黑茶)는 후 발효차에 속하며, 차마고도에서 차와 말을 바꾸던 차마무역의 주 거래품이었다. 흑차는 사천성(아안(雅安) 지역에서 생산되는 변차(邊茶) 혹은 변소차(邊銷茶)로 차마무역에서 거래되던 역사적인 흑차), 호남성(호남 흑차, 천량차(千兩茶)), 호북성(노청자(老靑茶), 초루차(炒蔞茶)), 광서성(광서 흑차, 광서 육보차(六堡茶), 운남성에서 제조되며, 대표적인 흑차는 운남성에서 제조되는 보이차이며, 마시는 골동품이라고 한다.

흑차는 찻잎이 많이 자라서 센잎을 사용하는데 녹차 제다과정으로 햇볕에 건조시키는 쇄청녹차를 원료로 한다. 이 쇄청녹차를 퇴적한 후에 적당한 습기와 열을 가하여 발효시키는데 발효시간이 길며, 발효 과정에 의해 찻잎의 색이 검은색, 흑갈색이 된다. [27] 흑차의 기본 제다법은 채엽-위조-살청-유념-건조-퇴적 발효-건조로 한다. 흑차의 대표적인 보이차를 만들기 위해서는 먼저 보이차의 원료가 되는 모차(毛茶)를 만들어야 한다. 모차는 산지에서 찻잎을 채집하여 바로 만드는 것으로 차의 기운이 살아 있고, 그대로 우려 마시면 차의 싱그러운 향과 맛을 느끼고 즐길 수 있다.

보이차는 생차와 인공발효 숙차, 두 가지 방법으로 만든다. 생차는 채엽-위조-살청-유념-건조-모차-긴압의 제조과정을 거치며, 숙차는 채엽-위조-살청-유념-건조-모차-악퇴-살균-건조-긴압의 공정으로 만든다.

| 채엽 | 위조 | 살청 | 유념 | 건조 | 모차 | 긴압 |

| 채엽 | 위조 | 살청 | 유념 | 건조 | 모차 | 악퇴 | 살균 | 건조 | 긴압 |

[27] 「흑차」 법보신문(2004.10.12)

생차의 경우 채엽(采葉)은 차나무에서 신선한 찻잎을 채집하는 과정으로 어떠한 가공도 거치지 않은 상태의 잎이다. 보통 싹 하나에 잎이 1개, 2개, 3개까지 사용된다.

위조(萎凋)는 시들게 하기로 찻잎의 수분이 어느 정도 날아가게 하는 과정이다. 살청하기 좋은 조건으로 만들며 탄량(攤凉)이라고도 한다. 먼저 찻잎을 6~8cm 정도의 두께로 고르게 펼친 후 3~6시간 정도 시들게 하는데 중간에 한번 뒤집어 수분이 고르게 날아가도록 해준다.

살청(殺靑)은 신선한 찻잎에 열을 가하여 찻잎의 폴리페놀 옥시다아제의 활성을 둔화시키고 산화를 늦추며 수분을 감소시킨다. 농가에서는 살청 솥을 사용하여 수공 살청을 하지만 대량으로 생산하는 초대소에서는 살청기계를 사용한다. 살청을 거치면 찻잎의 풀 비린내는 없어지고 차 고유의 향을 풍기면서 잎도 부드러워진다.

유념(揉捻)은 반복적인 비비기를 통해 찻잎 표면과 내부의 수분을 균일하게 하고, 찻잎의 세포조직을 적당히 파괴하여 차즙이 잘 우러나오게 하는 과정이다. 이때 찻잎 표면의 피막이 파괴되면서 공기 중에 떠 있는 여러 미생물과 접촉도 하게 된다. 유념은 찻잎의 상태를 보고 강, 중, 약의 정도를 결정한다. 맹해지역에서는 악황(渥黃 : 유념이 끝난 후에 찻잎을 쌓아두는 과정)과 해괴(解塊 : 서로 달라 붙어있는 찻잎을 풀어 흩뜨리는 과정)를 한다.

햇볕에 건조시킨 찻잎을 쇄청모차라고 한다.

쇄청(曬靑)은 유념한 차를 햇볕에 자연 건조시키는 것으로 햇빛이 좋은 날, 찻잎을 2cm 두께가 넘지 않도록 펼쳐 놓고 4시간마다 한 번씩 뒤집어 주며, 수분함량이 10%이하로 떨어질 때까지 건조시켜 만든 차를 모차(毛茶)라고 하며, 즉, 햇볕에 건조시킨 것만 쇄청모차라고 한다.

긴압(緊壓)은 찻잎을 더욱 결속시키는 과정으로 우선, 차의 줄기와 이물질을 제거하고, 무게를 정확하게 단다. 차를 제조할 때, 100℃ 이상의 고온에 증기를 쐬면 찻잎의 소독과 살균 효과를 볼 수 있다. 찻잎에 증기를 쐬고 나면 무거운 돌로 눌러서 긴압을 하고 대나무로 만든 널빤지에서 건조시킨다.

인공 숙차의 미생물 발효과정은 매우 중요한 공정으로 자연스런 진화과정을 거쳐 생성된 생차의 풍미를 인공적인 발효과정을 거쳐 시간을 앞당기는 것이다. 숙차는 곤명차창에서 1973년에 연구개발한 것으로 차의 습도와 온도를 인공적으로 조절하여 빠른 속도로 발효를 촉진시키는 방법이며, 또한 맹해차창에서도 같은 해에 연구개발에 성공하여 보이차의 획기적인 가공방법이라고 하고 있다. [28]

인공 발효과정을 악퇴(渥堆)라고노 하는네, 찻잎 더미 높이를 90cm가 넘지 않도록 쌓아놓고 찻잎의 수분함유량이 35~50%가 될 때까지 깨끗한 물을 뿌리는 것이다. 퇴적 임계온도는 65℃ 이하를 유지하고 습도는 85% 전후로 조절하여 발효를 속성시키는데, 약 40~45일 정도가 지나면 찻잎 색깔은 밤색이나 검은색으로 변하게 된다. 악퇴공정이 끝나면 살균처리하고 건조시켜 긴압을 한다.

흑차 중 보이차는 서쌍판납(西雙版納)의 이무(의방, 만송, 망지, 유락, 만전, 혁등, 낙수동, 괄풍채 등), 맹해(포랑산, 노반장, 노만아, 파다, 맹송, 남노 등), 보이의 란창(경매 등), 임창의 쌍강(빙도, 대설산, 석귀 등) 등이 유명하다.

---

[28] 대익다도원·김태연 옮김 『대익보이차』 다빈치(2013)

가향차와 유기농차

순수한 차에 향을 가미한 가향차는 녹차, 우롱차, 홍차에 향을 가해 제조된다. 차를 포장하기 전, 마지막 단계 직전에 향을 첨가하거나 블랜딩하는데, 재스민 차(Jasmine tea)의 경우에는 재스민 꽃 전부를 녹차나 홍차에 첨가한다. 중국이나 포르모사(옛 대만) 우롱차, 홍차 등에는 장미 포종, 장미 공푸차 그리고 장미 꽃잎을 블랜딩한다.

과일향을 첨가한 차는 보통 제조과정에서 과일에서 추출한 분말을 사용하여 블랜딩한다. 허브, 과일, 티산 등은 차나무 *카멜리아 시넨시스*의 생산물이 아니며 향을 첨가하거나 맛을 낸 차와는 구별하고 있다. 그리고 허브는 차가 아니므로 상표에도 차라고 표기해서는 안 된다.

유기농 차는 최근 소비자들과 차 마니아들이 건강과 웰빙에 관심을 갖게 되면서 관심을 모으고 있는데, 차나무를 재배하거나 찻잎을 채집할 때 고도의 기술이 필요하다. 유기농법에 따른 차나무 재배는 아주 까다롭고 엄격한 통제가 요구되며, 비료나 살충제, 제초제 등의 어떤 화학성분도 사용하지 않아야 한다. 그리고 변(便), 퇴비, 자연유기농 물질, 영양분을 포함하고 있는 식물과 나무, 재피 식물 등이 기본 구성 물질이다. 유기농의 목적은 차를 재배하는 데 있어 좋은 토양을 오랜 기간 유지하여 생산성을 확보하고, 환경을 보호하며, 경제적이면서 화학비료를 전혀 사용하지 않고 재배하는 것이다.

쿠스미티 가향차

유기농법에 따른 차 재배는 아주 까다롭고 엄격한 통제가 요구된다.

유기농 차의 재배조건과 수출조건은 다음과 같다.[29]

첫째, 병충해를 제거하기 위해 천적을 이용한 재배를 해야 한다.
둘째, 화학세품이나 이식 유전자 제품을 사용하지 말아야 한다.
셋째, 국제기구나 정부에서 인정하는 유기농 인증을 받은 씨앗을 사용해야 한다.
넷째, 전통적인 재배법과 유기농 재배법으로 찻잎을 채집한 경우 원료의 사용을 분리해야 한다.
다섯째, 최소 3년간 관찰해야 하며, 유기농법으로만 재배하고, 화학비료 등을 완전히 제거해야 한다.
여섯째, 국제기관이나 정부기관으로부터 유기농 전 과정을 심사받아 인증서를 받아야 하며, 매년 검사를 통과해야 한다.

유기농 공법으로 차를 생산하는 국가는 인도, 아프리카, 스리랑카 등지이며, 1980년 후반부터 유기농 농장으로 인정받은 다원이 많다. 중국 운남성의 야생 고수차는 자연적인 유기농 다원으로 인정받고 있다.

---

[29] 프랑수와 사비에르 델마스 · 마티미네 · 크르스틴 마르바스트 『티 소믈리에 가이드』 한국 티 소믈리에 연구원(2013)

2

세계 차의 역사

중국의 차 역사

인간은 약 6,000년 전부터 차를 마셔왔으며, 그동안 차(茶)는 약용으로부터 식용, 기호음료로 변하고 정치, 경제, 문화, 종교 등 다방면으로 영향을 주었다.

오늘날 우리가 흔히 마시는 차는 야생의 차나무에서 시작되었다. 야생의 차나무는 운남(雲南)·광서(廣西)에서 해남도(海南島)까지 분포되어 있었지만 음료로 널리 애음되기까지는 오랜 세월이 걸렸다. 처음에는 '고(苦 : 씀바귀 고 혹은 쓴 고)'라고 불렸으나 한(漢)나라 이후 사천(四川)에서부터 양쯔 강 유역과 강남으로 차 마시는 습관이 전파되자 당나라시대(唐代)에 이르러 '차(茶)'라는 문자가 사용되었다. 지금도 운남성의 경홍 맹송(勐宋)과 맹해(勐海)의 노만아(老曼峨) 지역에 가면 야생 고차(苦茶)를 마실 수 있다.

중국 고대 설화에 따르면 삼황(三皇)시대 위생관념이 철저했던 중의학의 아버지 신농(神農 : 정식이름은 염제(炎帝)) 황제는 항상 물을 끓여 마셨는데, 물을 끓이고 있는 과정 중에 우연하게 차의 효능을 발견했다고 전해진다. 기원전 2737년 신농 황제가 나무 밑에서 쉬면서 주전자에 물을 끓이고 있을 때 바람이 불면서 나뭇잎 몇 개가 물에 빠졌다. 이에 황제는 나뭇잎을 꺼내지 말고 계속 끓이라고 하였다. 그렇게 끓인 물에서 향기가 나고, 물을 마셔보니 물맛에 쓴맛이 돌면서 단맛이 나고 활력을 북돋워 준다는 사실을 알게 되었다. 주전자에 떨어진 나뭇잎이 바로 야생 차나무 잎이었으며, 그 찻잎을 처음 마신 사람이 신농 황제였다고 한다.[1]

차가 발견된 시기를 신농 황제시대라고는 하지만 신농 황제가 찻물을 마시고 정말로 그렇게 느꼈는지는 누구도 알 수 없으며, 역사적으로 설명이 안 되기 때문에 신화적으로 만들어진 전설이라고들 한다. 하지만 오래전부터 차를 마시기 시작한 사실은 그 누구도 부인할 수 없다. 중국에서는 기원전 3세기에 이미 차를 약용으로 사용한 기록이 있으며, 차를 표현한 한자어인 도(茶 : 씀바귀라는 의미)를 사용한 기록도 있다. 도(茶)는 '苦(씀바귀처럼 쓴맛)'와 같은 의미로 보면 쉽게 알 수 있다. 그리고 차를 차(茶)라고 말해야 한다고 규정된 것은 전한 앙조시대인 기원전 206년과 220년 사이라고 한다. 차를 표현한 옛 글자에는 가(檟), 설(蔎), 명(茗), 천(荈), 도(茶)가 있는데 이것은 모두 각 지방의 소수민족들이 각기 다르게 말했기 때문이다.

차를 처음 발견했다고 전해지는 신농황제 동상

『신농본초경(神農本草經)』에도 '차를 오래 마시면 힘을 솟게 하고 마음을 즐겁게 한다.' 는 차에 대한 기록이 있으며 '신농이 백가지 초목을 맛보다 하루는 72가지 종류의 독을 먹었는데 도(茶)를 얻어 해독하였다.' 고도 전한다.[2] 사마천(司馬遷)의 사기(史記)에도 기원전 1066년 서주(西周)의 파촉(巴蜀)지방에서 차를 재배했다는 기록이 있으

---

[1] 제인 피티그루 『세계의 명품차 TEA』 세경(2009)
[2] 짱유화 『다경강론』 도서출판 삼녕당(2013)

며, 춘추전국시대(BC 772~221) 한족과 소수민족에 의해 본격적으로 차가 재배되었다고도 한다. 삼국지에도 효성이 지극한 유비가 어머니에게 차를 사드리기 위해 2년간 자리와 발을 짜서 꼬박 돈을 모았으나 차 한통 사기가 어려웠다는 내용이 들어있다.

최근 차 전문가와 식물학자들에 의해 중국이 차나무의 원산지라는 사실이 밝혀졌다.

차는 매우 귀한 물건으로써 주로 황족이나 귀족의 전유물로 이용되었다. 차에 대한 기록은 BC 1세기 중엽 왕포(王褒)가 쓴 노예매매계약서「동약(僮約)」에 보면 무양(武陽)에서 차를 구입한다는 기록이 나오며, 기원후 8세기부터 차의 역사를 추적하기가 쉬워졌는데 그 이유는 차를 나타내는 문자에서 획을 하나 없애고 고유한 문자로 표현하기 시작했기 때문이다.

진한시대(BC 221~AD 220)에는 차가 약에서 기호식품으로 인정받았으며, 초기에는 차의 생잎을 쪄서 빻은 후 동그란 모양으로 만든 떡차(餠茶 : 고형차)를 달여 마셨다고 한다.

삼국시대(220~420) 오(吳)나라와 진(晉)나라 시절에는 사천과 양자강의 중·하류에 차산지가 인접하였기에 차 마시는 것이 매우 성행하였고, 황제 또한 병사들에게 술 대신 차 마시기를 권장하여 차 문화가 상당히 보급되어 있었다고 전한다.

특히 남북조시대(420~589)의 남조(南朝)는 파동(巴東)·무창(武昌)·노강(廬江 : 현재 안휘성(安徽省))·진릉(晉陵) 등이 고급차산지로 알려졌으나 북조(北朝)는 남조와 달리 차 문화가 발달하지 않았다. 그러나 북조가 완화정책을 실시하고 많은 남조인들이 귀화하면서 북조의 차 문화 형성하는 데 기여하게 되었다. 당나라 시대에 이르러 남북의 교류가 활발하게 되면서 중국 전체에 걸쳐 도시의 일반 서민들까지 보통 음료로 마시게 되었다.[3] 남북조시대인 476년에는 터키인과 물물교환 품목으로 차가 등장하면서 차 상인들은 부자가 되었다. 그리고 그들은 자신의 부와 지위를 나타내기 위해 도예가나 금·은 세공업자들로 하여금 차와 관련된 용품을 귀하고 비싸게 제작하게끔 하였다.

당나라 시대 이전 중국의 차와 관련되어 자세히 알려지거나 기록된 것은 없다. 그러나 불교를 숭상하던 당나라(618~906)는 태평시대를 맞이하여 불교문화의 상징인 차를 성장 발전시켜 황금기를 만들었다. 당나라시대의 차는 약용이 아닌 번뇌(煩惱)를 없애주어 즐거움을 주는 음료로 자라 잡기 시작했으며, 가정에서도 차를 준비하고 접대하는 예절 문화가 발달하였고, 차(茶) 용어도 정착되기 시작하였다.

당나라 중기 수도인 장안(長安)에는 다관(茶館)이 생기고, 육우(陸羽)는 『다경(茶經)』을 저술했으며, 상백웅(常伯熊)은 다도문화를 실행하여 차 문화 보급에 앞장서 다도문화를 예술적인 경지로 끌어올렸다고 한다. 9세기에 이르러 차는 중국인들의 생활필수품이 되었고, 생산과 판매에 조정(朝廷 : 국가의 정치를 의논하고 집행하는 조직)이 개입하기 시작했으며, 차 상인들은 계속 부를 쌓았다.

당나라 문인이었던 육우는 AD 780년에 『다경(茶經)』이라는 저서를 집필했는데, 모두 3권으로 구성되어있다. 다경에는 차의 역사적 배경, 유명한 차 재배지, 차 재배법, 차 만들기, 차 만들 때의 도구 등이 상세하게 기록되어있다. 차를 번차(番茶)·산차(散茶 : 煎茶)·말차(抹茶 : 粉末茶)·단차(團茶 : 固型茶) 4종류로 구분하였으며, 이것은 당·송나라 시대에서는 차의 기본적인 분류가 되었다. 특히 단차는 그 시대 독자적인 제품이었다. 육우는 차를 가리키는 옛글자 가(檟), 설(蔎), 명(茗), 천(荈), 도(茶) 등을 빼고 오직 자신만이 만든 차(茶) 글자를 사용하여 철학적 의미를 두었다고 한다.[4]

---

[3] 제인 피티그루 『세계의 명품차 TEA』 세경(2009)
[4] 짱유화 『다경강론』 도서출판 삼녕당(2013)

당나라에서는 차를 경작하고 수확하는 데에도 역시 엄격한 규정을 만들었다. 누가, 언제 어떻게 찻잎을 채집하는 방법, 채집된 찻잎을 처리하는 방법, 찻잎을 채집하는 젊은 여성들의 위생관리, 찻잎을 채집할 때 마늘, 양파, 향이 강한 음식 등을 만지지 말도록 하는 규정 등을 만들었다. 황실에 바치는 공차에는 용이나 봉황을 새겼기 때문에 용봉차(龍鳳茶)라고도 했으며, 찻잎은 어린 여성들이 채집하였다. 찻잎을 채집 전에 목욕재개는 물론 신체검사까지 받았다고 한다. 또한 차에 재스민 오일이나 연꽃, 국화 등을 함께 넣어 마셨는데 이것은 그 당시 부드러운 맛을 선호했기 때문이었다.

송나라(960~1279) 때는 복건(福建)의 건주(建州)지역이 차의 특산지였고, 차 문화의 번영기 때 차는 쌀이나 소금과 같이 일상생활의 필수품으로 간주되었다. 차 풍속이 널리 전파되어 일반 백성들도 차를 마시기 시작하여 다회와 다연이 성행하였다. 당나라의 차 전매제도를 그대로 이어받아 확대 실시했으며, 차의 쓴맛을 덜기 위해 차에 소금을 넣어 마셨다. 황실이나 일반 서민들 사회에서는 차의 품격을 겨루는 '투다'가 성행하여 일상생활로 자리 잡으면서 차의 품질이 크게 향상되었다. 특히 송나라시대에는 차를 만들 때 매우 어린 찻잎만을 엄선하고 채집하여 고급스럽게 만들고, 이것을 곱게 맷돌에 갈아 다완에 넣고 끓인 물을 붓고 차선으로 저어 눈처럼 하얗고 부드러운 거품을 만들어 마시는 '점다법(點茶法)' 즉, 말차(抹茶)가 유행하였다. 또한 당나라와 다르게 실처럼 가느다란 어린 차 순을 가려서 찐 다음 수분과 진액을 짜내고 곱게 갈아서 증압 성형하여 벽돌모양, 떡 모양 등으로 만든 '단차(團茶)'가 등장하였다. 그밖에도 재스민 꽃잎으로 만든 말리화차(茉莉花茶), 반발효의 우롱차(烏龍茶), 포종차(包種茶) 등의 다양한 차 종류가 만들어졌다.

명나라(1368~1644)로 접어들어 태조 주원장(朱元璋)이 단차의 공납을 금지하면서 단차는 점점 쇠퇴하였다. 그리고 이때부터 지금까지 녹차 즉 산차가 애용되었다. 또한 찻잎을 맷돌로 갈아 비벼 만드는 대신 찻잎 자체만을 우려내는 방식인 '포다법(泡茶法)'이 유행하면서 차 고유한 맛, 향, 색을 즐기게 되었다. 복잡하고 번거로운 음차방법과 다구에서 벗어나 진정한 차 맛을 음미하는 것을 멋으로 여겼으며 다구도 금·은에서 도자기로 바뀌게 되었다. 명나라 당시 유명한 차산지는 용정(龍井), 절강성(浙江省)의 항주(杭州)를 비롯 복건, 운남, 사천 등이었다. 당나라와 송나라시대에 걸쳐 주변의 이민족, 특히 육식을 하고 마유(馬乳)를 마시던 티베트 유목민 사이에도 차 마시는 습관이 퍼졌고, 차를 말과 교환하는 형태의 무역이 명나라시대에도 계승되었다.

차는 황제에게 바치는 공차(貢茶)에서부터 선술집, 주류 상점, 국수집 등에서 판매되었으며, 홍차를 만들어 영국으로 수출하게 되었다. 유럽과의 무역이 증가하면서 상술에 밝은 중국인들은 먼 유럽으로 수출하는 기간에는 차의 품질 유지가 중요하다는 것을 알게 되었다. 그리고 홍차와 녹차에 꽃, 열매 등의 향을 가미한 가향차(加香茶)를 개발하였다. 유럽인들은 한때 녹차와 홍차가 서로 다른 나무에서 생산되는 것으로 생각하고 있었으나 녹차가 유럽으로 가는 긴 행로 때문에 구리 빛깔의 홍차로 변하는 것을 알게 되었고 나중에는 유럽 시장의 요구를 수용하여 홍차를 만들어 수출하게 되었다.

청나라시대(1636-1912) 1611년 만주족인 누르하치(재위 : 1616~26)가 만주를 통일하고, 만주족의 다른 이름인 여진족이 세웠던 금나라를 잇는다는 뜻에서 후금(後金)이란 이름의 나라를 세웠다. 홍타이지 다음에 즉위한 순치제(재위 : 1643~61) 당시 청나라의 팔기군이 산해관을 넘어 명나라 수도 북경을 점령하고 수도로 삼았던 시기가 1644년이었으나 강희제(1661~1722)에 이르러 진정한 통일 중국을 만들었다.

청나라 초기에는 차 문화가 번성하였으나 근대화가 시작되는 시기에 차 문화는 오히려 쇠퇴기를 맞았다. 청나라는 차마 무역의 번성기에 재스민, 국화꽃 등의 꽃잎을 넣은 화차(花茶)가 유행하였으며, 중국차가 유럽에 널리 알려지면서 영국 런던 커피전문점에 처음으로 중국차가 등장하였다. 특히 1729년 청나라 옹정 10년, 명나라시대에 아주 천한 차로 치부 받았던 보이차가 황실의 공차(貢茶)로 지정받으면서 중국을 대표하는 차로 거듭나게 되고, 보이차는 화차나 녹차 대신 차마고도의 새로운 주인이 되었다.

1840년 영국과 청나라 사이에 홍차로 인한 제1차 아편전쟁이후 외세 열강세력들의 침탈이 본격적으로 심화되면서 청나라의 경제상황은 더욱 악화되었다. 1842년 청나라는 영국에 패배하여 '남경조약'을 체결하여 홍콩을 넘겨주고, 다섯 개의 주요 항구를 개방하며 보상금까지 지불하는 굴욕을 당하게 되었다. 더구나 홍차 수출량은 180만 톤에서 40만 톤으로 급격히 떨어졌고, 결과적으로 영국의 식민지였던 인도, 스리랑카 등이 중국 홍차를 대신하게 되었다.

참고로 중국은 차산업을 대산업(大産業)으로 타국에 빼앗기지 않기 위해 차의 종자, 묘목 수출을 엄중한 통제 속에서 금지하였고, 재배기술이나 제다법 역시 모두 철저히 비밀로 지키고 있었기 때문에 차는 중국에서만 생산할 수 있다는 인식이 널리 퍼져 있었다. 그러나 19세기 영국은 경제 발전과 무역수지에 중국의 차가 중요하였으므로 유럽의 강대국처럼 중국의 독점무역에서 벗어나기 위해 아편전쟁을 유발시켰다. 영국은 1848년 영국의 식물학자 로버트 포춘(Robert Fortune, 1812~1880)을 중국의 차 무역상

중국은 차산업을 다른 나라에 빼앗기지 않으려고 종자, 묘목 수출을 엄격하게 통제하였다.

처럼 변장시켜 기문 홍차의 비밀을 밝혀내었다. 그리고 마침내 중국의 차나무 씨를 수만개 들고 나와 영국 식민지인 인도 북부의 다즐링 지역에 심어 차나무 재배를 성공시켜 차나무 재배지역이 확대되었다.

청나라는 1911년에 붕괴되었고, 손문(孫文)의 공화정부, 1920년대에는 장개석(蔣介石)의 국민당 정부 하에 제2차 세계대전이 일어났다. 1946~49년에는 공산당과 국민당 간의 내전이 벌어졌으며, 1949년 10월 1일 중화인민공화국의 수립이 선포되었다. 1958년 모택동(毛澤東)은 중국 경제의 현대화를 가속화하려는 대약진운동과 더불어 1966년에는 문화혁명을 전개하였다. 중국의 사회불안이 장기화되면서 차나무 품종개량 등에 투자하지 못하고 결국 차 문화는 침체기를 맞았다.

1982년 등소평(鄧小平)의 온건한 지도노선 하에 중국의 전통 명차가 복원되기 시작하였다. 1990년 등소평 사임 이후에도 차 산업은 정부의 지속적인 주도하에 본격적으로 민영화되었고, 경쟁에 의한 품질개발이 활성화되었다. 특히 인도, 스리랑카, 일본처럼 최신 기계화로 대량 생산을 하게 되면서 중국 6대 차 산지별로 거대한 차 유통시장이 형성되었다. 그리고 중국의 전통 6대 차(백차, 황차, 청차, 녹차, 홍차, 흑차)를 중심으로 다양한 차들이 계속 등장하였다. 중국은 세계 각국과 경제교류는 물론 선동 문화교류를 통해 중국의 차 문화를 세계 소비자들에게 알리고 있으며, 현재 세계 160개 이상의 국가와 30억 인구가 중국차를 마시고 있다.

한국의 차 역사

우리나라의 차 문화가 언제부터 시작되었는지 확실하지 않지만 삼국시대에 전해지는 유물이나 기록인 삼국사기, 삼국유사 등을 통해 당시 차 문화가 있었음을 알 수 있다. 차의 유래를 살펴보면 차나무가 자랄 수 있는 생태환경에 의한 자생설도 있고, 가야국 때 김수로왕의 왕비인 허황옥이 인도에서 가져 왔다는 설도 있으며, 중국에서 전파되었다는 설도 있다.

토종차인 백산차(白山茶)는 단군시대부터 존재했었다는 가능성도 제기되었지만 『삼국사기』에는 7세기 신라 선덕여왕 때 처음 들어왔으며, 흥덕왕 828년에 김대렴(金大廉)이 중국에서 소엽종(小葉種) 차 종자를 가져와 지리산에 심으면서 차나무가 한반도에 재배되기 시작했다고 기록되어 있다. 당시 중국차의 원산지인 화남지방과 기후조건이 유사한 한반도 서남해안지방을 재배지로 선택한 것은 차나무의 기후적인 특성을 고려했으며 특히 강서지방과 유사한 지역을 선택했다고 볼 수 있다.

고대국가 및 통일신라시대의 차 문화는 가야국에서 출발하는데 가야국은 일찍부터 음다풍습이 있었다고 한다. 『삼국유사』 제2권 '가락국가'에 따르면, 가야국 종묘의 제사를 지낼 때 차를 제물로 사용하였다고 한다.[5] 또한 가야국 김수로왕의 왕비가 되려고 인도의 허황옥 공주가 시집올 때 차 씨앗을 가져와 명월산(明月山 : 부산 강서구 지사동)에 심었다는 기록도 있다. 우리나라의 차 문화는 이렇게 시작되었으며 낙동강 하류에 자리를 잡았던 가야는 지리산을 포함하여 진주, 고성, 김해, 함안 등의 주요 차산지로 유명하였다.[6]

『삼국유사』에 따르면 고구려 초기에 병합된 백두산 인근의 '구다국(句茶國)'이라는 국명에 이미 차라는 의미인 '다(茶 : 차라는 의미)'를 사용한 것으로 보아 당시 차가 매우 귀중하게 취급되었음을 엿볼 수 있다. 또한 고구려의 옛 무덤에서 엽전모양의 전차(錢茶)가 발견되었는데 두께가 얇은 것으로 보아 녹차 가루를 내어 마시는 단차(團茶)로 추정하고 있다.[7]

백제는 고대국가 중에서 4세기경에 불교를 받아들여 성행하였고 중국의 남조와 교역을 하였다. 기후조건이 차나무 재배에 적합하여 일찍이 차 문화가 성행하였으리라고 추측은 하지만 신라에 패망한 후에 사료가 보존되지 않아 차 문화에 대한 기록이 없다.[8] 하지만 6세기 초의 무령왕릉에서 은으로 된 찻잔이 발견되고, 백제에 불교를 처음 전한 마라난타(摩羅難陀)가 4세기 영광 불갑사와 나주 불회사를 세울 때 이미 그곳에 차나무를 심었다는 설이 전해지며, 6세기 인도의 승려 연기(緣起)가 구례 화엄사를 세울 때도 차 씨를 지리산에 심었다는 화엄사의 전설이 전해지고 있다.

신라는 불교를 박해하였으나 527년에 이차돈의 순교가 있은 후에 불교가 공인되었다. 법흥왕(532)때 본가야를 합병하고, 진흥왕(562)때 대가야를 정복하면서 차가 많이

---

5 정영선 『한국 차 문화』 너럭바위(2007)
6 이진수 『차의 이해』 꼬레알리즘(2006)
7 정영선 『한국 차 문화』 너럭바위(2007)
8 정영선 『한국 차 문화』 너럭바위(2007)

하동은 차의 시배지이다.

생산되는 가야국의 영향을 받아 서민들도 차를 마시기 시작하였다. 삼국사기 제10권 '흥덕왕' 조에는 828년에는 김대렴(金大廉)이 당나라에 사신으로 가서 가져온 차(茶) 종자를 흥덕왕이 지리산에 심게 하여 무성하게 되었는데 차는 성덕여왕 때부터 있었다고 기록되어 있다. 자장율사, 원효대사, 설총, 최치원 등이 신라의 유명한 다인이었으며, 신라 차의 사선(四仙)은 화랑이었던 영랑, 술랑, 남랑, 안상으로 휴대용 다기로 경포대에서 차를 마셨다는 기록이 있으며, 차를 끓이기 위한 도구와 기와에서도 차(茶) 글씨를 찾을 수 있다.

오늘날 밀양에는 '다원(茶院)', 고령에는 '다산(茶山)'이라는 지명이 있는데, 신라시대 차가 많이 생산되던 지역으로 그 당시 붙여진 지명이라고 한다. 신라는 잎차뿐만 아니라 말차도 함께 있었으며, 후에 중국 송나라의 영향을 받아 말차가 더 성행했을 것으로 추정하고 있다. 서거정의 동국통감(東國通鑑, 1484), 노사신·강희맹의 동국여지승람(東國輿地勝覽, 1486), 이수광의 지봉유설(芝峰類說, 1614) 등의 문헌을 통해 통일신라시대에 차가 성행한 것을 알 수 있다.[9]

---

[9] 이진수 『차의 이해』 꼬레알리즘(2007)

보성은 녹차 재배의 최적지로써 우리나라에서 차나무를 가장 많이 재배하고 있다.

고려초기에는 왕과 귀족들을 중심으로 차를 즐겼으나 무신난 이후인 고려 중엽부터는 선비들이 차 문화를 꽃피우게 되었다. 고려의 차 문화 전성기 당시, 차는 매우 귀중한 애물(愛物)로서 임금이 귀족과 백성들에게 하사하는 귀중품이었고, 궁중에서부터 서민에 이르기까지 일상생활 속에서 자리를 잡았다. 조정에는 다방(茶房)이라는 관청을 두어 궁중에서 열리는 각종행사마다 차를 준비하였으며, 이를 위해 차와 다기를 들고 따르는 다군사(茶軍司)라는 직제까지 있었다. 사헌부의 다시(茶時)제도, 임금과 귀족, 승려들이 길을 가다 들리는 다원(茶院), 일반 백성들이 차를 사고팔던 다점(茶店), 포로나 천민들이 차를 재배하고 공물로 바치는 다소(茶所) 등도 있었다.

차와 관련된 왕실과 불교의 다양한 행사 중에는 팔관회, 연등회, 재(齋), 진다의식(進茶儀式) 등이 있었다. 문인들 또한 차를 주제로 한 시를 많이 남겼으며, 차나 다구를 선물하는 풍속 또한 유행하였다. 고려의 귀족계층에 속하는 승려들도 차를 즐겨 사원에 차를 진공(進供)하는 다촌(茶村)까지 생겨났다. 선가(禪家)의 다도(茶道)는 취미생활에 그치지 않고 수행과도 밀접한 관련이 있었다. 승려들은 헌다례, 고승의 제사, 차맛을 겨루는 명선(茗禪), 선을 수행할 때도 항상 차를 마셨으므로 불교문화를 중심으로 활성화되었다. 세계적인 청자도 고려시대의 차 문화와 더불어 더욱 발전하였다.

고려시대에는 뇌원차(腦原茶 : 이른 봄에 어린잎을 채집하고 찧어 덩어리로 만든 차)가 유행하였으며, 왕실에서 음다한 어용단차(御用團茶)로써 중국 거란에 예물로 보내지기도 하였다. 대차(大茶 : 자란 찻잎을 채집하여 만든 차) 또한 동시대에 음다하였으며 뇌원차보다 품질이 떨어졌으나, 둘 다 토산차(土産茶)라고 하였다. 한때 점다법이 유행하여 말차가 성행하기도 하였다. 의천(義天)·천책(天頙)·충지(冲止) 등의 고승과 이인로(李仁老)·임춘(林椿)·이규보(李圭報)·홍간(洪侃)·한수(韓脩)·홍약(洪瀹)·이연종(李衍宗)·이색(李穡)·이제현(李齊賢)·이숭인(李崇仁)·정몽주(鄭夢周)·원천석(元天錫)·길재(吉再)등이 차를 즐겼다고 전해진다.

조선시대도 고려시대 선비들의 다도문화를 계승하여 음다생활이 보편화되었고, 차도 다탕(茶湯)이 주를 이루면서 궁중제례에도 사용되었다. 선비 차인들은 소박한 다풍을 즐겼으며, 조선 초기에는 이행(李行)·서거정(徐居正)·김시습(金時習)·김종직(金宗直) 등에 의해 고려의 음다풍습이 계승되었다. 궁중에서 외국 사신을 맞이할 때도 차례가 행해졌다.

하지만 신라·고려시대의 차 문화가 불교문화를 바탕으로 성행했던 반면, 주자학을 정치이념으로 내세운 조선시대에 와서는 유교가 국교가 되면서 불교와 함께 점차 쇠퇴하게 되었다. 더욱이 임진왜란으로 인해 정치적·경제적으로 어려움을 겪으면서 급격하게 쇠락의 길을 걷게 되었고, 차 문화를 주도했던 사찰 또한 유교에 밀려 위기를 맞았다. 급기야 차산지가 폐쇄되면서 우리나라의 차 문화는 200년간의 긴 공백기를 가지게 되었다. 일례로 명나라의 장수 양호(楊鎬)가 선조에게 "귀국에서는 왜 차를 마시지 아니합니까?"라고 물어보았을 때 "우리나라 풍습 속에는 본래 차를 마시지 않는다."고 대답할 정도였다. 궁중에서조차 차를 마시지 않게 되고, 관혼상제나 차례상에 올리던 차를 구하기 어렵게 되자 영조는 왕명으로 차 대신에 술이나 물을 끓여 올리도록 하였다.

유명한 다인으로는 조선초기의 함허선사(涵虛禪師)·서거정(徐居正)·김종직(金宗直)·김시습(金時習) 등과 조선중엽의 서산대사(西山大師)·사명대사(四溟大師) 등이 있으며, 19세기 조선말엽에는 차 문화가 실학과 함께 중흥하였고, 대흥사의 혜장(惠藏)·초의

(草衣)·범해(梵海) 등의 다승(茶僧)과 정약용(丁若鏞)·신위(申偉)·김정희(金正喜)·홍현주(洪顯周)·이상적(李尙迪) 등 차를 즐기는 문인들을 중심으로 중흥을 하게 되었다.[10]

조선시대의 3대 다인으로 다성(茶聖) 초의 의순(일명 초의선사), 다산 정약용, 추사 김정희를 말한다. 초의 의순은 1809년 다산 정약용과 만남으로 시문, 서예, 다도에 관한 영향을 받았다. 초의 의순은 45세때 스승 다산 정약용을 만나러 한강변에 왔다 간 후에 1837년 한국 최초의 차 전문서이며, 한국의 다경이라고 할 수 있는 다신전(茶神傳)을 저술하였는데 이것은 명나라의 장원(張源)이 쓴 다록(茶錄)과 만보전서(萬寶全書)를 옮겨 쓴 것이다. 또한 해거도인(海居道人) 홍현주(洪顯周)가 다도를 알고자 하여, 초의 의순이 52세에 저술한 동다송(東茶頌)은 차의 재배, 차의 제다법, 차 우리기, 중국의 명차, 우리차의 우수성 등을 상세히 설명하여 다도의 이론이나 실질적인 면에서 정리함으로써 우리나라의 다도를 크게 부흥시켰다. 다도라는 용어가 구체적으로 나타난 것도 이 무렵이라고 한다.

다산 정약용은 강진(康津)에서 18년 동안의 유배생활을 하는 중에 혜장선사로부터 차를 배워 차를 즐겼으며, 걸명소(乞茗疏) 등의 시를 남겼다. 그는 실용다도를 중요하게 생각하여 쇠퇴한 차 문화를 일으키고자 노력하여 다무(茶務)를 저술하고, 중국의 차세와 전매제도를 고찰하여 각다고(榷茶考)도 저술하였으며, 70편이 넘은 차시문을 남겼고, 주변에 제다법을 가르쳐 해남 황차, 만불차, 일쇄차, 보림사 죽로차 등에도 영향을 끼쳤다. 그리고 강진을 떠나면서 그의 제자들과 함께 다신계(茶信契)를 조직하기도 하였다.

추사 김정희는 30살에 다산의 아들 유산의 소개로 동갑인 초의 의순에게 차를 배우고 해마다 초의 의순으로부터 차를 얻어 마시면서 그와 인연을 맺게 되었다. 추사가 제주도로 귀양 갔을 때 초의 의순은 제주도에 직접 찾아가 같이 지내며, 차나무도 심고 참선하기도 하였다. 차 생활을 통해 지고한 예술세계를 창조하여 걸출한 작품을

---

10 「한국민족대백과사전」, 한국학중앙연구원(2001)

좋은 물로 차를 우리면
색이 맑고 향도 그윽하다.

많이 남겼으며, 40여수의 다시를 지어 당시의 풍류를 전하고 있는데 이때부터 다시가 많이 창작되기 시작하였다.

화엄사(華嚴寺)·쌍계사(雙磎寺)·대흥사(大興寺) 등의 사원에서도 차가 생산되었는데 그 양은 적었고 조정에서는 차를 생산하기 위한 적극적인 노력이 거의 없었기 때문에 차의 생산을 저해하는 결과를 빚기도 하였다. 19세기 말에는 외국인들이 조정에 다업진흥(茶業進興)을 건의하였으며, 1883년 고종 20년부터 농상사(農商司)에서 차나무 재배를 관장하고, 차나무 재배를 위한 조사를 지시했으며, 1885년에는 청나라에서 차나무 모종 6,000주를 수입하였다. 이 무렵인 1885년에 안종수(安宗洙)가 쓴 「농정신편(農政新篇)」에는 차나무 재배에 관한 내용이 기술되어 있다.[11]

구한말에는 고관들 사이에 다화회(茶話會)라는 모임이 있었고, 일제강점기에는 일본인들에 의해 차의 생산과 보급, 한국 차의 연구 등이 진행되었다. 물론 그 목적은 일본의 식민지 지배를 위한 한 방편이었으며, 광주에 무등다원(無等茶園), 정읍에 소천다원(小川茶園), 보성에 보성다원(寶城茶園) 등도 일본인들이 조성하였다.

1930년대부터 고등여학교와 여자전문학교에서 다도교육이 시작되었고, 일제강점기의 다도교육은 일본의 다도를 우리나라에 옮기려는 식민지교육의 일환이었다. 해방

---

[11] 『한국민족대백과사전』, 한국학중앙연구원(2001)

후 한국전쟁과 미국의 영향을 받아 커피, 음료수를 마시게 되면서 우리나라의 차는 스님들과 선비들에 의해 명맥만 유지하였다. 우리나라는 한국의 차문화를 대변하고 녹차의 명맥을 이어온 보성차산과 우리나라 차문화를 시작하고 고려, 조선시대를 거쳐 오면서 대대로 차문화를 융성하게 한 하동차산이 현재의 한국 녹차 역사를 있게 하였다.

그 후 1960년대 이후 새롭게 일기 시작한 차에 대한 관심은 1970년대 후반부터 활기를 띠면서 발전하였고, 허백련(許百鍊)과 최범술(崔凡述)은 최근 우리나라의 다도 발전에 크게 기여하였으며, 1979년부터 차인들은 차 관련사업들을 서서히 진행하였고, 초의 의순(草衣 意洵)을 추모하는 초의 문화제를 개최하면서 차 문화가 급속도로 보급되었다.

차를 연구하고 한국다도문화를 위한 한국차인연합회는 1979년에 창립되었던 한국차인회를 1984년에 개편한 것이며, 1983년에 부산에서 한국다도협회가 설립되었으며, 1989년에 한국차문화협회가 설립되었고, 1980년에 재단법인 광주요다도문화연구회(廣州窯茶道文化研究會)가 설립되었다. 그리고 1998년부터 제주도에서 과잉되는 감귤농사 대신 차나무를 재배하여 새로운 제주차산으로 떠오르게 되었다. 제주도는 녹차(잎차, 가루녹차)뿐만 아니라 홍차도 만들고 있다.

일본의 차 역사

일본은 세계에서 7번째 차를 많이 생산하는 국가로 녹차를 주로 생산하고 있는데 일본 차의 역사는 729년 태평원년의 성무천황(聖武天皇)시대로 보는 것이 통례이다. 공사근원(公事根源)이나 다경상설(茶經詳說)에 나와 있는 기록을 보면 성무천황이 백명의 스님들을 황궁에 불러 반야경을 청하게 하고 차를 대접했다는 기록이 있다. 그 당시만 해도 일본에서는 차를 재배하지 않았기 때문에 중국에서 건너온 것으로 여겨진다.

나라시대(奈良時代, 710~794)에 당나라에 사절단으로 견당사(遣唐使)를 보냈는데 사절단 중에 승려들이 당나라의 불교와 함께 차 문화를 가져 온 것으로 전해지며, 이때 떡차의 음다법이 유행한 것으로 추측하고 있다. 당시 차는 음료나 기호품이 아닌 부처님께 공양을 올리는 하나의 예법으로 자리 잡아 일부 황족, 귀족들과 승려들만 마실 수 있었다. 견당사가 894년에 폐지되자 차 수입도 중단되면서 차를 마시는 풍습이 쇠퇴하였지만 7세기 말무렵 나당연합군에 의해 패망한 백제의 귀족과 유민들이 일본으로 대거 망명하면서 백제의 불교문화와 함께 차 문화도 전파한 것으로 추정하고 있다.[12]

---

[12] 이진수 『차의 이해』 꼬레알리즘(2007)
김명배 『일본의 다도』 명문당(1985)

헤이안시대(平安時代 794~1185)에 최초로 차의 씨를 가져와 심은 사람은 헤이안 24년 환무천황시대에 전교대사 사이쵸(最澄) 승려로 803~805년경 2년 동안 중국 당나라에서 불경을 수학한 후에 귀국하면서 차나무 씨를 가져와 고향의 절에 심었다. 처음으로 생산된 차를 사가천황(嵯峨天皇)에게 바치기까지 5년이라는 세월이 걸렸으며, 사가천황은 이 새로운 차를 마시고 아주 흡족하여 수도 근처 5개 지역에 재배할 것을 지시하였다.

차는 주로 귀족과 상류사회에서 즐겼으며, 사원에서 약용으로 이용하였다. 그러나 9세기 말에서 11세기까지 중국과 일본의 관계 악화로 중국의 상품인 차에 대한 선호도가 떨어졌고 황실에서도 차를 마시지 않았다. 그러나 일본의 승려들은 불경을 드리는 동안 정신을 깨어 있게 하고 집중력을 돕기 위해 차를 마셨다. 이 당시는 당나라 단차가 유입되었고 육우의 다경 제법과 음다법이 그대로 답습되었지만 일본 고유의 음다 풍속으로 정착하지 못하였다.

가마쿠라시대(鎌倉時代 1185~1333)는 12세기 초로 중국과 관계가 향상되면서 송나라에 유학을 하는 승려들이 많아졌다. 이때 제1차로 송나라로 들어간 에이사이(明菴榮西) 승려가 천태산(天台山) 경산사의 허당선사에게서 임제종(臨濟宗)의 법맥을 잇고 건구 2년에 귀국하면서 남송에서 가져온 차씨를 축전국(筑前國 : 北九州)의 배전사에 심었고, 5개의 차씨를 경도 북산 매미산 고산사에 있는 명혜상인에게 보내 모미(母尾) 지역에 심게 하였으며, 후에 우지(宇治) 지역에 이식하여 오늘날 우지차(宇治茶)의 근거지가 되었다.[13] 이때 송나라의 가루로 된 녹차를 마시는 말차(抹茶)의 점다법 관습도 배워 일본에 전파시켜 오늘날 일본의 맛차(抹茶)가 유행하게 되었다.

교도의 모미(栂尾 : 우지차의 근원)가 일본차의 근원지가 되었고, 가장 좋은 품질의 차를 생산하여 이곳에서 나온 차를 본차(本茶), 그외 지역에서 나온 차를 비차(非茶)로 구별하였다.

---

13 이진수 「차의 이해」 꼬레알리즘(2007)

승려 에이사이는 일본 최초로 다서인 『끽다양생기(喫茶養生記)』를 저술하여 일본의 차 문화의 기초를 닦고 차의 효능과 치료법을 제시하면서 음다 건강법을 널리 보급하는 데 공로를 세웠다. 이 당시에는 황실, 귀족, 특히 선승과 교류가 있던 무사 사이에서도 유행하여 투다(鬪茶), 다기합(茶寄合)으로 칭하는 귀족적 호화판이 되었다.

무로마치시대(室町時代 1338~1573)는 다풍이 성행하여 누구나 즐기는 차 문화로 바뀌었다. 초기에는 귀족뿐만 아니라 승려, 무사 그리고 일반인 사이에서도 유행하였으며 송나라에서 전래된 점다법이 크게 융성하였다. 다도 시합인 '투다놀이'는 상류층 무사계급 사이에서 무로마치시대 중기까지 크게 성행하였다. 14세기 일본의 차 문화는 귀족들이 중국의 미술품이나 공예품 등을 감상하면서 차를 마셨는데 당양(唐樣)의 차라고 하며, 서원차(書院茶)의 성격을 띠고 계속 이어졌다.[14]

중기에는 경제가 어려워져 사치스러운 서원차는 없어지고 간소하고 조용하면서 서민풍의 일본 특유의 차 문화가 뿌리를 내리기 시작하였다. 이때 다장(茶將)인 노아미(能阿弥)가 요시마사(林芳正)에게 일본의 다도 원조가 되는 무라타 슈코(村田珠光 : 1422~1502)를 소개하면서 일본차풍의 와비차가 탄생하게 되었다. 무라타 슈코는 '불법도 차노유(茶の楊) 속에 있다'는 깨달음을 얻어, 와비차를 위한 초암 다실을 운영하였다. '차노유(茶の楊)'는 차를 통해 주인과 손님이 정신적인 원기회복과 우주와의 합일을 위해 조용한 시간을 갖도록 하였다. 그는 다실에서는 덕을 쌓으면서 화경청적(和敬淸寂)이 되어야 천하가 태평해진다는 다도의 기본원칙을 세웠다. 일반인에게 차 문화가 크게 전파되면서 여러 도시에서 기녀까지 둔 찻집인 차야(茶屋)가 생겨나기 시작하였고, 15세기

사진 : 일본 시즈오카시 제공

---

14 김운학 『한국의 차 문화』 이른아침(2004)

후반 직업적인 차인이 등장하여 여러 규칙과 법도를 정하고 다도라고 칭하면서 다선일미(茶禪一味)사상이 성립되었다.

후기에는 무라타 슈코의 다도는 그의 후계자인 다케노 조오(武野紹鷗 : 1502~1555)로 이어지면서 초암차를 보다 더 간소하게 바꾸어 소위 '와비차'를 완성하였다. 다케노 조오는 17세에 다도를 배웠으며, 작은 다실에서 수양하는 것을 중시하였고, 일기일회(一期一會) 주장하면서 다도는 일생에 한번 밖에 만날 수 없다는 생각으로 성의를 다하는 것이라고 하였다.

모모야마시대(桃山時代 1574~1600) 차 산업은 정치가들의 보호를 받으며 크게 일어났으며, 불교사상을 바탕으로 화경청적을 전파하고 다도를 보급한 사람이 센노 리큐(千利休 : 1522~1591)이다. 센노 리큐는 다케노 조오의 다도를 크게 집대성하고 차노유와 와비차의 경지를 구현하였다. 그리고 센노 리큐는 조선 찻사발의 아름다움을 발견하고, 이후 '이도다완' 즉 조선의 분청사기는 다기의 극상품으로 인식되었다. 센 노리큐는 도요토미 히데요시(豊臣秀吉, 1536~1598)가 일본 천하를 통일하고 호령하였을 때 안정되지 않은 국민의 마음, 거칠어진 무장의 정신을 서로 융화하는 데 다회를 베풀어 화경청적의 다도정신을 설파하였다. 또한 그는 차선일미(茶禪一味)로 형식보다 차를 배우고 행하는 이의 마음을 더 중요하게 생각해야 한다고 하였고 리큐칠칙(利休七則)을 이행하도록 하였다.

리큐칠칙은 첫째, 차는 마시기 쉬워야 하며 정성이 담겨있어야 한다. 둘째, 재, 숯은 물이 빨리 끓을 수 있도록 하여 낭비를 최소화한다. 셋째, 다실에 있는 꽃은 소중히 여긴다. 넷째, 여름에는 시원하게, 겨울에는 따뜻하게 하여 자연의 이치를 따른다. 다섯째, 시간적인 여유를 가지는 것이 좋다. 여섯째, 눈, 비 오는 날만이 아니라 예기치 않은 상황에 항상 대비한다. 일곱째, 항상 손님을 배려한다.

무로마치시대, 모모야마시대에 차문화를 계승발전시킨 일본의 3대 다인은 무라타 슈코, 다케노 조오, 센노 리큐라고 하며, 중국에서 일본에 전하여진 녹차는 단지 마시는

사진 : 일본 시즈오카시 제공

것에서 예의범절을 가진 다도로 승화시키면서 일본의 고유한 차 문화로 발전하게 되었다.

에도시대(江戶時代 1603~1867)는 다양한 차 연회가 성행하였고, 다양한 계파가 형성되어 권위를 다투는 시기였다. 문인들은 좋은 차를 맛보면서 시문, 서화, 음악을 즐겼으며, 차를 마시는 풍습으로 도를 구하는 전다도가 등장해 성행하였다. 현재 제다방법인 증제차가 등장하여 일본 전 지역에 전파되었으며, 다이묘는 무로마치시대의 서원차와 리큐 중심의 와비차를 수용하였고, 고보리엔슈(小堀遠州 : 1574~1647)라는 다인이 '기레사비(きれさび)'를 주창하였는데, 귀족적인 화려함을 중시하였다.

메이지 정부(明治時代 1868~1912)는 세계시장에 대응하기 위해 야생차를 이용한 홍차 제조법을 습득시키는 등 홍차 제조에 노력하였고, 다도계에 여성 진출이 급증하였다. 1906년에 오카쿠라 카쿠조(岡倉覺三)는 그가 영어로 저술하여 외국에 차문화를 알리고자 했던 『다서(茶書 : The Book of Tea)』에서 다도는 일상에 존재하는 번뇌 속에서 아름다운 것을 추구하는 동경에 대한 숭배라고 말하고 있다. 다도는 순수함과 조화, 상호 자비의 신비스러움과 사회적 질서의 낭만을 고취시킨다. 다도는 일본의 철학적이고 예술적인 측면을 모두 포함하고 있으며 4가지 원칙이 공존하고 있다. 즉 사람과 자연의 조화, 다른 사람들에 대한 존경, 마음과 정신의 순수함, 그리고 평온을 말한다.

영국의 차 역사

영국은 세계에서 차를 가장 많이 소비하는 국가이며, 중국, 인도, 스리랑카, 케냐 등에서 수입한 홍차를 가공하거나 블랜딩하여 세계로 수출하여 홍차시장을 석권하고 리드하고 있다.

1610년 네덜란드의 동인도회사가 일본의 차를 수입하고, 중국 복건성 무이산(武夷山)의 차를 유럽에 들여왔으며, 1935년에 독일에도 소개되었다. 영국은 1637년 엘리자베스 여왕 1세 때 동인도회사로부터 중국차를 수입하기 시작했다고 하지만 1644년까지 중국과의 무역거래 품목 가운데 차가 포함되었다는 기록은 남아있지 않다.[15]

기록상으로 런던에 차가 최초로 등장한 것은 1658년이었으며, 당시 동양에 대한 신비로운 생각을 갖고 있던 서양은 동양의 음료인 차에 매료되었다. 특히 영국은 황실과 귀족을 중심으로 상류사회의 기호음료로 인기를 누렸다.

---

15 권혁란 『세가지 색 茶 이야기』 이채(2005)

차를 위한 다양한 용기들.
서양은 동양의 차 문화에 매료되었고 상류사회의 기호음료로 받아들였다.

영국의 차 문화는 18세기 들어 본격적으로 유행하기 시작했는데, 초기에는 동일 중량의 금보다도 찻잎이 더 비싸게 팔렸다. 차를 마시기 위해 사용되던 은제 차 주전자, 도자기 찻잔에 이르기까지 관련된 모든 것들이 고가 사치품이었기 때문에 티타임(tea time)은 상류사회의 부와 예절을 과시하는 사교문화로 자리 잡았다.

1957년에는 토머스 캐리웨이(Thomas Garraway)가 운영하던 런던의 커피하우스에서 최초로 중국차를 팔기 시작하였다. 1658년 9월 23~30일자 런던 주간신문 머큐리어스 폴리티쿠스(Mercurius Politicus)에는 "내과 의사들이 인정한 훌륭한 중국차, 중국에서는 차라고 부르고 다른 나라에서는 타이라 불리는 티(tea)가 런던 커피하우스에서 판매된다."는 광고가 실렸다. 차는 원기를 회복시켜주고 질병(호흡곤란, 폐경색 완화, 안질환, 감기, 뇌질환 등) 치료에 탁월한 효과가 있다고 하여 인기가 높았다. 하지만 워낙 고가의 상품이어서 서민들은 쉽게 사 먹을 수가 없었다.

영국에서 차는 1662년 영국왕 찰스 2세가 포르투갈 공주인 캐서린(Catherine)을 왕비로 맞이하면서 운명의 전환을 이루었다. 캐서린은 영국으로 오기 전부터 차를 즐겼으며 중국의 차를 지참금으로 가져왔고, 황실에서 귀족부인들과 친구들을 불러 차를 접대하면서 많은 사람들의 호기심을 불러일으켰다.

당시 유럽에서 강대국이었던 영국, 포르투갈, 네덜란드 국가들은 중국차로 서로 무역경쟁을 하고 있었다. 1685년 중국이 문호를 개방하자 영국은 1700년 광동지역에

무역기지를 확보하였고, 1721년에는 동인도회사가 중국의 차를 전매 독점하게 되었다. 세계적으로 유명한 차 회사의 설립자였던 토마스 트와이닝은 1706년 런던의 스트랜드(strand) 가에 톰 커피하우스를 열었고, 1717년에 사업을 확장하였다. 하지만 영국의 차는 찰스 2세가 부과한 높은 세금으로 가격이 비쌌고, 그 부작용으로 밀수품이 들어오기도 하였다. 고품질의 차는 비싼 가격에도 잘 팔려나갔으며, 시장이 확대되면서 품질 낮은 불량품이 등장하기도 하였다.

영국과 중국의 아편전쟁(1839~42 : 학계에서는 제1차 중·영 전쟁이라고 하며, 영국의 승리로 난징조약이 체결)의 배경에도 차가 있었다. 당시 영국은 중국의 차가 최대수입품이었고, 주요수출품은 면직물이었다. 하지만 중국이 면직물의 수입을 중단하게 되면서 영국은 차를 수입하고 지불할 은(銀)이 부족하게 되었고, 뱅갈지역에서 재배한 아편을 수출하고 받은 은으로 지불을 대신하였다. 이에 중국은 수차례 아편수입을 금지했으나 수요와 밀수를 막을 수가 없었고, 중국 정부의 자국 내 아편 사용과 수입에 대한 강력한 형벌에도 불구하고 불법거래는 1839년까지 계속되었다. 이에 중국 정부에서는 아편금지론자인 임칙서(林則徐)를 흠차대신(欽差大臣)으로 파견하여 아편관련

아편전쟁

자를 처벌하고 미온적인 반응을 보인 외국상인에게는 무력으로 봉쇄하여 아편을 몰수 파기하였다. 그 후, 임칙서는 관료를 시켜 광동성의 성도인 광주(廣州) 근처 항구에서 2,000상자의 아편을 침수시켰다. 1년 후 영국은 중국에 전쟁을 선포하였고, 중국은 차에 대한 수출 금지 명령을 내리는 것으로 맞섰다.

1834년 중국차의 전매 기간이 종료되고, 아편전쟁으로 중국차를 수입할 수 없게 된 영국은 식민지 인도에 차나무를 심었으나 처음에는 실패하였다. 1823년 영국 탐험가 로버트 브루스(Robert Bruce)가 인도의 아삼(Assam)지역에서 야생 차나무를 발견하였으나 인정받지 못하고, 1836년 로버트 브루스의 동생인 찰스 알렉산더 브루스(Charles Alexander Bruce)가 지금의 미얀마 영토인 싱포스 지역에서 가져간 차나무 씨를 심어 아삼지역의 차 생산에 성공하게 되었다. 이에 인도의 아삼차를 대영제국홍차(The British Empire Tea)라고 불렀다. 1860년에는 스리랑카에서도 차나무 재배에 성공함으로써 영국의 홍차생산은 다시 부흥하였고 제2의 홍차생산국이 되었다.

19세기 후반 빅토리아여왕시대에 차 문화는 최고의 절정에 올랐으며, 상류층 여성은 하루 동안 서너 집을 돌아다니며 티타임을 즐기는 것이 일상화되었다. 전통적인 영국식 티타임에 제공되는 샌드위치나 케이크가 거의 한 입 크기로 작게 잘라져 나오는 것도 그런 이유로 생겼다고 한다.

영국에서는 주로 홍차에 우유를 넣어 이른바 밀크티를 즐기는데, 차를 맑고 고아하게 마시는 동양권에서는 이해할 수 없으나 적당한 비율로 잘 섞으면 의외로 부드럽고 고소한 맛이 난다. 서민들이 밀크티를 즐겨 마셨던 이유는 너무 비싼 찻값으로 인해 그냥 마시면 사치라고 생각했기 때문이다.

오늘날 영국의 관습이 된 '오후의 차(afternoon tea : 보통 오후 4시부터 6시 사이에 마시는 차와 간식)'는 1840년 영국 베드포드(Bedford) 가문의 7대 공녀인 애나(Anna) 공작부인에 의해 시작되었다. 애나 공작부인은 가벼운 점심과 저녁 정찬까지의 긴 시간 때문에 늦은 오후 기운이 없어지는 느낌을 가졌다. 이에 허기를 채우고자 하녀에게 차와 가벼운 다과를 준비시켰고 오후의 차 한 잔이 기분을 좋게 한다는 것을 알게 되었다. 오후에 차를 마시기 위해 친구들을 초대하기 시작했으며 런던의 새로운 유행으로 급속히 퍼지기 시작하였다.[16]

영국의 차 문화를 보면 침대에서 마시는 얼리 모닝 티(early morning tea)부터 아침식사와 함께 하는 블랙퍼스트 티(breakfast tea : 아삼 홍차, 밀크 티), 오전 11시의 일레븐스 티(elevenes tea : 실론티), 점심 후의 미드데이 티(midday tea : 과일홍차, 재스민차, 우바차), 영국인들이 가장 즐긴다는 오후의 차(afternoon tea) 등이 있다. 상류층은 로우티(low tea)라고 하여 소파에 앉아 샌드위치, 쿠키, 초콜릿과 함께 마셨으며, 노동자 계급들은 저녁식사와 함께 하이티(high tea : 소파가 아닌 식탁에서 저녁식사와 함께 마실 때 테이블이 높다는 데서 유래) 혹은 미트 티(meat tea : 샌드위치, 쿠키, 초콜릿 대신 저녁 식사시 육류와 함께 차를 마셨다는데서 유래)를 식탁에서 마셨다. 마지막으로 잠들기 전에는 베드 티(bed tea 혹은 night tea)를 마셨다.

---

[16] 제인 피티그루 『세계의 명품차 TEA』 세경(2009)

미국의 차 역사

차 문화와 역사를 이야기할 때 유럽에서는 영국의 홍차를 말하지만, 미국은 커피와 콜라를 연상시킨다. 그러나 놀랍게도 '보스턴 차 사건(Boston Tea Party)'으로 알 수 있듯이 미국 또한 차 문화가 대중화되어 있으며 오히려 아이스티(ice tea)를 개발하였다. 미국으로 이민을 간 영국인을 비롯한 유럽인들은 자연스럽게 자신들이 사랑했던 차 문화를 미국으로 가져왔고 자연스럽게 차를 마시고 즐겼다.

미국 뉴욕은 영국이나 네덜란드, 러시아와 똑같은 차 제품이나 전통과 예의를 찾아볼 수 있는 도시로 차를 즐기는 사람들의 천국이었다. 미국의 커피하우스에서 홍차는 영국 귀족처럼 우아하게 마셨고, 중산층들에게 차 문화란 교양을 쌓으면서 훌륭한 예의범절을 갖추는 것을 의미하였다. 또한 홍차를 마시기 위해 사용되는 도자기, 은제품은 부의 상징이 되기도 하였다.

1700년대 초반까지 청교도 신자들은 홍차에 소금과 버터를 넣어 마셨는데 "즐겁게 그러나 취하지 않는 음료"로 인기를 끌었다. 그러나 뉴잉글랜드에서는 향이 좋은 중

보스턴 차 사건

국의 녹차가 유행하였고, 농사를 짓는 시골에서는 차를 주전자에 넣고 난로 위에 두어 하루 종일 우려내어 마시는 소박한 방식으로 즐겼다. 그래서 손님이 오거나 가족들이 일터에서 돌아온 즉시 마실 수 있었다.

미국에 있어서 '보스턴 차 사건'은 차를 좋아하는 미국인이 영국에 대한 반발로 일어나게 되었다. 1773년 12월 16일 영국의 차를 보스턴 항구의 바닷물에 던진 사건으로 미국 역사에서는 '보스턴 티 파티(Boston Tea Party)'라 부른다. 결국 이 사건이 도화선이 되어 미국은 영국으로부터 독립하였고 지구상 처음으로 대통령 중심제라는 정치제도를 만들어 오늘까지 세계의 강국으로 자리하게 되었다.

보스턴 차 사건은 미국이 중국으로부터 품질 좋은 차를 저렴하게 수입하면서 동인도회사가 막대한 손실을 입게 되었고 결국 파산지경에 몰리게 되면서 주주들인 영국 귀족들이 모여, 회사를 살리는 방법을 모색하면서 시작되었다. 방법은 단 하나로 런던 창고에 재고로 쌓여 있는 1,700만 파운드의 차를 미국에 싼 값으로 파는 것이었다. 그들은 영국의회에서 '차조례(tea act)'를 제정하였는데 미국의 모든 차는 영국과 미국 상인을 거치지 않고 동인도회사를 통해 수입하고 미국 소비자에게 팔 수 있는 조례였다. 차 1파운드에 부과되는 3펜스(2센트)의 세금은 군대와 정부의 지원금으로 사용하는 조건이었다. 영국정부 입장에서는 차 판매에 중간 상인들을 배제하였으니 영국이 세금을 붙여도 미국 소비자 입장에서는 과거보다 싼 값에 살 수 있으니 누이 좋고 매부 좋은 아이디어라고 생각하였다.

이 차 조례는 미국 밀수업자에게 치명적인 타격을 주고 말았으며, 밀수업자들은 가격 경쟁을 영국의 동인도회사와 할 수 없었다. 결국 홍차 매매 값 차이가 미국독립이라는 거창한 혁명으로 이어지고 말았다.[17] 차조례가 시행한 지 2년이 안되어 식민지에 대한 과다한 세금 징수가 문제가 되었고, 특히 차에 대한 세금으로 불만이 많아진

아편전쟁이나 보스턴 차 사건처럼,
차의 인기는 나라 간의 전쟁을 일으키는 계기가 되기도 하였다.

---

[17] 뉴욕중앙일보 미주판 18면(2009년 4월 29일)

미국의 시민들은 대부분의 미국 항구에서 세금을 더 내야 하는 물품 받기를 거부하였다. 영국에서 차를 실어 보낸 7척의 배는 그러한 감정을 더욱 증폭시켰다. 뉴욕, 필라델피아에서는 배를 돌려보내기 위한 시위를 하였고, 찰스턴에서는 관세 공무원이 화물을 억류했다.

1773년 분노한 보스턴 주민들(자유의 아들)은 인디언으로 가장하고 보스턴 항구로 가서 다트머스(Dartmouth), 엘리너(Eleanor), 비버(Beaver)의 배로 향하였다. 보스턴에서는 "오늘밤 보스턴 항구는 티 포트"그리고 "모호크족이 온다."는 구호와 함께 오후 9시까지 324개의 인도산 홍차 상자를 부수거나 바다에 던져버렸다.[18] 영국 정부에서 보스턴으로 함대를 보내고 이것은 미국의 독립 전쟁이 일어나게 한 원인이 되었으며 미국에서는 차 대신에 커피를 마시는 전통이 생겨나게 되었다. 영국 조지왕의 입장에서 보면 이 무식한 밀수업자들이 국법을 어긴 사람들이었지만 그들은 미국 독립의 영웅으로 역사에 남아있다.

---

[18] 제인 피티그루 『세계의 명품차 TEA』 세경(2009)

3

세계의 차 생산지와 명차

세계의 차 생산국가

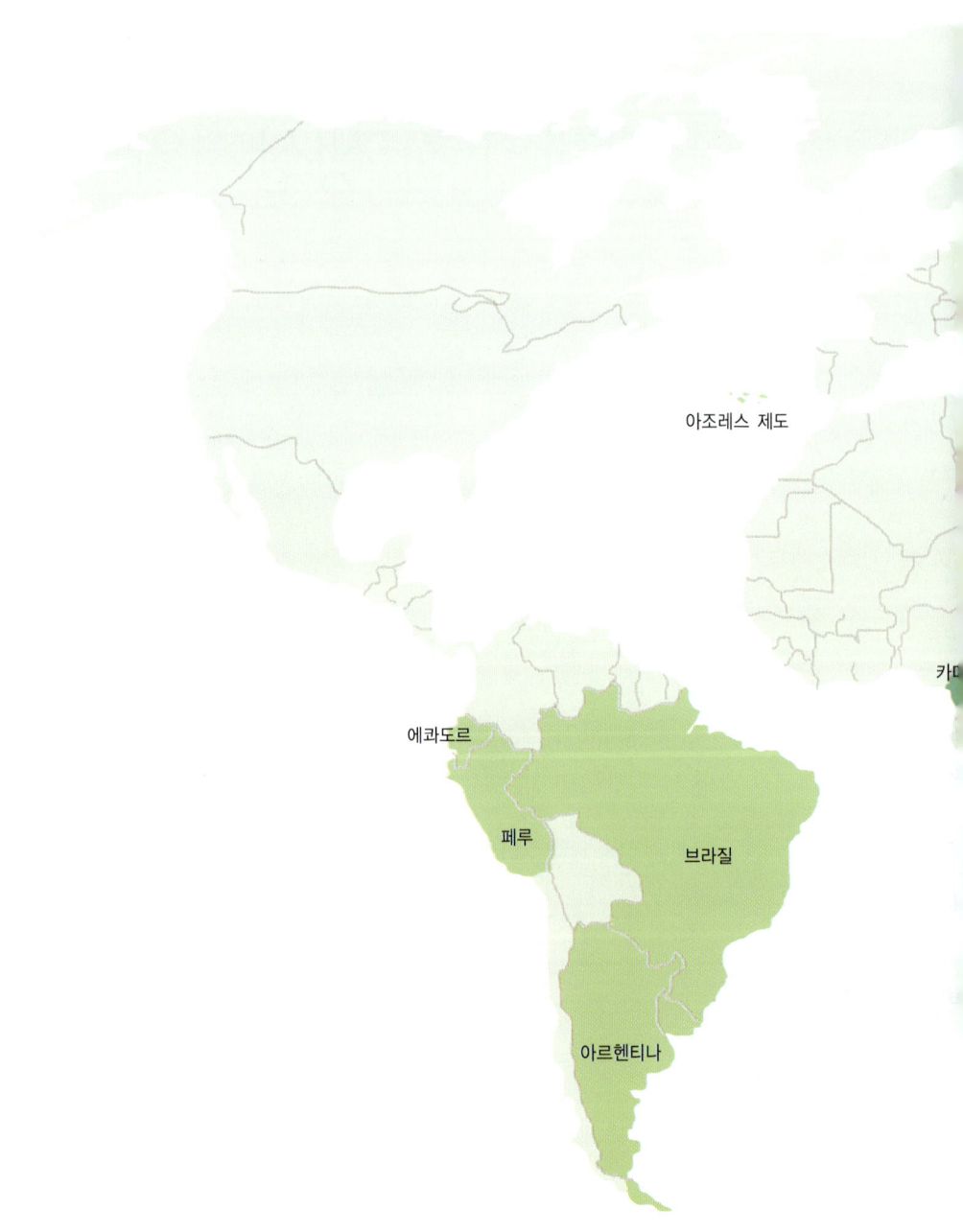

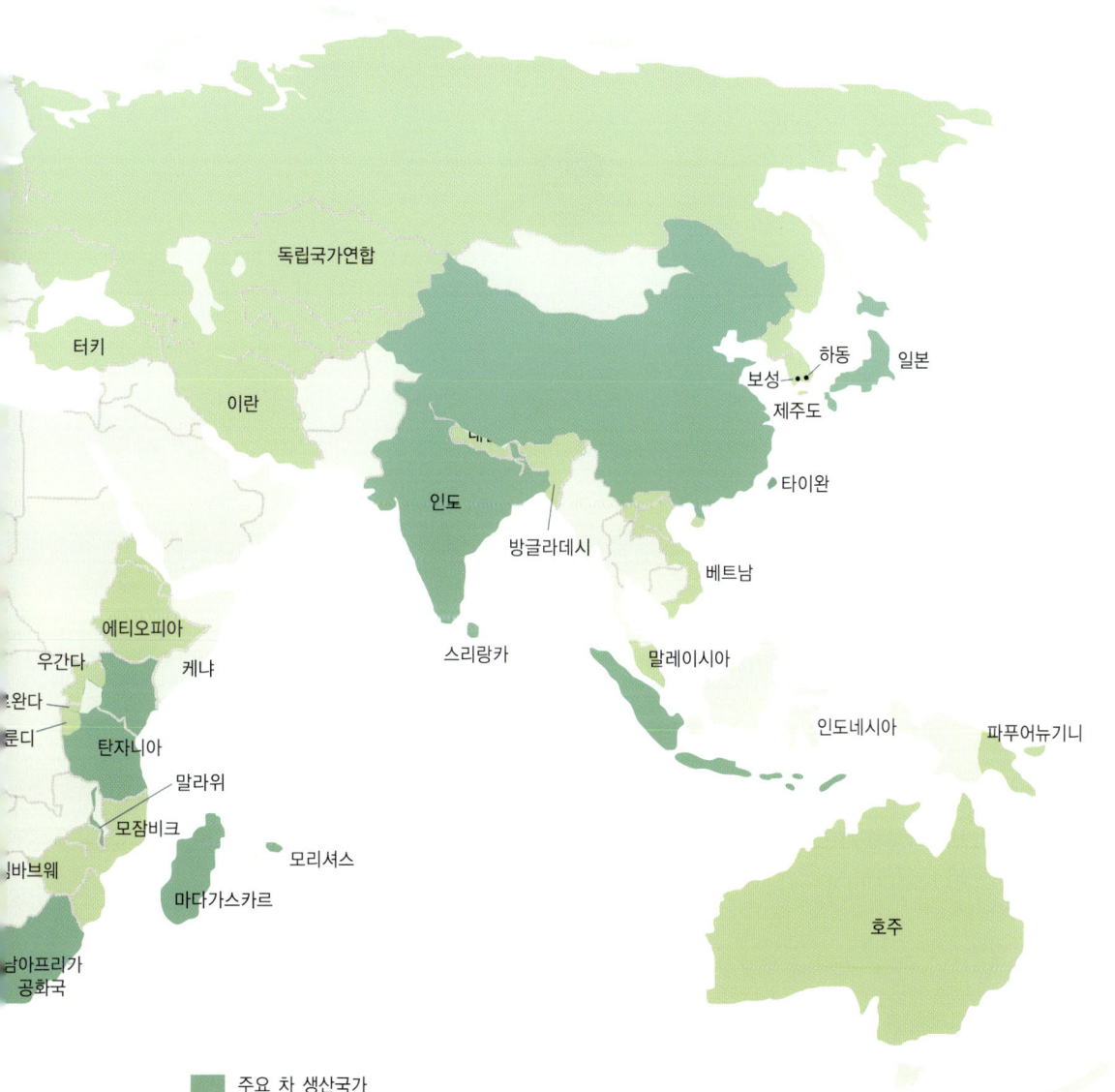

중국

세계의 차생산지는 크게 아시아(중국, 대만, 한국, 일본, 인도네시아, 네팔, 터키, 베트남 등), 인도(인도, 스리랑카), 아프리카(카메룬, 케냐, 말라위, 남아프리카공화국, 탄자니아 등), 유럽(아조레스 제도), 오세아니아(호주, 파푸아뉴기니아), 아메리카(아르헨티나, 브라질, 에콰도르, 페루 등)로 구분할 수 있다.

차의 원산지이면서 세계에서 가장 다양한 종류의 차를 모두 17개 지방에서 생산해내고 있는 중국은 명차(名茶)라는 호칭이 붙은 차만 해도 그 종류가 수십 개가 넘는다. 소비자들로부터 품질을 인정받아 인지도가 높은 명차는 주요 산지별로 정해져 있으며 역사적인 명차, 전통적인 명차, 새로 개발된 명차로 구분할 수 있다.[1]

중국의 차는 세계 차생산량의 38.5%로 1위이지만 수출량은 2위이며, 중국내 최대 차생산량은 복건성이 1위, 운남성이 2위, 사천성이 3위, 호북성이 5위, 절강성이 6위이다. 그리고 대부분 녹차로 전체 생산량의 약 70%를 차지하며, 우롱차 12%, 홍차 7%, 흑차 4%, 백차 1%, 기타 6%이다. 백차와 황차의 생산량과 소비량은 매우 적어

---

[1] 이진수 · 이진미 『찻잎 속의 차』 이른아침(2008)

아주 미미한 수준이다.

찻잎의 첫 채집시기는 보통 4월 중순부터 5월 중순까지이며 이것을 춘차(春茶)라고 한다. 가장 좋은 품질로 인정받고 있는 춘차는 연생산량의 약 55%를 차지한다. 2차 채집은 초여름에 하며 하차(夏茶)라고 한다. 어떤 지역에서는 가을에 3차 채집을 하는데 추차(秋茶)라고 하며, 아열대 기후를 가진 운남성에서는 드물게 겨울에 찻잎을 채집하는데 동차(冬茶)라고 한다.

중국의 주요 차산지는 절강성(강산녹목단, 고저자순, 대불용정, 망해차, 보타불차, 서호용정차, 설수운록, 안길백차, 막간황아, 온주황탕, 금장혜명차), 안휘성(용계화청, 육안과편, 정계난향, 태평후괴, 황산녹목단, 황산모봉, 곽산황아, 기문홍차), 강소성(금산취아, 남경우화차, 동정벽라춘, 무석호차, 양선설아, 태호벽라춘, 태호취죽, 의흥홍차), 복건성(민북오룡, 대홍포, 백계관, 수금귀, 철라한, 황금계, 모해, 본산, 무이수선, 반천요, 정산소종, 말리화차), 사천성(몽정감로, 아미모봉, 죽엽청, 몽정황아, 사천흑차), 운남성(운남보이차, 전홍공부차, 죽통향차), 광동성(봉황단총, 봉황수선, 영두단총, 영덕홍차), 광서성(계림모첨, 계평서산차, 육보차, 횡형말리화차)이다.

중국의 역사에서 명차로 대접 받다가 급변히는 정세나 유행으로 생산이 중단되었다가 다시 생산되면서 원래의 이름을 찾은 명차들도 있다. 복원되어 명성을 찾은 명차로는 몽정감로, 몽정황아, 곽산황아, 몽정황아, 경전녹설, 용계화청, 고저자순, 선인장차, 일주설아, 구화모봉, 녹원모첨, 청성설아, 동양동백, 금화거암, 천지명호, 귀정운무, 귀산암녹, 금장혜명 등이다.

전통방식 제다법 그대로 전수되어 만들어지는 명차로는 서호용정, 황산모봉, 동정벽라춘, 대평후괴, 신양모첨, 군산은침, 백목단, 노죽대방, 안계철관음, 무이암차, 기문홍차, 은시옥로, 육안과편, 운남보이차, 봉황수선, 민부수선, 백호은침 등이 있다.

최근에 명인들이 개발한 명차로는 남경우화차, 모산청봉, 임해반호, 도균모첨, 고교은봉, 안화송침, 황금계, 팔선은무, 남나백호, 오자선호, 천도옥엽, 금수취봉, 아미모봉, 설아, 조백첨홍차, 설청 등이 있다.

중국은 전 세계적으로 가장 많은 종류의 차를 생산하고 소비한다.

차 재배지는 남동부지역에 집중되어 있으며, 특히 복건성(福建省), 절강성(浙江省), 운남성(雲南省), 사천성(四川省), 호남성(湖南省), 호북성(湖北省), 안휘성(安徽省)에 집중되어 있다. 이들은 대체로 높은 고도로 천혜의 자연친화적인 차나무 재배 환경을 갖고 있다.

복건성은 차생산량의 20%를 차지하고 있으며, 차 종류도 다양하고 광범위하다. 녹차와 황차를 제외한 모든 차가 이 지역에서 시작되었다고 한다. 특히 복정시(福鼎市)는 품질이 우수한 백차, 녹차, 재스민차로 유명하며, 무이산(武夷山)에는 무이암차, 우롱차가 유명하며, 안계현(安溪縣)에는 철관음이 유명하다.[2]

절강성은 2번째로 차를 많이 생산하는 지역으로 차생산량의 17%를 차지하고 있으며, 주로 녹차만을 생산한다. 절강성의 녹차는 고품질에서 저품질까지 다양한 등급을 생산하여 자국에서 소비하기도 하고 수출하기도 한다.

---

[2] 제인 피티그루 『세계의 명품차 TEA』 세경(2009)

차나무의 원산지로 유명한 운남성은 지금도 야생 차나무가 군락을 이루고 자생하며 차마고도 무역의 출발지이기도 하다. 운남성은 소수민족이 가장 많이 살고 있는 지역으로 주로 보이차를 생산하지만 홍차도 생산하고 있다. 주생산지는 서쌍판납(西雙版納), 란창시(瀾滄市), 보이시(普洱市)가 있다.

중국에서 가장 아름답다는 황산(黃酸)이 자리한 안휘성(安徽省)은 차 생산량의 6%를 차지하고 있긴 하지만 수려한 자연에서 탄생한 녹차는 아주 높은 품질을 자랑하며 기문홍차 또한 명품차로 유명하다.

녹차

용정차(龍井茶)

용정차는 절강성(浙江省) 서호 서북지방 용정마을에서 생산되는 녹차이다. 약 1,500년의 기나긴 역사를 갖고 있는 용정차는 중국 북송 시인 소동파가 항주 관리로 있을 때 연구했다고 전해지며, 남조 시인 사령운(謝靈運)은 '천태산에서 가져온 차나무를 서호에 심고 재배하였다.'고 기록하였고,『다경』으로 잘 알려진 당나라의 육우도 항주에서 차가 재배되고 있다고 기술하였다.

항주의 용정차가 체계적으로 생산되기 시작한 것은 북송으로 추측하고 있는데, 청나라 강희제(康熙帝 : 청나라 제4대 황제)에 의해 공차로 인정받았다고 전해진다. 전설에 따르면, 강희제의 손자인 건륭제(乾隆帝 : 1711~1799)가 서호를 방문했을 때, 사자봉 아래에 있는 후공사에 들렀다가 이 차를 대접받았다고 한다. 또한 건륭제는 용정차의 깊은 맛에 감명을 받아 절 앞의 차밭에 벼슬을 내리기도 했다고 한다.

서호용정차로도 알려진 용정차는 중국의 8대 명차(용정차, 벽라춘, 모봉차, 철관음, 무이차, 홍차 보이차, 모리화차-재스민) 중 하나이며, 중국 제일의 차로써, 녹차의 대명사이며 대표적인 명전차이다. 또한 비취 같은 녹색, 짙은 향, 부드러운 맛 그리고 아름다운

위로부터
우려내기 전 찻잎
탕색
우린 후의 엽저1·2

잎새로 인해 '4절(四絶)'이라는 별칭과 함께 명차 중의 명차로 손꼽힌다.

주산지는 절강성 항주시 서호 서남의 용정촌 주변 산지이며, 일 년 내내 평균기온 16℃로 온난하고, 강수량은 1,500m 이상, 최적의 자연환경조건을 갖고 있다.

아주 어린 싹만을 따서 만드는 용정차는 처음 살청 과정에서 최종 제품이 될 때까지 솥 안에서 덖고 비비기를 반복하여 편평한 모양의 찻잎이 되도록 만드는 것이 특징이다. 생잎 중의 산화 효소를 파괴시켜 녹색을 보존키 위해 솥에서 가볍게 데치며 익히는 것은 일반적으로 볶는 녹차와는 다른 방법이라고 한다.

용정차는 최고급, 고급 그리고 1등급에서 5등급으로 분류하여 7등급으로 나누고 있다. 산지로도 구분하는데, 서호 인근 산에서 생산되는 본산용정(本山龍井)이 최고급 차이며, 서호부근 평지에서 생산되는 호지용정(湖地龍井), 서호 인근지방에서 생산되는 사향용정(四鄕龍井), 사봉산의 사봉용정(獅峰龍井), 매오 일대의 매오용정(梅塢龍井) 그리고 사봉과 매오를 제외한 지역을 서호용정(西湖龍井)이라고 한다.

이 차의 특징은 육우가 언급하였듯이 편평한 모양의 녹색 잎과 비취빛 녹색, 향기와 감미로운 맛으로 유명하다. 용정차는 작설 모양이며 차를 우리면 어린 차 싹과 여린 찻잎이 하나하나 피어나 아름다우며 초록빛의 차 빛과 은은한 향으로 인해 녹색의 황후로 부른다. 차를 마셔보면 구수하고 진한 향, 풋풋한 단맛, 신선한 난향이 나며, 찻잎이 어리고 살집이 두꺼울수록 향이 좋다.

> 우려내는 방법은 한잔이 약간 안 되는 70℃의 물에 2티스푼을 넣고 3분간 우려내는 것이 가장 맛이 있다.

벽라춘(碧螺春)

벽라춘은 강소성(江蘇省)의 소주(蘇州), 오현(吳縣), 동정동(洞庭東), 서산(西山)일대에서 생산되며, '혁살인향다(嚇煞人香茶 : 사람을 죽이는 향기의 차)'라고도 한다. 벽라춘의 기원은 북송 시절 강소성 동정산(洞庭山) 수월원(水月院)의 산승(山僧)이 직접 찻잎을 채집하여 제다한 '수월차(水月茶)'로 청나라 초기에 공차(貢茶)로 충당되었다. 녹차 계열의 수월차는 명전과 우전으로 구분하여 청명절 이전에 채취한 것을 명전(明前), 곡우 이전에 딴 것을 우전(雨前)이라하며 일반적으로 '우전'을 상품으로 취급한다.

1699년 청나라 강희 38년에 황제가 남쪽을 순례하다가 소주 태호를 유람하던 중 배 위에서 소주 순무(巡撫)였던 송락(宋犖)이 뽕나무 껍질로 만든 종이에 포장된 동정산(洞庭山)의 햇차를 진상하였다. 시음하니 향기가 신선하고 맑으며 입안이 상쾌하여, '혁살인향다' 라는 이름은 고상하지 않다며 벽라춘(碧螺春)이라는 이름을 하사하였다.

또한 왕응규의『유남속필(柳南續筆)』에는 명대의 제상이며 강소 오현 동산의 출신으로『고소지(姑蘇志)』를 저술한 왕오(王鏊)가 동산차의 굽은 모양이 마치 소라(螺) 모양이고, 차를 우린 찻물의 빛깔이 녹옥(綠玉)같다는 데서 붙여졌다는 설도 있다.[3]

민간 전설 중에는 태호(太湖)의 서동정산에는 착하고 예쁘고 부지런한 처녀 '벽라(碧羅)'가 살고 있었고, 물을 사이에 두고 마주보이는 동정동산(洞庭東山)에는 고기잡이 청년 '아상(阿祥)'이 살고 있었는데, 이 둘의 애틋한 사랑으로 인해 벽라춘이 탄생했다는 설도 있다.[4]

벽라춘은 강소성 오현(吳縣) 태호(太湖) 동정산에 위치한 동정동산(洞庭東山)과 동정서산(洞庭西山)에서 주로 생산되는데 기후는 대체로 따뜻하고, 연평균 기온이 15.5~16.5℃이

---

3 김영숙「중국의 차와 예」불교춘추사(2006)
4 「과일향의 '벽라춘(碧螺春)'과 애틋한 사랑의 전설」불교저널(2013년 11월 3, 4, 6일)

벽라춘 중에서도 춘분에서 청명까지 채엽하여 제다한 '명전차'를 최고로 꼽는다.

며, 연강우량은 1,300~1,500mm이다. 태호의 수면에는 늘 물안개가 자욱할 정도로 공기가 습윤하고, 미세한 산성(酸性) 토양이다. 과일나무가 많은 이 지역의 차나무는 복숭아, 사과, 자두, 살구, 석류 같은 과일나무의 뿌리나 줄기와 서로 통하여 천연적인 과일 꽃과 향을 흡수하여 고상하고 우아한 벽라춘이 탄생하게 된다.

벽라춘은 매년 춘분 전후에 따기 시작하여 곡우 전후에 찻잎 채집을 마치며, 춘분(春分)에서 청명 때까지 따서 만드는 '명전차'를 최고로 친다. 벽라춘은 7등급으로 구분하는데 낮은 등급일수록 잎이 크고 솜털이 적어지며, 다른 녹차보다 찻잎이 더욱더 어린 특성을 갖고 있다.

과거에는 다른 차와는 구별되는 독특한 맛 때문에 많은 사람들이 아주 특별한 행사 때에만 마셨을 정도로 고가의 차라고 한다. 마셔보면 진한 꽃향과 과실의 풍미가 신선하고 오랫동안 지속되며, 아주 상쾌한 맛이 입안에 가득하고, 약간의 쓴맛 뒤에 깊은 단맛과 고소한 맛이 어울려져 명품차로서 손색이 없다.

우려내는 방법은 한 잔이 약간 안 되는 70℃의 물에 2티스푼의 차를 넣고 3~4분 간 우려낸다.

신양모첨(信陽毛尖)

신양모첨은 동주(기원전 770~221)시대 이후 2,000년의 제조 역사를 가진 명차로 하남성(河南省) 신양시(信陽市) 신양현과 라산현에서 생산되며, 예모봉(豫毛峰)이라고 부르기도 하였다. 역사적으로 신양모첨은 오운(五云), 차운(車云), 집운(集云), 운무(云霧), 천운(天云), 연운(連云)과 2개의 깊은 못인 흑룡담(黑龍潭), 백룡담(白龍潭), 그 밖에 진뢰산(震雷山), 하가채(何家寨), 영산사(靈山寺)가 중요 차산지이다.[5]

중국의 다성(茶聖)으로 추앙받는 육우(陸羽)와 북송(北宋)의 대문호인 소동파(蘇東坡)는 "하남(河南) 지방의 차 가운데 신양차가 제일(淮南茶信陽第一)"이라고 극찬을 하였다. 1915년 파나마에서 개최된 만국박람회에서 상을 받은 세계적인 명차이며, 1959년 중국 정부로부터 10대 명차로 선정되기도 하였다. 특히 중국 역사상 유일한 여황제인 당나라의 측천무후(則天武后 : 당나라 제7대 황제)가 병석에 누워 정신이 혼미하였는데 명의가 처방해준 약으로도 차도가 없었다. 근데, 의양(義陽 : 지금의 신양)의 모첨을 마신 후 건강을 회복하였다고 한다. 측천무후가 크게 기뻐해 차운산(車雲山)에 천불탑(千佛塔)을 세우고 그 지역 일대를 '황가다원(皇家茶園)'으로 명명하면서 공차가 되었다고 한다.

하남성의 차산지인 신양지역은 연평균 기온 13~15℃이며, 강수량은 700mm 이상, 차 밭은 해발 500~800m로 구름과 안개가 많아서 차 재배지로 매우 적합하다. 찻잎을 채집하는 시기에 따라 세 종류로 구분하는데 곡우 전후에 딴 차는 춘차, 망종 전후에 딴 차는 하차, 입추 전후에 딴 차는 추차라고 한다.

---

[5] 김영숙 「중국의 차와 예」 불교춘추사(2006)

우려내는 방법은 한 잔이 약간 안 되는 70℃의 물에 2티스푼의 차를 넣고 3분간 우려낸다. 특별 행사에 마시는 차로써, 우유나 설탕을 첨가시키지 않고 그냥 마시는 것이 차 맛과 향을 음미할 수 있는 방법이다. 신양모첨의 찻잎은 가늘고 단단하며 바늘 끝 모양으로 진한 녹색을 띠며, 은백색 털이 나 있다. 특히 탕색은 투명하고 맑은 비취빛을 내며, 신선하고 단맛이 돌아 그윽한 향기가 오래 지속되며, 미묘한 뒷맛을 남긴다.

🍃 태평후괴(太平猴魁)

역사적으로 유명한 명차, 안휘성(安徽省)의 황산시(黃山市), 황산구(黃山區), 신명(新明), 용문(龍門) 지역에서 생산되며, 찻잎은 신선한 1창2기로 채집하여 최고의 녹차를 만들며, 유럽까지 명성을 떨칠 정도로 좋은 맛을 자랑한다.

태평후괴는 1915년 파나마에서 개최된 만국박람회에서 상을 받은 세계적인 명차이면서, 1982년 호남성(湖南省) 장사(長沙)에서 거행된 중국 명차 평가에서 전국 명차로 선정되었고, 1986년 복건성(福建省)과 1990년 하남성(河南省)에서 개최한 전국 명차평가에서도 우승하여 유명세를 타게 되었다. 특히 2006년 중국 후진타오(胡錦濤) 주석이 미국을 방문하였을 때 미국 부시대통령에게 선물로 준 차로 유명하며, 주로 중국 내 대도시에서 소비되고 소량만 수출하고 있다.

'태평'은 안휘성 황산시 황산구에 있는 호수의 이름에서 따 왔으며, '후괴'는 교목이었던 이 지역 차나무들의 찻잎을 예전에는 원

숭이들을 시켜 찻잎을 채집하여 붙여진 이름이라고 전한다. 그러나 지금은 후갱(后坑) 일대의 차 가운데 으뜸이라는 의미에서 후괴라는 이름이 붙었다는 설이 지배적이다.

상품 등급은 후괴(猴魁), 괴첨(魁尖), 첨차(尖茶)로 세 종류이며, 최고의 등급은 후괴로 모두 고산지대에서 생산된다. 태평후괴가 생산되는 후갱 지역은 첩첩이 산으로 둘러싸여 있으며, 무수히 자라는 야생난초 꽃들이 만발하여 난초의 그윽한 향기가 사방으로 흩어지기 때문에 찻잎은 그 향기를 흡수하여 차 품질에 큰 영향을 주고 있다.

우려내는 방법은 한 잔이 약간 안 되는 70℃의 물에 2티스푼의 차를 넣고 3분간 우려낸다. 일반적으로 아주 미묘한 맛에 매료되어 오후에 마시면 기분전환으로 매우 좋다. 특징은 곧고 뾰족한 모양의 잎은 짙은 녹색을 띠고 있으며, 뜨거운 물에 넣으면 풀어져서 분홍빛의 실오라기처럼 나타나고, 난초꽃향이 일품, 산뜻하고 깔끔하며, 단맛이 난다. 태평후괴만의 독특한 맛이 있는데 이것을 후운(喉韻)이라고 한다.

황산모봉(黃山毛峰)

황산모봉은 은백색 털이 찻잎을 감싸고 있으며, 잎이 산(山)모양을 하고 있기 때문에 모봉(毛峰)이라고 칭하게 되었다. 황산의 대표적인 명차이며 1959년 중국 10대 명차로 선정되었다. 안휘성(安徽省)에서도 황산시(黃山市), 황산풍경구(黃山風景區)의 탕구(湯口), 강촌(岡村), 양촌(楊村), 산차(山岔), 욕사(浴舍) 등에서 생산된다. 또한 도화봉(桃花峰), 자운봉(紫云峰), 운곡사(云谷寺)

황산모봉은 보통 가늘고 여린 잎만을 채엽하여 만든다.

등에서 생산되는 고산지대의 명차는 기문 홍차와 쌍벽을 이룬다.[6] 황산모봉의 긴 역사는 북송시대로 거슬러 올라가며 가우(嘉祐 : 1056~1063)때 차를 생산하여 명나라 융경(隆慶 : 1567~1572)때 번성하였다고 한다.

황산은 숲이 우거져 골이 깊고 산봉우리가 연이어져 가는 곳곳마다 계곡에 흐르는 물, 크고 작은 바위 그리고 폭포가 널려 있다. 온화한 기후에 연평균기온은 14~17℃, 연평균 강수량은 1,800~2,000mm로 풍부하고 토양은 산지 황양(黃壤)에 속한다. 토층이 매우 깊고 두터우며, 풍부한 유기질과 pH4.5~5.5로써 차나무 생장에 매우 적합한 조건을 갖추고 있다.

황산모봉은 일반적으로 가늘고 여린 잎인 '세눈(細嫩)'만을 채집하여 1창1기에서 1창3기로 만들며, 찻잎을 따는 시기는 특급 황산모봉은 청명(淸明) 전후이고, 1~3등급 황산모봉은 곡우(穀雨) 전후에 찻잎을 채집한다. 청명에서 입하때까지 찻잎을 채집하며, 그 이후에 찻잎을 채집하여 만든 것은 황산모봉으로 취급하지 않는다. 황산모봉 중에서도 금황편과 상아색을 최고의 품질로 여긴다.

우려내는 방법은 한 잔이 약간 안 되는 70℃의 물에 2티스푼의 차를 넣고 3분간 우려낸다. 특징은 작고 흰 은빛 털이 찻잎을 덮고 있는 외관을 보면 백차와도 비슷하므로 혼동을 하게 된다. 우려낸 찻잎은 선명한 황록색을 띠고, 마시면 향기가 높고, 우아하며 맛이 신선하고 부드러우며 단맛이 느껴지고, 맑은 차향이 높고 상쾌한 향기가 오랫동안 지속된다.

---
6 김영숙 『중국의 차와 예』 불교춘추사(2006)

육안과편(六安瓜片)

안휘성(安徽省)의 육안(六安), 금채(金寨), 곽산(藿山) 등지에서 생산되는 차가 유명하며, 육안에서 생산되는 것을 육안과편이라고 하지만 금채나 곽산지역에서 만들어지는 일부도 육안과편에 편입되어 중국 10대 명차에 속한다. 육안과편은 금채 제산운이 기원지로 제운과편(濟云瓜片)이라고 불렀다고 한다.[7]

현지에서 자라는 고유 품종 중에서 찻잎을 채집한 후 아래위로 잘라내어 반편(扳片) 과정을 거친 다음, 여린 속잎과 거친 차줄기를 골라 낸 후 전통의 독특한 제다법으로 해바라기 씨앗 모양의 편형차로 생산한다. 찻잎 모양이 해바라기 씨와 닮아 과자편이라는 이름으로 부르다가 나중에는 과편으로 부르게 되었고, 다시 육안과편이라는 명칭을 얻었다.

육안과편에 관한 현존하는 자료는 없으나 당나라의 육우가 저술한 『다경』과 명나라 과학자 서광계가 저술한 『농정진서(農政全書)』에서 '육안주의 편차는 품질이 뛰어나다' 는 기록이 있다. 청나라 건륭(乾隆) 41년(1776) '곽산현지(藿山縣志)' 에는 곽산의 차가 유명하며, 특히 금채현(金寨縣)의 제두산(濟頭山)에서 생산되는 차가 품질이 좋아서 '제산명편(濟山名片)' 이라고 불렀다고 한다. 명나라의 이동양(李東陽 : 1447~1516, 정치가, 시인), 소현, 이사실 등 3명의 명사가 '영육안차' 에서 여러 번 육안차에 대해 언급하면서 그 중에 묘옥품차(妙玉品茶, 즉 육안과편)의 품질이 뛰어나다고 하였다. 그 외 중국 장편소설의 최고 걸작인 '홍루몽(紅樓夢)' 에서 육안과편을 80여 번이나 언급하여 더욱 유명해졌다.[8]

---

[7] 김영숙 『중국의 차와 예』 불교춘추사(2006)
[8] 김영숙 『중국의 차와 예』 불교춘추사(2006)

안휘성의 육안시 육안지역이 주 생산지이며, 육안과 금채, 곽산, 3개 현의 차가 가장 품질이 뛰어나다고 한다. 그 중에서도 내산과 외산으로 구분하여 내산에서 생산되는 차의 품질이 우수하다. 내산과편의 주요 생산지역은 금채현의 향홍전(響洪甸), 선화령(鮮花嶺), 공점(龔店)이며, 육안현에는 황간하(黃澗河), 쌍봉(雙蜂), 용문충(龍門沖), 독산(獨山)이 있고, 곽산현의 제불암(諸佛庵)이 있다. 외산과편은 육안시의 석판충(石板沖), 석파점(石婆店), 사자강(獅子崗), 락가암(駱家庵) 지역에서 생산된다.

지금도 육안지역에는 수령이 300년 이상 된 고차수가 군락을 이루고 있어 명품차 생산에 아무런 문제가 없다고 한다. 제다방법 또한 특별하게 과편모양으로 잘 만들어지도록 찻잎의 끝부분을 제거하는 전통적인 방법을 사용한다. 찻잎은 곡우 전후에 채집하며, 이때 채집하여 만든 차를 명편(茗片)이라 부르고, 제일 좋은 상품으로 판매되고 있다. 차나무의 싹은 따지 않고 찻잎만을 채집하는데 편평한 모양의 찻잎만을 한 장씩 골라서 만드는 것을 과편(瓜片)이라 부르며, 장마철에 채집한 찻잎으로 만든 것을 매편(梅片)이라고 한다.

> 우려내는 방법은 한 잔이 약간 안 되는 70℃의 물에 2티스푼의 차를 넣고 3분간 우려낸다. 우려낸 찻잎은 선명한 황록색의 검은빛을 띤 녹색으로 솜털이 있으며, 어린 차 향기가 산뜻하고 맑으며, 생화 향기가 나는데 오랫동안 지속되는 것이 일품이다.

🍃 안길백차(安吉白茶)

안길백차는 백차이면서 녹차로 분류되고 있으며, 일명 은갱백편(銀坑白片)이라고 한다. 절강성(浙江省) 천목산(天目山) 북쪽에 위치한 천황평진(天荒坪鎭) 대계산(大溪山) 해발 800m의 계가장(桂家場) 마을에서 생산된다.[9] 1980년 이 지역에서 수령 100년 이상 된 차나무 군락이 발견되어 연구진들이 10년 동안 조사한 결과 백차나무의 생장

---
9 김경우 「중국차의 이해」 월간 다도(2005)

에 필요한 자연환경이라는 것이 밝혀졌고 무성번식에 성공하였다. 1982년에는 대계(大溪), 은갱(銀坑)지역으로 번식시켜 백차나무 다원이 생기게 되었다. 1988년 절강성의 우량 차나무 품종으로 지정되었으며, 1989년 제3회 중국 전국명차 품평회에서 우승하면서 알려지기 시작하였으며, 2004년 절강성 10대 명차가 되었고, 최근 중국의 명품차로 취급받고 있다.

안길백차는 성분분석결과 다른 녹차와 달리 폴리페놀 함량이 절반 정도 낮고, 아미노산 함량이 2배정도 높아 차를 마실 때 쓴맛보다는 부드러운 감칠맛이 뛰어나다. 국내에서는 다이어트 차로 소개된 적이 있다. 안길백차는 매년 초봄 3월 25일을 전후하여 1달 동안 찻잎을 채집하며, 유념을 많이 하지 않는다. 안길백차는 봄철엔 엽록소 결실로 인해 청명 전에 발아된 연한 잎은 백색을 띠고, 곡우 전에는 색이 점차 연해져 대부분 옥처럼 고운 백색을 드러내고, 곡우 후부터 하지 전까지는 점차 백색과 녹색 중간 사이 색의 잎으로 전이된다. 하지에 이르면 아엽(芽葉)이 전부 녹색으로 회복되지만 일반 녹차와는 다르다.

안길백차의 차나무 잎은 곡우 전,
색이 점점 연해져 옥처럼 고운 백색을 드러낸다.

우려내는 방법은 한 잔이 약간 안 되는 70℃의 물에 2티스푼의 차를 넣고 3분간 우려낸다. 외형은 아주 자연스럽게 둥근 모양으로 말려 있고, 가늘고 곧아서 마치 난초꽃처럼 생겼다고 하여 '세직자연(細直自然)'이라고 하며, 차를 우려 보면 찻잎이 옥백색에 가까울 정도로 연녹색으로 투명하고 밝으며, 찻잎 또한 살아 있는 듯한 느낌을 주고 싱그러움을 느끼게 한다. 차향이 오랫동안 지속되면서 마시면 입안에 가득한 상쾌한 느낌과 더불어 감칠맛이 일품이다.

백차

백호은침(白毫銀針)

'바늘 침 모양의 싹으로 만드는 차' 백호은침은 복건성(福建省) 복정현(福鼎縣)과 정화현(政和縣)에서 생산된다. 찻잎의 모양이 바늘 침 같다 하여 붙여진 이름으로 은침백호, 백호은침이라고도 한다. 봄에 나온 어린 싹만을 따서 만들기 때문에 백차 중에서도 최고급품으로 찻잎 표면에 흰색의 솜털이 붙어 있어 은백색을 나타낸다. 찻잔에 뜨거운 물을 부으면 찻잎이 하나씩 세워져 마치 꽃잎이 춤을 추는 듯 아래위로 오르내리는 모양이 매우 우아하여 눈을 현혹시킨다.[10]

백호은침의 역사는 확실하지 않으나 청나라 가경(嘉慶) 원년(1796)에 복정현의 유성(有性) 번식한 차나무 군락에서 찻잎을 채집한 것으로 만들어졌다고 전해진다. 1857년 전후에 복정현 지역 농가에서 우연히 복정대백차나무를 발견하였는데 차나무의 어린 싹이 두툼하게 살이 찌고 백호가 유달리 많았다고 한다. 1885년 복정대백차나무의 싹으로 백호은침도 만들고, 복정대백차나무를 번식시켰으며, 1912년에서 1916년 사이에 한창 번성하기 시작하였으나, 생산량이 아주 적어 세계적인 명품차로 알려지면서 오늘에 이르게 되었다.

재배 지역은 해발 245m, 평균기온 섭씨 18~25℃, 연간 약 2840mm의 강우량으로 차나무가 자라기에 적절한 조건을 갖추고 있다. 특히 백호은침은 다른 차와 다르게 특별한 가공 과정 없이 약간의 발효만 하고 건조시켜 오래 보관하여도 향과 맛의 변

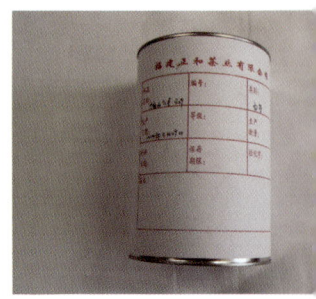

---
[10] 정동효, 윤백현, 이영희 『차생활문화대전』 홍익재(2012)

화가 적은 것이 특징이다. 백호은침은 완전히 순수한 백차로서 찻잎은 은색 바늘처럼 보이며, 1년에 단 이틀만 수확이 가능하기 때문에 고가이며, 맛은 누구도 잊지 못할 일품 명차라고 한다.

백호은침은 가정에서 민간요법 약으로 많이 사용하는 차로 유명하며, 약리적인 기능으로는 몸 속의 독소를 제거하고 열을 내려주는 작용이 강하다. 또한 여름철 한약재 또는 화장품의 원료로 많이 사용된다. 소량 생산되어 비싸지만 시간이 지날수록 발효가 진행되어 향미가 진해지는 차로 차 애호가들이 선호한다.

우려내는 방법은 한 잔이 약간 안 되는 85℃의 물에 2티스푼의 차를 넣고 15분간 우려내면 아주 뛰어난 백호은침을 맛볼 수 있다. 백호은침은 향기가 좋고 단맛이 남으며 떫은맛이 적고 녹차보다 오래 보관하여도 향미의 변화가 적어 하루 중 언제 마셔도 싫증 나지 않는다.

백모단(白牡丹)

백차는 복건성(福建省)과 절강성(浙江省)에서 생산되는데 두 종류로 구분하고 있다. 복건성은 복정(福鼎), 정화(政和), 송계(松溪), 건양(建陽) 지역이 유명하고, 절강성은 북부 안길현(安吉縣)의 해발 800~1000m에 위치한 대계산(大溪山)에서 생산되고 있다.

'백모단' 혹은 '백모란'은 하얀 모란처럼 보인다하여 붙여진 이름이다.

백호은침과 마찬가지로 희귀한 백차는 초봄 개화직전에 아주 작은 싹이나 첫 잎을 채집하여 사용한다. 찻잎을 찌고 말리면 작은 찻잎을 은백색의 백호가 덮고 있어 마치 작고 하얀 꽃송이로 이루어진 꽃다발 모양과 같다. 우려낸 후의 찻잎은 푸른 잎이 싹을 받쳐 들고 있는 모습으로 초봄 꽃망울을 피우기 직전, 하얀 모란처럼 보여서 얻은 이름이다.

1922년 복건성의 건양수길(建陽水吉) 지역에서 가장 먼저 만들었으나 1922년 정화현에서도 백모단을 만드는 데 성공하여 주생산지가 되었다. 백모단은 차나무의 종류에 따라 대백차(大白茶)와 수선백차(水仙白茶)로 분류하며, 대백차는 복정과 정화품종의 찻잎을 채집하여 만든 것에서 유래하였고, 수선백차는 수선차나무에서 찻잎을 채집한 것으로 만들어 차이가 있다.[11]

> 우려내는 방법은 한 잔이 약간 안 되는 85℃의 물에 2티스푼의 차를 넣고 7분간 우려내며, 식후 소화촉진에 좋고 오후에 가볍게 마실 수 있다. 차의 외형이 두 개의 찻잎이 싹을 감싸고 있어 양엽포일아(兩葉抱一芽)라고 한다. 우려낸 차는 맑으며 잘 익은 살구빛의 미세한 황색을 띠고, 순수하고 신선한 향기와 잡맛 없이 부드러워 일품이다.

---

[11] 김영숙 『중국의 차와 예』 불교춘추사(2006)

청차

봉황단총(鳳凰單欉)

청차 중 광동성(廣東省)의 청차를 오룡차(烏龍茶)라고 하며, 봉황단총은 광동성 조주(潮州) 지방의 봉황산(鳳凰山)과 오동산(梧桐山)에서 생산되기 때문에 '광동오룡차'라고도 한다. 광동오룡차는 복건성의 무이암차(武夷岩茶)에서 유래했으나, 모방과 개조를 거치면서 독자적인 차의 품격을 형성하였는데 그중 대표가 봉황단총이다. 이 차는 품질이 특히 좋아 국내외 많이 알려져 있다.

남송시대 조주(潮洲 : 동남해 지방) 지방에서도 소량의 차나무를 재배하였으나 민북지방의 차를 구입하여 약으로 사용하였으며 민북지방의 차를 구하기 어렵게 되면서 조주지방 사람들은 오히려 집집마다 차나무를 심고 차를 만들어 먹었다고 한다.

선설에 의하면 남송시대 마지막 황제인 주병(趙昺 : 1278~1279)이 원병에게 쫓겨 남쪽에 있는 조주지방을 지날 때 목이 말라 현지인에게 차 한 잔을 얻어 마셨는데 황제가 '너무 좋은 차'라고 칭찬한 이후부터 '송차(宋茶)'라고 부르게 되었다고 한다.[12] 그 후 명나라 홍치(弘治)시대에 대조산(待詔山)의 봉황차가 공차가 되어 '대조차(待詔茶)'라고 하였고 청나라 강희(康熙) 원년(1662)에 요평총병관인 오육기(吳六奇)가 오동산 중턱에 차밭을 개간하고 단총차나무 품종을 심었다. 현재 오동산에는 수령 600년의 차나무가 차왕수로 보호되고 있다.

키가 큰 봉황차나무의 찻잎은
긴 사다리를 이용하여 채엽한다.

---

12 김경우 「중국차의 이해」 월간 다도(2005)

봉황차나무는 원래 오룡과 조취차(鳥嘴茶)의 전신인 홍인(紅茵) 두 종류였으나 차나무의 우량품종을 개발하여 현재는 오룡(烏龍), 홍인(紅茵), 수선(水仙 : 일명 조취차), 황차(黃茶), 색종(色種)으로 구분하기도 한다.

봉황단총은 봉황차나무의 곧은 몸통을 지닌 나무에서 긴 사다리를 이용하여 찻잎을 채집한다. 또한 차의 향기에 따라 각각 차의 이름을 부여하는데 밀란향, 지란향, 황지향, 옥란향, 통천향, 팔선향 등이 있다.

우려내는 방법 중 중국에서 많이 사용하는 것은 작은 포트에서 진하게 우려내는 방법이다. 차의 깊은 향을 얻으려면 첫 번째로 추출할 때에는 1분 동안만 깊숙이 담그며, 두 번째는 3분, 세 번째는 5분 동안 우려내면 된다.

> 일반적으로 우려내는 방법은 한 잔이 약간 안 되는 95℃의 물에 1티스푼의 차를 넣고 5~7분간 우려낸다. 봉황단총은 차의 향기가 매우 중요하기 때문에 고급차일수록 독특한 향기를 음미할 수 있다. 찻잎의 긴 황금빛 껍질은 겨우내 붉은 다갈색 가장자리를 가진 녹색으로 변한다. 추출액은 희미한 오렌지 빛 갈색이며, 첫 번째 추출액은 쓴맛이 날 수 있으나, 두 번째는 좀 더 부드럽다.

대홍포(大紅袍)

대홍포는 복건성 북쪽 천혜의 자연경관을 자랑하는 무이산(武夷山)에서 생산되며, 민북오룡에 속한다. 무이산은 구룡봉(九龍峰)이라고도 하는데 아홉 마리 용의 전설에서 연유된 이름이라고 한다. 무이산은 36개의 봉우리와 99개의 암석, 9개의 계곡으로 이루어져 있으며 바위와 기암절벽이 산을 둘러싸고 있다.[13]

대홍포 차나무는 황봉을 받아 황제가 하사한 이름으로 현지의 현승(縣丞)이 홍포를 차나무에 덮어주는 의례에서 유래했다고 한다. 민간 유래는 청나라 때 한 문인이 과거를 보러가는 길이었는데, 마침 이 지역을 지나갈 때 배가 아파 천심사 스님이 구룡과 암벽(九龍寡巖壁)에서 찻잎을 채집하여 끓여준 대홍포차를 마시고 몸이 완쾌되고 급제까지 하게 되었다. 그리하여 내려오는 길에 은혜를 갚기 위해 자신의 홍포를 차나무에 덮어주었는데 벗기는 순간 붉은색으로 변하였다는 설도 있다. 마지막으로 대홍포의 춘아(春芽)가 싹 틀 때 멀리서 보면 차나무가 붉은색을 띠며, 차나무가 마치 홍포를 입은 것처럼 보인다고 하여 붙여진 이름이라고도 전한다.

대홍포는 명나라 말에서 청나라 조에 발견되어 재배한 것으로 무이차 중에 아주 품질이 우수한 단총이다. 1941년 임복천의 조사에 따르면 1927년에 천심사 스님이 만들었으며, 이것을 '기단(奇丹)'이라고 한다는 기록도 있다.[14]

대홍포는 재배장소에 따라
정암차, 반암차, 주차로 나뉜다.

---

13 김경우 「중국차의 이해」 월간 다도(2005)
14 김영숙 「중국의 차와 예」 불교춘추사(2006)

재배장소에 따라 정암차(正岩茶 : 산중턱 바위 사이사이 차밭에서 생산), 반암차(半岩茶 : 산과 계곡 사이 평지에서 생산), 주차(洲茶 : 계곡과 계곡 사이 넓은 평지에서 생산)로 나뉘며, 대홍포는 일 년 중 봄에 채집한 찻잎만을 사용하는데, 대략 4월 20일~5월 10일경에 끝난다.

> 우려내는 방법은 한 잔이 약간 안 되는 95℃의 물에 1티스푼의 차를 넣고 5~7분간 우려낸다. 찻잎은 길쭉하고 단단하게 바짝 말려져 있으며, 색은 회색빛이 돌면서 광택이 있고, 탕색은 황색에 붉은색이 있어 옅은 주황색이나 짙은 귤색을 보여준다. 풍부한 과일향에 맛은 상쾌하면서 매우 깔끔하여 입안에 청량감을 주며, 처음에는 쓴맛이 있으나 바로 단맛으로 바뀌고 오랜 여운을 준다.

철관음(鐵觀音)

철관음은 복건성 남쪽 안계지역의 청차로 700여년의 역사를 가지고 있으며, 민남오룡(閩南烏龍)에 속한다. 황금계(黃金桂), 모해(毛蟹), 본산(本山)과 함께 민남오룡의 4대 명차로 유명하며, 철관음은 청나라 건륭(乾隆 : 고종, 1736~1796)황제 이전까지는 오룡(烏龍)이라고 하였다. 유래는 1741년 봄에 요양향(堯陽鄉)의 서생 왕사양(王士讓)이 북경에 소환되어 부시랑 방망계(方望溪)를 알현할 때 이 찻잎을 채집하여 선물하였는데 맛이 범상치 아니하여 황제에게 진상하였고, 건륭황제는 차를 마신 후에 '찻잎은 관음(觀音) 같고, 무겁기는 철(鐵) 같다.' 하면서 '철관음'이라는 이름을 하사하였다고 한다.[15]

또 하나의 유래는 청나라 옹정(雍正) 3년(1725) 전후에 서평진 송암촌에 살던 위음(魏蔭)이라는 농부가 부지런히 차나무를 심고 품질 좋은 차를 절에 가서 정성으로 공양

---
[15] 김경우 「중국차의 이해」 월간 다도(2005)

철관음은 '찻잎은 관음 같고 무겁기는 철 같다' 하여 붙여진 이름이다.

을 하였다. 어느 날 관음보살이 위음의 꿈에 나타나 절 뒤의 동굴에서 보물을 찾아보라고 말하였다. 그는 절 뒤 바위 틈새에서 한 그루 홀로 싹튼 차나무를 발견하였는데 향기가 코를 찌르듯 강하였다. 이것을 집으로 갖고 가서 심고 정성껏 재배하여 차를 만들었는데, 이 귀한 차를 마신 사람들이 '관음께 청차를 올려 그 정성으로 꿈속에서 얻은 귀한 차이니 철관음이라고 부르는 것이 좋다.'고 하여 철관음으로 부르게 되었다. 철관음은 중국 전역에서 아주 인기 있는 차로써 봄, 여름, 가을에 찻잎을 채집하며, 고산지대에서는 춘차와 하차만 생산한다.

우려내는 방법은 한 잔이 약간 안 되는 양의 물에 1티스푼의 차를 넣는다. 즉시 물을 부어 찻잎을 1~2분 동안 담가 우려낸 후 95℃의 물을 다시 부어 3~5분간 우려내는데, 특히 이 찻잎은 여러 번 추출할 수 있다. 특징은 찻잎은 가장자리가 밝은 주황색이며, 중앙부문은 옅은 황녹색의 밝은 색을 띠며, 특히 꽃 봉우리 잎으로 만들기 때문에 물속에서 퍼지면서 단단하고 곱슬곱슬한 찻잎이 피어난다. 추출액은 갈색빛 초록색으로 풍부한 아로마 향과 자연의 난초향이 일품이며, 산뜻한 향기가 오랫동안 지속된다.

황차

군산은침(君山銀針)

군산은침(1급)의
상품과 엽저

군산은침은 호남성(湖南省)의 악양(岳陽)지역과 동정호(洞庭湖)의 중심지인 군산(君山)의 아름다운 섬에서 자라는 찻잎을 채집하여 만든 침형(針形)의 황아차(黃芽茶)로 소량 생산되지만 중국 황차를 대표하는 차로 유명하다.[16] 군산에서는 원래 녹차를 생산했는데 후대로 가면서 황차로 바뀌었고, 황차의 대표격인 군산은침이 '황차의 여왕'으로 불리고 있다. 1959년 중국의 1대 명차로 선정되었으며, 모양은 백차의 대표격인 복건성의 백호은침과 비슷하게 생겼다. 청나라 때는 그 모양 때문에 첨차(尖茶) 또는 용차(茸茶)라고도 불렸다.

군산은침은 후당시대(923~936)에 황제에게 바치는 공차로서 인기가 있었는데, 유래는 다음과 같이 전해져 오고 있다. 후당(后唐)의 두 번째 황제인 명종황제가 처음 황제보좌에 앉았는데 신하가 뜨거운 차를 올렸다. 황제가 찻잔 뚜껑을 열어보니 흰 안개가 공중에 솟아 백학을 만들고 그 백학이 명종황제를 향해 고개를 세 번 끄덕이고는 푸른 하늘로 날아올랐다. 다시 찻잔 속을 들여다보니 찻잔 속의 푸른 찻잎이 물속에서 막 돋아나는 죽순 모양을 했다가 눈꽃이 날리는 듯 천천히 다시 가라앉았다. 그래서 황제가 신하에게 물었는데 신하는 '이것은 군산의 백학(白鶴) 샘물에 은침차를 우려냈기 때문에 백학이 머리를 끄덕이고 하늘로 올라감은 폐하의 복이 하늘과 같음을 의미하고 찻잎이 하나로 곧게 서 있는 것은 폐하에 대한 경의를 표시하는 것'이라고 대답하였다고 한다. 명종황제는 아주 기뻐서 즉시 군산은침을 공

[16] 프랑수와 사비에르 델마스·마티미네·크르스틴 마르바스트『티 소믈리에 가이드』한국 티 소믈리에 연구원(2013)

차로 정했다고 한다. 특히 청나라 건륭황제는 군산은침을 무척 사랑하였다고 하며[17] 중국의 주석인 모택동(毛澤東, 1893~1976)이 가장 즐겼던 차라고도 전해지고 있다.

또 다른 전설에 의하면 옛날 동정호 군산(君山)에 장순(張順)이라는 마음씨 착한 젊은이가 살았는데, 늘 다른 사람 돕기를 좋아하였다. 그의 착한 마음에 감복한 용왕이 이 젊은이에게 밝은 빛이 나는 구슬을 선물로 주며 잘 살 것을 부탁하였다고 한다. 이 젊은이는 마을 사람 전체가 잘 살기를 염원하면서 구슬을 군산의 청라봉(靑螺峰)에 묻었는데 어느 날 구슬을 묻은 자리에서 은침모양의 차나무가 자랐다. 그래서 그 차나무를 '군산은침'이라고 부르게 되었다고 한다.

군산은침에 관한 기록은 칭대 강옥(江昱)이 저술한 『소상청우록(瀟湘聽雨錄)』, 『호남성지(湖南聖志)』, 『문헌통고(文獻通考)』에서 볼 수 있으며, 군신모첨(群山毛尖)에서 변화되었다고 한다. 청나라시대부터 있었던 첨차(尖茶)의 공첨(貢沾)은 싹만으로 차를 만들어 황실에 바친 것이며, 특히 싹은 토실토실하고 황색의 백호(白毫)로 덮여 있어 금황색의 아름다움이 극치를 달해 금양옥(金鑲玉)이라고 불렀다. 그 외의 찻잎으로 만든 것을 공두(貢兜)라고 하였다.

송나라시대에는 군산의 백학사(白鶴寺) 절에서 수도하던 스님들이 차나무를 심어 만든 것을 백학차(白鶴茶)라고 하였는데 찻잎을 우리면 백학이 물위로 날아가는 모습이 연상되었다고 한다.

군산은침은 9가지의 규칙을 철저하게 지켜 찻잎을 채집한다. ① 우기 즉, 비가 올 때는 찻잎을 채집하지 않는다. ② 아침 일찍 이

군산은침(특급)의 상품과 엽저

---

[17] 김영숙 『중국의 차와 예』 불교춘추사(2006)

슬이 묻어 있는 찻잎은 채집하지 않는다. ③ 색깔이 자주색인 찻잎을 채집하지 않는다. ④ 육안으로 보았을 때 속이 텅 비어 있는 찻잎은 채집하지 않는다. ⑤ 찻잎의 품질을 위해 상처가 난 찻잎은 채집하지 않는다. ⑥ 추위가 일찍 와서 동상을 입은 찻잎은 채집하지 않는다. ⑦ 차의 품질을 위해 병충해를 입은 찻잎은 채집하지 않는다. ⑧ 건강하지 않고 야윈 찻잎은 채집하지 않는다. ⑨ 차의 싹이 너무 긴 찻잎과 너무 짧은 찻잎을 채집하지 않는다.

군산은침은 또한 시각적인 즐거움을 주어 시인들에게도 많은 영감을 불러일으켰다고 한다. 유리글라스에 차를 넣고 뜨거운 물을 부으면 찻잎이 곧게 떴다가 내려앉기를 3번 정도 하는데 이 모습이 꼭 춤을 추는 것 같아 삼기삼락(三起三落)이라고 한다.

우려내는 방법은 한 잔이 약간 안 되는 75℃의 물에 1티스푼의 차를 넣고, 4분간 우려내는데, 특히 이 찻잎은 30~40초 동안 4회 정도 추출할 수 있다. 특징을 보면 찻잎이 토실하고, 그 엽질도 도톰하고 곧고 풍만하다. 우려낸 찻잎이 퍼지면 선명하게 보이는데 금황색으로 온통 백호가 가득한 은백색으로 덮혀져 있다. 탕색은 밝은 등황색을 띠며, 맛은 부드럽고 신선하며 상쾌한 과일향, 바닐라향, 바다향기가 일품이다. 잡스러운 맛은 거의 없으며 풍미가 입안 가득 느껴지며 단맛이 오래 지속된다.

곽산황아(霍山黃芽)

곽산황아는 안휘성(安徽省)의 곽산현(霍山縣), 대별산(大別山)의 오지인 상화가(上和街), 요가판(姚家販), 해현(該懸), 태화평(大化坪), 태양하(太陽河) 일대에서 생산되는 것으로[18] 가늘고 여린 찻잎을 무더기로 쌓아 황색을 만드는 공정을 거쳐서 완성되는 황차류에 속하는 최고의 명차로 유명하다.

---

[18] 김영숙 『중국의 차와 예』 불교춘추사(2006)

청나라 건륭(建隆) 41년(1776) 『곽산현지(霍山縣志)』의 기록을 보면 『서한사기(西韓史記)』에 곽산황아에 대해 기술되어 있고, 청나라 광서(光緖)시대 관산현지가 황제에게 곽산지역의 우전차를 공납했다는 기록도 있다. 당나라 진도옥(秦稻玉)이 지은 『채다가(茶茶歌)』에서는 황차를 칭송하였고, 설능재(薛能在)도 유상 공에게 감사의 인사로 천주(泉州 : 현재의 곽산) 차를 보내면서 곽산황아를 극찬한 내용이 있다. 이렇게 수백 년의 역사를 가진 명차는 생산이 중단되었다가 1971년에 곽산황아를 만드는 방법을 복원하여 다시 생산하고 있다.

현재는 안휘성의 금계오(金溪塢), 금산(金山), 상화가의 금죽평(金竹坪), 요가판의 오미첨(烏米尖)이 유명하며, 특히 금강대(金鋼臺)에서 생산되는 황차를 가장 좋은 품질의 차로 여긴다. 해발 800m의 금강대 지역은 항상 운무가 가득 피어오르고 일조량이 짧고 약하며, 온화하고 습한 기온으로 14~16℃를 유지하고, 연평균 강수량이 1300mm 이상이며, 토양은 약산성 황갈색 황토에 많은 야생동물들이 서식하고 있어 동물들이 배설한 분비물이 자연적인 퇴비를 만들어 주고 있다. 곽산황아는 해마다 곡우 3~5일전, 산의 날씨가 청명한 날을 선택하여 찻잎을 채집하여 차를 만들고 있다.

우려내는 방법은 한 잔이 약간 안 되는 75℃의 물에 1티스푼의 차를 넣고, 4분간 우려내는데, 특히 찻잎을 30~40초 동안 4회 정도 추출할 수 있다. 특성은 참새의 혀와 같다고 하여 '작설(雀舌)'이라고 하며, 백호가 많고 탕색은 밝고 맑은 녹색이 있는 황색을 띠며, 찻잔 안의 테두리에 황색의 선을 분명하게 볼 수 있는 것도 재미있다. 맛은 진하고 바디감이 있으며, 신선하고 순하면서 상쾌한 맛이 일품이다. 잘 익은 군밤향, 마신 후에도 입 안 가득 넘치는 맛, 그리고 우아한 단맛이 회감되는 묘한 기분에 매료된다.

🍃 몽정황아(蒙頂黃芽)

몽정황아는 사천성(四川省)의 명산현(名山縣) 몽산(蒙山)지역에서 생산되는 황아차로 중국의 오랜 역사와 전통을 지닌 차이며 당나라 때부터 널리 알려진 명차이다.[19] 몽정황아(蒙頂黃芽)는 중국 최초의 명차라고 하며, 중국인들 사이에서는 소위 '선차(仙茶)'라 불리고 있다. 몽산의 정상에 위치한 몽정산은 예로부터 천혜의 기후조건으로 차나무를 재배하기 좋은 여건을 갖고 있다.

당나라시대 이조(李肇)의 『국사보(國史補)』에서는 몽정차를 황차(黃茶) 중에서 가장 뛰어난 차라고 하였으며, 북송의 범진(梵鎭) '동제기사(東濟記史)', 송나라시대 '문언박(文彦博)' 에도 몽정차의 기록이 남아있다. 옛날에는 공물로 바치던 몽정차를 만들기 위해서 관원과 승려가 제사를 지낸 다음에 찻잎을 채집하였다고 한다.[20]

『다업통사(茶業通史)』의 기록을 보면 몽정황아의 역사는 '몽산에 차나무 심은 것이 재배차로는 중국 최초이다.'라고 서술되어 있다. 그 역사를 거슬러 올라가면 서한(西漢 : 기원전 206~50)시대 명산읍(名山邑)의 오리진(吳理眞)이라는 사람이 몽산 정상에 차나무 7그루를 심었는데 크기는 한 척 정도로 더 이상 자라지도 않아 '선차(仙茶)'라고 불렀다고 한다. 그리고 당나라 희종(僖宗)황제시절(중화中和 : 882~885) 황실에 공납하였던 전국 최고의 명차로 이름을 날려 중국에서 성행하였다.

몽정황아는 품질관리를 철저하게 하는데 찻잎을 채집할 때, 자주색 찻잎은 채집하지 않으며, 병충해와 찻잎에 상처난 것도 채집하지 않는다. 찻잎의 싹이 야위어 약하게

---

[19] 김영숙 『중국의 차와 예』 불교춘추사(2006)
[20] 정동효·윤백현·이영희 『차생활문화대전』 홍익재(2012)

보이는 것도 채집하지 않으며, 이슬이 있는 찻잎도 채집하지 않고, 싹의 속이 비워있는 것도 채집하지 않는 원칙을 고수하고 있다.

> 우려내는 방법은 한 잔이 약간 안 되는 75℃의 물에 1티스푼의 차를 넣고, 4분간 우려내는데, 특히 이 찻잎은 30~40초 동안 4회 정도 추출할 수 있다. 특징은 맑은 향기가 오랫동안 지속되고 그 맛은 달고 신선하며, 우려낸 차 빛은 황금색을 띤 녹색이며, 차의 외관은 잎 하나가 완전한 모양을 하고 있고, 고산차의 특징인 가는 바늘모양의 찻잎이 백호에 둘러싸여 있다. 찻잎은 길고 뻣뻣하며, 황금빛을 띠면서 맑고 깨끗하고, 꽃향기는 매혹적이며 오랫동안 지속되고, 차를 우려냈을 때 황색으로 맛은 약간 단맛이 많이 느껴지면서 깔끔하고 바디감이 있다.

홍차

정산소종(正山小種)

'홍차의 어머니'로 불리는 복건성의 소종홍차는 정산소종과 외산소종으로 구분한다. 정산소종은 복건성의 숭안현(崇安縣) 무이산(武夷山) 지역의 성촌향(星村鄉)과 동목촌(桐木村) 일대에서 생산되며, 성촌소종이나 동목관소종이라고도 부른다. 유럽에서는 랍상 소우총(Lapsang souchong)이라고 한다.

무이산의 최고봉인 해발 2,158m의 황강산(黃岡山) 봉우리 아래 동네가 동목촌이며, 400년 동안 전통적인 방법으로 정산소총을 만들고 있다. '정산(正山)'이라는 이름으로 알 수 있듯이 '고산지대에서 찻잎을 채집하여 만든 차'를 의미한다.

소종이라는 이름은 청나라 1717년 숭안현의 현령이었던 육정찬(陸廷燦)이 저술한 『속다경(續茶經)』에서 그 유래를 찾을 수 있다. '산에서 찻잎을 채집하여 만든 무이차는 암차(岩茶)라고 하며, 계곡주변에서 채취한 차는 주차(洲茶)라고 한다. 품질이 좋은 차

를 공부차(工夫茶)라고 하며, 공부차보다 품질이 좋은 것을 소종(小種)이라 하는데, 이는 차나무에서 이름을 따서 지은 것으로 한그루에 몇 양을 초과하지 못한다.' 고 하였다.[21]

정산소종에 백송으로 훈연한 역사는 청나라 초기로 거슬러 올라간다. 당시 병사들이 이 지역을 점령하였을 때, 마을 주민들이 찻잎은 채집하였으나 피신하느라 차를 제때에 만들지 못하고 방치하게 되었다. 병사들이 철수한 후에 찻잎을 보니 발효가 되어 냄새가 나기 시작하였고, 냄새를 없애기 위해 백송으로 찻잎을 말렸는데 찻잎에서 소나무 향이 나면서 외국인들에게 인기를 끌게 되었다고 한다.

최고급 홍차를 만들려는 노력은 2007년 금아(金芽)가 반짝이는 고품격의 홍차 금준미(金駿眉)를 탄생시켰고, 유럽에서 열광적인 환영을 받게 되었다. 최근 탄생한 홍차는 금준미, 은준미(銀駿眉), 동준미(銅駿眉)라는 상표를 달고 있다.

외산소종은 정화(政和), 탄양(坦洋), 북령(北嶺), 고전(古田), 사현(沙縣)에서 생산되는 차를 모방하여 정산품질의 소종홍차를 생산하였는데 이것을 인공소종(人工小種)이라고 한다. 인공소종 중에 저급의 공부홍차(工夫紅茶)를 연소종(烟小種), 가소종(假小種)이라고 한다.[22]

소종홍차 중, 정산소종의 상품과 엽저

어두운 주황색의 탕색을 보이는 정산소종은 특유의 송연향(松烟香)을 지니고 있으며, 이는 젖은 소나무를 태운 연기가 찻잎을 건조하는 과정에서 자연스럽게 스며 들어간 향이다. 따라서 기름지거나 짜고 자극적인 음식과의 조화가 환상적이며, 운동전후에 마시면 효과를 볼 수 있다.

---

21 김경우 『중국차의 이해』 월간 다도(2005)
22 김영숙 『중국의 차와 예』 불교춘추사(2006)

우려내는 방법은 한 컵이 약간 안 되는 95℃의 물에 1티스푼의 차를 넣고 약 5~7분간 우려낸다. 찻잎의 검은색이 빛나고 신선해보이며, 갈색부터 황갈색에 이른다. 탕의 색상은 진한 붉은색을 갖고 있으며, 매우 맑고 부드러운 촉감이 일품이다. 독특한 용안과일 향, 훈연한 향, 은은한 약초 향으로 입안에 오랫동안 잔향이 남아 단맛의 여운을 남긴다.

기문홍차(祁門紅茶)

기문홍차를 기홍공부차(祁紅工夫茶)라고도 하며, 영국 런던 국제 차시장에서 '왕자차(王子茶)' 또는 '차의 영웅호걸'로 불리는 '기문홍차'는 중국 전통공부홍차의 진품(珍品)이다. 100여 년이 넘는 역사를 자랑하며, 주요 생산지는 안휘성 황산(黃山)산맥 주변의 기문현(祁門縣)으로 인접한 석태(石台), 동지(東至), 이현(黟縣) 및 귀지(貴池)현 등에서도 소량 생산하고 있다.[23] 특히 황산모봉과 함께 중국 안휘성을 대표하는 차 중의 하나로 유명하다. 기문홍차는 국제적으로 인도의 '다즐링', 스리랑카의 '실론티'와 더불어 '세계 3대 홍차'이기도 하다.

역사를 거슬러 올라가면, 청나라 광서(光緖) 이전 기문에서 생산하는 녹차가 있었는데, 품질이 우수하고 제다법이 육안녹차(六安綠茶)와 비슷하여 '안록(安綠)'이라고 불렸다. 광서 원년(1875)에 이현(黟縣)의 여간신(余干臣)이란 사람이 복건의 관리직을 사퇴하고 귀향하여 장사를 하려고 지덕현(知德縣) 요도가(堯渡街)에 차창을 세우고 '민홍(閩紅)' 제법을 모방한 홍차를 만들었다. 그리고 1876년 여간신은 '지덕'에서 '기문'으로 이사를 와서 홍차제조공장을

[23] 박영환 「중국의 차 문화」 도서출판 문현(2013)

세계 3대 홍차는 인도의 '다즐링', 스리랑카의 '실론티', 중국의 '기문홍차' 이며 기문홍차는 운남홍차, 정산소종과 더불어 중국의 3대 홍차이기도 하다.

건립하고, 서로(西路)의 역구(歷口), 섬리(閃里) 등지에 차원을 건립하고 대량으로 생산과 더불어 차농가로부터 찻잎을 구매하였다.

또 다른 설을 보면 광서 원년과 2년(1876), 기문에서 홍차를 처음 제조한 사람은 남로(南路)의 귀계(貴溪)에서 차원을 운영한 호원룡(胡元龍)이라고 한다. 그는 황무지를 개간하여 차나무를 심고 녹차를 만들었으나 판매량이 부진하자 일순차창(日順茶廠)을 설립하고 홍차를 연구한 결과 품질 좋은 홍차를 만드는 데 성공하였다. 홍차 가격도 높고 판로가 좋아 동네 사람들도 서로 다투어 녹차 제조법을 개조하여 홍차를 만들기 시작하면서 기문일대에서 인기를 끌었고 '기문홍차'로 명성을 얻게 되었다.[24]

기문지역은 연중 200일 비가 내리고, 산간지역은 아침저녁으로 일교차가 커서 차나무 재배지로 적합한 천혜의 자연환경을 갖고 있다. 찻잎의 품질이 좋을 뿐만 아니라, 제다기법 또한 해가 갈수록 발전하여 기문홍차만의 독특한 개성과 특성을 살린 향기로 독보적인 위치를 확보하고 있다. 기문홍차는 당시 중국에서 이미 유명했던 복건

---

[24] 「불교저널」 박영환 칼럼 : 중국의 홍차(2014년 8월 5일)

성의 민홍(閩紅), 광동성의 영덕홍차(英德紅茶)와 비교해도 손색이 없을 정도였다. 기문홍차의 생산지는 점차적으로 기문과 지덕현 외에 인접한 귀지(貴池), 부량(浮梁) 지역까지 확대되었다.

> 우려내는 방법은 한 잔이 약간 안 되는 95℃의 물에 1티스푼의 차를 넣고 5~7분간 우려낸다. 외형으로는 찻잎에 '빛(光)' 있다고 하며, 차향은 짙고 오래가며 난꽃향, 사과향, 와인향, 벌꿀향 등의 기품이 있어 특별히 '기홍향'이라고 한다. 탕색은 맑고 투명하며 밝은 오렌지의 선홍색으로 맛은 순후하여 회감이 오랫동안 지속된다. 바디감은 분명하게 상쾌하고 떫은맛과 단맛의 혼합으로 매력을 더해준다. 엽저는 연하고 부드러우며 붉은 빛을 띤다.

운남공부홍차(雲南工夫紅茶)

운남에서 생산되는 공부홍차의 일종으로 전홍(滇紅)이라고 한다. 모두 운남 대엽종 찻잎으로 만든다. '전(滇)'은 운남성(雲南省)의 약칭으로 고대 중국서남부 지역 일대인 전지(滇池)에 살던 부족의 명칭에서 유래하였다. 운남은 사천과 더불어 세계 최초의 차나무 발원지이면서 그 유명한 차마고도(茶馬古道)의 시발점 중의 한 곳이다. 수백 년에서 천년 이상 된 야생 고차수들이 가장 많이 분포된 지역으로 유명하다.

중국대엽종 찻잎

전홍으로 유명한 지역은 란창강 주변의 임창(臨滄), 보산(保山), 사모(思茅), 서쌍판납(西雙版納), 덕굉(德宏), 홍하(紅河), 봉경(鳳慶), 운현(云縣), 쌍강(雙江), 창녕(昌寧)이며, 최근에는 이무지역의 괄풍채(刮風寨)에서도 만들고 있다.

전홍은 현재 운남의 보이차(普洱茶)와 더불어 운남을 대표하는 명차 중의 하나이긴 하지만 홍차의 역사는 보이차만큼 오래되지는 않았다. 맹해차장(勐海茶倉)은 1939년 '운남중국차엽무역주식회사(雲南中國茶叶易股份公司)'를 설립하고, 1941년에 순녕(順寧)과 불해(佛海 : 현재 맹해) 두 지역에 사람을 파견하여 홍차제조를 시도하였다. 그로부터 끊임없이 연구하고 실험한 홍차를 생산하게 되었다.[25]

영국의 황실과 귀족들에게 인기를 얻은 전홍은 고가에 판매가 되기도 하였으나 중국은 연이은 아편, 중일전쟁으로 인해, 생산이 잠시 소강상태를 보이기도 하였다. 그러다가 1950년 후반 다시 홍차를 생산하고 명성을 회복하여 현재 60년의 역사를 지니고 있다.

전홍은 전홍공부(滇紅工夫)와 전홍쇄차(滇紅碎茶)로 구분하는데, 전홍공부는 1939년 자르지 않고 만들어진 잎차를 말하며, 창이 크고 윤기 나는 흑색의 가장 품질 좋은 금호(金毫)가 있고, 전홍쇄차는 1950년 자르고 분쇄되어 생산되는 홍차를 말한다.

전홍공부의 최대 특징은 찻잎 자체에 녹용의 털(茸毫) 같은 솜털이 있다는 것이다. 담황(淡黃), 국황(菊黃), 금황(金黃) 등의 털색깔(毫色)로 종류를 구분하기도 하는데, 춘차를 담황(淡黃), 하차를 국황(菊黃), 추차를 금황(金黃)이라고 부른다. 예를 들어, 봉경, 운현, 창녕 등지의 공부차는 대부분 국황색을 많이 띠며, 맹해, 쌍강, 임창, 보문(普文) 등지의 공부차는 대부분 금황의 밝은 색을 띠고 있는 것이 특징이다.[26]

찻잎을 채집하여 만드는 계절에 따라 품질이 달라지며, 특히 춘차(春茶)는 하차(夏茶)나 추차(秋茶)보다 품질이 탁월하기 때문에 고

---

25 김영숙 『중국의 차와 예』 불교춘추사(2006)
26 『불교저널』 박영환 칼럼 : 중국의 홍차(2014년 8월 5일)

가로 판매된다. 같은 차나무 밭에서 생산된 홍차라도 춘차는 비교적 연하고, 담황색을 많이 띠며, 하차는 국황색을 많이 띠고, 추차는 유독 금황색을 많이 띤다.

우려내는 방법은 한 잔이 약간 안 되는 95℃의 물에 1티스푼의 차를 넣고 5~7분간 우려낸다. 외형을 자세히 보면 찻잎의 가닥이 새끼처럼 꼬여 있으며, 찻잎도 튼튼하고 웅장하게 느껴진다. 검은 빛깔의 윤택이 나며, 찻잎 뒷면에 금빛 솜털이 두드러져 있다. 풍부한 황금빛 꽃눈을 가진 검은 찻잎은 가벼운 후추 맛이 나며, 탕색은 곱고 밝다. 차향은 야생 꽃향으로 아주 산뜻하고 그윽함이 오래 간다. 맛은 농후하면서도 상쾌하여 자극성이 풍부하다. 그리고 찻잎을 우려내고 난 '엽저(葉底)'는 붉고 부드러우며, 밝은 빛깔이다.

구곡홍매(九曲紅梅)

중국 홍차의 하나로 절강성(浙江省) 항주(杭州) 서남부의 전당강(錢塘江) 주변에서 생산되는 공부홍차(工夫紅茶)의 일종으로 구곡오룡(九曲烏龍)이라고도 한다. 현재 절강성 항주 서호주변에서 만늘어지고 있으며 내홍산(大鴻山)이 최상의 차생산지로 떠오르고 있다.

역사적인 자료에 의하면 구곡홍매는 복건성(福建省) 북부 무이산(武夷山)의 구곡(九曲 : 아홉 번 굽어 도는 개울)에서 발원하였다고 하며, 차엽이 용(龍)과 같이 구부러져 있어 구곡오룡이란 별칭도 갖고 있다. 홍매(紅梅)라는 이름은 차의 탕색(湯色)이 우아한 홍매와 같은 홍색을 띠고 있어 붙여졌다고 한다.

약 100년의 역사를 지닌 구곡홍매의 생산지는 절강성 항주시 서호구(西湖區) 주포진(周浦鎭)의 호부(湖埠), 상보(上堡), 장여(張余), 풍가(馮家), 사정(社井), 상양(上陽), 하양(下陽), 인교(仁橋) 마을 주변이다. 산수가 수

려하고 자연경관과 생태환경이 잘 보존된 호부대오산(湖埠大塢山)의 홍차가 최상품이며, 곡우 전후 1창 2기의 찻잎을 채집하여 만든 차가 최상품이다.[27]

> 우려내는 방법은 한 잔이 약간 안 되는 95℃의 물에 1티스푼의 차를 넣고 5~7분간 우려낸다. 외형은 윤기 있는 검은빛이며 가늘고 단단하게 꼬인 찻잎이 말려 있으며 향기가 매우 높고, 탕색은 밝고 청량하며 짙은 붉은색을 띤다. 금빛 테두리가 인상적이며 맛은 순하고 깊은 향미로 상쾌하고 오랫동안 지속되고 자극성이 있다.

보이숙차(普洱熟茶)

보이차(普洱茶)는 중국말로 푸얼차(Puer Tea)라고 하며, 보이차라는 이름은 과거 차 생산지이자 집결지였던 운남지방에서 북경으로 차를 공납하기 위해 집하장 역할을 했던 '보이(普洱)'라는 지역의 이름에서 유래되었다. 보이차가 유명해지자 중국 정부는 2007년 4월 8일에 도시명도 아예 사모시(思茅市)에서 보이시(普洱市)로 변경했다. 중국 운남성 지역에서 티베트에 이르는 차마고도 지역의 소수민족들이 먹던 차의 일종으로 후 발효차에 속한다. 서쌍판납(西雙版納), 사모지구(思茅地區), 란창시(瀾滄市) 주변이 주산지이다. 오래전부터 운남성의 소수 민족들이 마시던 차로 천하게 여겼으나 청나라 옹정제 10년에 황실 진상품인 공차(貢茶)에 선정되면서 황제가 마시는 차가 되어 널리 세상에 빛을 보게 되었다. 탕색은 홍차에 가까운 검붉은 색이다. 향기는 마른 풀과 약간의 곰팡내가 혼합된 독특한 향으로 크게 생차와 숙차로 구분된다.

청나라 몰락 이후 보이차는 명맥을 유지하는 데 어려움이 많았으나 프랑스로 수출된 보이차 중 숙차의 효능이 1970년대 이후 연구논문을 통해 재조명 받으면서 화려하게 비상하였고 운남성뿐만 아니라 호남성 일대의 다른 흑차까지 새롭게 각광 받게 되었다.

---

[27] 김영숙 「중국의 차와 예」 불교춘추사(2006)

숙차는 쇄청모차를 고온고습한 환경에서 인공적으로 40~45일 동안 빠르게 발효시켜 만드는 것으로 일명 '악퇴발효 보이차'라고도 하며, 시중에 유통되는 보이차는 대부분 숙차라고 보면 된다. 보이숙차는 일반 녹차나 우롱차, 홍차와는 달리 떫은맛이 거의 없으며, 부드럽고 은은한 맛과 아름다운 루비색을 띤다. 보이숙차의 건조 찻잎은 밝은 검은색을 띠며, 발효를 거쳤기 때문에 묵은 듯한 외형으로 만지면 쉽게 바스러지는 특징이 있다. 지역에 따라 차이는 있지만 나무 향과 야금류 향에 더해진 축축한 왕골 향이 난다.

우려내는 방법은 다관의 1/3 정도로 보이차 찻잎을 채운 뒤 섭씨 95℃의 물로 1~2회 정도 세척한 후, 같은 온도로 5~7분간 우려내는 것이다. 보이숙차는 보통 5~10회 정도 우려낸다. 외형은 검은 찻잎들이 부패된 듯, 오래 묵은 느낌을 주지만 어두운 색에 어울리는 구릿빛이 맑고 밝은 편이다. 관목향에 축축한 나무향, 흰곰팡이의 이끼향, 사향, 젖은 부싯돌향. 볏짚향도 더해진다. 탕색은 홍차처럼 붉은 색을 띠며, 쓴맛은 거의 없고, 볏짚이나 흙, 미네랄 맛이 부드럽게 느껴지며, 회감이 돌아오면서 단향이 잔향으로 남는다.

보이차는 숙차와 생차로 구분하며 마른 풀과 약간의 곰팡내가 섞인 독특한 향을 발한다.

보이생차(普洱生茶)

보이생차는 중국 운남성에서 찻잎을 채집한 것으로 만든다. 중국 운남성에는 총 26개의 소수민족이 살고 있으며 오래전부터 차를 재배하고 마시고 있다. 보이차의 주요산지는 중국 운남성 서쌍판납(西雙版納), 사모지구(思茅地區), 란창강(瀾滄江) 유역이 중심지이다. 생차의 경우는 보통 고차수의 찻잎을 채집하여 많이 만들며, 대지차나무에서 찻잎을 채집하여 만든 병배차보다 가격도 고가에 판매된다.

운남성의 차나무들은 보통 수령 100년 이상 되었으며, 수령 300~500년 된 차산이 많아 유명하다. 특히 서쌍판납은 경홍시를 중심으로 구(古) 육대차산과 신(新) 육대차산으로 구별되며, 구 육대차산은 이무(易武)를 중심으로 만전(蠻磚), 혁등(革登), 망지(莽枝), 의방(倚邦), 유락(攸樂), 만사(曼撒)이며, 신 육대차산은 맹해를 중심으로 남나산(南糯山), 포랑(布朗), 맹송(勐宋), 파달(巴達), 남교(南嶠), 경매(景邁)이다. 보이시의 란창(瀾滄)지구, 임창(臨滄)지구의 빙도(冰島), 대설산(大雪山), 석귀(昔歸) 그리고 보산(保山) 지역 등도 유명하다.

지역별 특성을 보면 이무 지역은 청나라 당시 황실공납차를 생산하는 곳으로 지정되었으며, '꽃뱀이 사는 동네'로 알려져 있다. 다른 지역에 비해 여성스럽고 화려하고 우아한 향을 자랑하며, 야생기운이 적당하여 후 발효를 할수록 좋은 차이다. 황실공차로 만송(曼松) 보이차가 있으며, 정가채(丁家寨), 괄풍채(刮風寨), 낙수동(落水洞) 등도 유명하다.

맹해지역의 포랑산을 중심으로 만들어지는 보이차는 무척 쓰고 기운이 강하다. 차를 마시고 나면 쓴맛 뒤에 단맛이 올라오는데, 회감이 아주 독특하다. 포랑산의 마을 중 하나인 노반장(老班章)지역이 보이차의 대표 산지이며, 신반장(新班章), 남나산(南糯山), 맹송(勐宋) 등도 많이 알려져 있다.

보이시 란창지구의 경매산(景邁山)을 중심으로 생산되는 보이차는 부드럽고 은은한 향이 매력적이다. 야생기운은 이무산이나 포랑산에 비해 약간 부족한 편으로 바디감도 다소 떨어진다. 이 지역의 보이차 생산지는 경매(景邁), 방외(邦崴), 파채(帕寨) 등이다.

임창지구는 서쌍판납에서 약간 북서쪽에 위치하고 있다. 이 지역에서 생산되는 보이차는 부드러운 향과 감칠맛에 은은하면서도 시원한 맛을 주지만 너무 밋밋한 기운이 단점으로 느껴질 수 있다. 빙도 지역에는 최근 '임창의 노반장'이라고 하며, 맹고(勐庫), 대설산(大雪山), 석귀(昔歸) 등이 자리하고 있다.

보이차는 비가 오지 않는 청명한 날에 찻잎을 채취하여 위조, 살청, 유념, 쇄청을 하는데 운남성에서 나는 대엽종의 쇄청모차(曬靑毛茶 : 햇볕에 건조시킨 차)로 만들어야 한다. 자연적인 발효법으로 만들어지는 차이기 때문에 오래 묵을수록 풍미가 좋아지고, 쓴맛은 없어진다. 보이숙차의 건조 찻잎은 밝은 모양의 검은색을 띠며, 발효를 거쳐 묵은 듯한 외형, 만지면 쉽게 바스러지는 특징을 보인다. 지역에 따라 차이는 있지만 나무향과 야금류향에 축축한 왕골향이 더해져 난다.

> 우려내는 방법은 다관의 1/3 정도로 보이차 찻잎을 채운 뒤 섭씨 95℃의 물로 1회 정도 세척한 후, 같은 온도로 5~7분간 우려낸다. 고급 보이차는 일반적으로 5~10회까지 우려낸다. 외형은 밝은 빛의 검은색, 잎은 단단히 말려 있고, 새순은 굵고 솜털이 많아 눈에는 흰색으로 비친다. 탕색은 금황색으로 맑고 투명하며, 우린 잎은 황록색이 균일하게 보인다. 산야 기운이 강한 향은 산운이 뚜렷하며 잔의 향기가 오랫동안 지속되고, 난초향과 장향이 두드러진다. 맛은 쓰고 떫은맛이 강하고, 마신 후 단맛이 회감으로 돌아오는데 오랫동안 지속된다.

타이완

중국의 복건성(福建省) 남동부 해상에 위치한 섬나라 타이완(台湾 : 대만)에서 생산되는 차들도 중국차에 견줄만하다. 1590년 동방무역을 위해 대만을 방문한 포르투갈인에 의해 '아름다운 섬'이라는 뜻의 "포르모사(Formosa)"라는 이름이 붙었으며, 서양문물을 비교적 빨리 받아들여 근대화가 일찍 시작되었다. 청나라 212년간의 통치를 벗어나긴 하였으나 일본 최초의 해외 식민지가 되어 51년간 일제의 지배를 받았다. 1945년 제2차 세계대전이 끝나고 다시 중국에 복속되었으나 1949년 중국공산당과 내전(內戰)에서 패배한 국민당(國民黨)의 장개석(蔣介石)이 대만으로 이전하여 국민당의 지배체제가 유지되고 있다.

타이완의 차는 370년이 넘는 오랜 역사를 가지고 있다. 1645년에 대만 중남부 해발 800m 산에서 야생 차나무 *카멜리아 시넨시스 아사미카(Camellia sinensis var. assamica, 아삼대엽종)* 종이 발견되었고, 주민들이 찻잎으로 각기 차를 만들어 먹은 것이 제다 역사의 시작이라고 볼 수 있다. 그 뒤 1885년 록곡향(鹿谷鄕)의 임봉지(林鳳池)가 과거시험에 합격하여 기념품으로 중국 복건성(福建省) 무이산에서 연지오룽차(軟枝烏龍茶) 묘목 36그루를 갖고 들어와 재배하면서 타이완 차 산업의 초석을 마련하기도 하였다.

타이완은 1975년부터 찻잎의 잔류농약 검사를 철저하게 실시하고 있으며, 농약을 기준이상 초과 사용할 경우에 벌금은 물론 찻잎을 소각처리하고 있다. 마약 이를 어기고 농약을 기준이상 초과 사용한 것이 반복되면 바로 형을 집행할 정도로 철저하게 관리하고 있다. 타이완의 차밭을 들어가 보면 잡초가 무성하고, 차나무도 자연친화적으로 제멋대로 자라 키도 제각각이며, 차의 맛과 향도 독특한 개성을 갖게 된다. 타이완은 국토의 절반 이상이 해발 200m이상으로 차를 재배하기에 아주 좋은 지리적 특성을 갖고 있다. 기온이 13℃ 이하로 떨어지지 않으면서 28℃ 이상 올라가지 않는 지대이며, 옥산(玉山)의 경우는 정상이 해발 3952m로 신선하면서 습한 기후를 가지고 있기 때문에 고산차로 최고의 품질을 자랑한다.

차나무는 4월부터 12월 사이, 일 년에 다섯 번 새싹이 나며, 5월 말과 8월 중순에 찻잎을 채집한 것이 최상품의 품질이라고 한다. 거의 모든 타이완 차는 우롱차이며, 살짝 발효된 포종차(包種茶)도 함께 제조된다. 포종차의 대부분이 재스민 차 혹은 다른 향차를 만드는 기본으로 사용된다. 과거에는 주로 녹차와 홍차를 생산하였으며, 1980년 국내 차 생산량의 80%를 수출하였는데, 미국과 일본이 타이완 차의 주요소비국이었다. 그러나 최근에 모로코 등지의 중동지역에서 다량 수입하고 있다. 1991년부터 차의 수출량보다는 수입량이 앞서기 시작하였는데 대부분 중국 본토에서 생산된 다양한 차들이었다.

타이완의 대표적인 차산지는 남투현(南投縣), 대북현(臺北縣), 신죽현(新竹縣), 가의현(嘉義縣)이다. 남투현은 타이완 전체 생산량의 1/2 이상을 차지하며, 해발 500~800m에 위치하고 있다. 록곡향(鹿谷鄕)은 호수의 고장으로 동정오룡차가 탄생한 지역으로 유명하다. 또한 남서쪽 해발 1,800m에 있는 삼림계(杉林溪)는 고산차(高山茶)가 유명하며, 구슬 모양의 우롱차를 생산한다. 대북현은 타이완의 대표적인 녹차산지이며, 평범한 품질의 녹차를 만들지만, 남동쪽의 평림(評林)에서는 가벼운 산화를 거친 포종차(包種茶)를 생산한다. 신죽현은 북쪽에 위치하고 있으며, 해발 100~200m에서 찻잎을 채집하여 타이완 최초로 60% 이상 산화를 거친 차를 생산한다. 특히 동방미인(東方美人)으로 유명하며, 그 중 북포(北浦) 마을이 가장 많이 알려져 있다. 의현은 아리산(阿里山)을 끼고 있으며, 해발 1,000~1,500m에 위치하고 있어 고산차의 10%을 생산하고 있다. 그리고 대동(臺東), 도원(桃園) 등에서도 차를 생산한다.

타이완 차 중에서는 백호오룡(白毫烏龍 : 일명 동방미인)이 가장 유명하다. 동방미인 차에는 소녹엽선(小綠葉蟬 : Jacobiasca Formosana) 찻잎이 많이 블랜딩되어 있는데 벌레 먹은 찻잎을 사용하여 유기농법으로 재배한 증거를 보여주고 있다. 남투현 녹곡향 동정산 일대 산지에서 생산되는 우롱차 종류인 동정우롱차(東頂烏龍茶)는 세계적으로 품질을 인정받고 있다. 일설에 의하면 청나라시대에 유명했던 임봉지가 과거시험 합격기념품으로 복건성 무이산의 차나무를 가져와 심은 것이라 전해지고 있다. 타이완의 가장 좋은 차로 평가받고 있으며, 완두콩만한 크기로 단단하게 말려있으며, 살짝 발효된 포종차로써 부드러운 맛과 쓴맛을 보인다. 꽃향기, 치자나무향, 바닐라향이 매우 풍부하며, 오렌지 빛깔의 엷은 황색이 우러나온다. 우유 없이 특별한 행사에 많이 마시는데, 차를 우려내는 방법은 75℃ 물에 1티스푼의 차를 넣고 6~7분간 우려 마시는 것이 가장 맛있다.

포르모사 건파우더(福摩薩圓炒靑)

포르모사 건파우더(福摩薩圓炒靑 : 복마살 원초청) 차는 작고 동그랗게 잘 말린 녹색의 찻잎이 화약처럼 생겼다고 하여 '건파우더(Gunpowder)'라는 명칭이 붙었다. 작고 둥근 녹차 알갱이를 우려내면 엷은 녹색의 찻잎, 꽃향, 사과향, 캐러멜향을 느낄 수 있으며, 맑고 신선한 차를 마신 후에는 우유의 잔향이 오래 남는다. 민트를 넣어 향을 내기도 하지만, 그냥 마셔도 맛이 뛰어나며 오후에 마시기 아주 좋은 차이다. 차를 우려내는 방법은 75℃ 물에 1티스푼의 차를 넣고 6~7분간 우려 마시는 것이 가장 맛있다. 포르모사 그랜드 포종차(福摩薩大公國 包種茶 : 목마살대공국 포종차)는 타이완의 유명한 차 종류의 하나인 동정차(凍頂茶)와 견줄 수 있을 정도로 품질이 뛰어나다. 아주 살짝 발효된 차로 거의 녹차에 가까우며, 엷은 노란-황금색이 우러나오고, 부드러우면서도 약한 후추향, 복잡하고 신선한 장미향, 수선화향의 은은한 향이 일품이다. 신맛과 섬세한 떫은맛이 느껴지며, 하루 중 언제든 마실 수 있지만, 저녁에 순하게 마실 수 있는 차로 인기가 좋다.

포르모사 그레이트 우롱차(福摩薩烏龍茶)

봄철 솜털 난 어린 찻잎을 채집하여 만드는 포르모사 그레이트 우롱차(福摩薩烏龍茶 : 복마살 우롱차)는 아름다운 흑단색 진주형태 찻잎과 은은한 단맛, 아주 개성 있는 커피콩향, 건묵재향, 삼나무향, 자두향, 블랙베리향, 계피향을 갖고 있다. 우유 없이 마실 수 있을 정도로 부드럽다. 차를 우려내는 방법은 75℃ 물에 1티스푼의 차를 넣고 6~7분간 우려 마시는 것이 가장 맛있다.

타이완의 차 역시 차산지의 해발에 따라 품질이 달라지는데, 높은 곳에서 딴 찻잎으로 제조한 것을 고산차(高山茶)라고 한다. 고산차는 해발 1,000m이상의 차밭에서 찻잎을 채집한 것으로 제조한 차로 대표적인 산지는 아리산(阿里山), 옥산(玉山), 이산(梨

山), 여산(廬山), 삼림계(杉林溪) 등이다. 중앙산맥 일대에 있는 산들은 대부분 1,200~1,700m에 이르는 고산지대로 여기서 생산되는 차는 거의 고산차이다. 고산차는 동정차에 비해 크고 더 밝은 초록빛을 띤 구슬 모양의 찻잎으로 신선한 장미향, 바닐라향, 데이지향, 회향, 수선화향이 나며, 단맛에 바닐라향이 잔향으로 남는다. 일반적으로 고산지대는 강우량과 안개가 많아서 찻잎의 신진대사가 활발해지기 때문에 더 부드럽고 향이 뛰어나며, 깊은 맛을 음미할 수 있다.

백호오룡(白毫烏龍)

대만의 대표적인 청차로는 팽풍차(膨風茶), 동방미인(東方美人), 홍수오룡(紅水烏龍), 복수차(福壽茶 : 차를 마시면 복을 받고 장수한다는 의미), 향빈오룡(香檳烏龍)이 있는데 우리나라에서는 '동방미인(東方美人)'이 제일 많이 알려져 있다. 백호오룡은 대만의 신죽현(新竹縣) 관서(關西), 북포(北捕), 아미(峨尾), 횡산(橫山)과 죽동진(竹東鎭) 일대, 묘율(苗栗)의 두옥(頭屋), 두빈(頭份), 보산(寶山), 노전료(老田寮), 삼만(三滿) 일대, 그리고 도원용담(桃園龍潭) 등에서 생산된다.[28]

1창1기를 채집하는 동방미인의 찻잎은 아주 작으며, 소녹엽선(小綠葉蟬 : 현지인들은 '부진자(浮塵子)'라고 한다)이라는 벌레가 잎에서 줄기로 공급되는 수분을 쪽쪽 빨아먹어 찻잎이 잘 자라지 못한다. 대신에 벌레의 진액이 찻잎에 영향을 주어 상큼한 과일향이 난다. 농약을 사용할 수 없기 때문에 유기농법을 그대로 적용하며, 소록엽선이 가장 왕성하게 활동하는 매년 6월 10일~20일경에 찻잎을 채집한다. 그리고 이 차가 가장 품질이 좋으며 비싸게 팔린다. 일반적으로 타이완의 청차는 발효도가 낮은데, 동방미인은 거의 홍차 수준으로 발효(보통 70% 정도)를 한다.

---

28 김영숙 「중국의 차와 예」 불교춘추사(2006)

백호오룡은 팽풍차(膨風茶)라고도 불렸는데, '허풍 치다.' 혹은 '과장하여 부풀려 말한다.' 라는 뜻이다. 대만인들은 예로부터 중국 광동지방에서 이주해 살아왔으며, 객가인(客家人)이라고 불렀다. 당시는 춘차만을 판매했으나, 객가인 한 사람이 벌레 먹은 여름차를 본토에서 고가에 팔고 왔다고 자랑을 하고 다녔다. 처음엔 허풍이라고 무시했지만 결국 사람들이 벌레 먹은 차를 만들어 팔기 시작하면서 세상에 알려지기 시작했다. 그리고 영국의 빅토리아여왕(1819~1901)이 재임시절 백호오룡차를 즐겼는데, 차를 우릴 때 '하늘거리는 찻잎이 동방의 미인이 춤을 추는 것 같이 신비롭다.' 고 하여 동방미인이라는 애칭을 갖게 되었다고 한다.

우려내는 방법은 한 잔이 약간 안 되는 75℃의 물에 1티스푼의 차를 넣고, 4분간 우려내는데, 특히 이 찻잎은 30~40초 동안 4회 정도 추출할 수 있다. 특징을 보면 찻잎이 실하고 그 엽질도 도톰하고 곧고 풍만하다. 우려낸 찻잎이 퍼지면 선명하게 보이는데 금황색으로 온통 백호가 가득한 은백색으로 덮혀져 있다. 탕색은 밝은 등황색을 띠며, 맛은 부드럽고 신선하며 상쾌한 과일향, 바닐라향, 바다향기가 일품이다. 잡스러운 맛은 거의 없으며 풍미가 입안 가득 느껴지며 단맛이 오랫동안 지속된다.

동방미인은 유기농 차임을 보여주기 위해 벌레 먹은 찻잎을 사용한다.

한국

우리가 즐겨 마시는 녹차, 홍차, 보이차 등은 모두 어린 찻잎을 채집해 말려 살청하고 발효시키는 과정을 통해 완성된다. 세계적인 차의 원산지로 불리는 중국, 스리랑카, 인도, 일본에 못지않게 한국 녹차의 품질 수준 또한 최상을 자랑하고 있다. 우리나라도 최근 제주도에서 녹차뿐만 아니라 홍차, 말차(抹茶 : 가루녹차)를 생산하면서 중국과 일본에 도전장을 내밀고 있으며, 일본, 미국, 유럽 등에 수출도 하고 있어 그 품질을 인정받고 있다.

우리나라의 차나무는 소엽종으로 연평균 기온 약 10℃ 이상으로 온난하고 연평균 강수량 1,500mm이상인 다습한 지역에서 재배되고 있다. 우리나라는 4계절이 있고 대륙성 기후로 겨울에는 혹한과 일교차가 매우 커서, 차나무의 생육한계는 북방한계가 북위 약 33.35°이다. 우리나라의 차 재배지는 전라북도 김제, 옥구, 남원과 경상남도 함양, 밀양, 울산의 남쪽 지역 정도이며, 대부분의 차가 남쪽으로 경상남도와 전라남도, 그리고 제주도에서 생산되고 있다.[29]

---

[29] 『향토문화전자대전』 한국학중앙연구원(2008)

하동은 삼국사기(三國史記)에 의하면 '신라시대인 828년(흥덕왕 3년) 당나라에서 돌아온 사신 김대렴(金大廉)이 차 종자를 가지고 오자, 왕이 지리산에 심게 하였으며, 차는 신라 선덕여왕(632~647) 때부터 있었지만 이때에 이르러 성하였다.'고 기록되어 있다.

우리나라는 2014년 12월 19일 '한국 차 산업 발전 및 차 문화 진흥법(이하 차산업발전법)'이 국회를 통과하여 한국 차 산업 발전에 획기적인 전환을 가져올 것으로 보인다. 우리나라 녹차의 품질향상은 물론 국제 경쟁력 확보를 위한 연구·개발과 수출산업 기반이 조성돼 차 문화 정신을 계승·발전시킬 수 있는 기틀이 될 것이다.

하동 녹차

하동은 차나무의 시배지(始培地)로 천년을 이어온 차의 고향이자 성지로 일찍이 다성(茶聖) 초의 의순의 동다송에는 '…지리산 화개동에는 차나무가 사·오십리에 뻗어 자라고 있는데 우리나라에서 이보다 넓은 차밭은 없다…다경에 이르기를 차나무는 바위틈에서 자란 것이 으뜸인데 화개동 차밭은 모두 골짜기와 바위틈이다.'라는 구절도 있다.

하동은 지리산에 위치하고 있으며, 차의 시배지이면서 품질도 매우 좋으며, '야생차의 고장'이라는 명성을 가지고 있다. 우리나라 최고수령의 차나무는 수령 1000년으로 하동에서 발견되었다. 2002년 5월 7일자 국제신문의 기사를 보면 박남창 박사팀이 높이 41m, 나뭇가지 3m, 지름

경남 하동은 특히 녹차 재배에 유리한 기후조건과 토양을 갖고 있다.

이 15cm 이상을 초과하는 차나무를 발견하였고, 2002년 5월 25일에 한국 양명화 차나무 세미나에서 수령이 1000년이 넘는다고 발표하였다. 특히 녹차 재배에 유리한 기후조건과 토양을 갖고 있으며, 2006년 3월 8일 하동야생차산업특구로 지정되었고, 전국 차 생산량의 23%를 차지하고 있다.

하동은 지리산의 영산을 가슴에 안고, 섬진강의 젖줄로 생명을 불어넣으며, 일교차가 심하고 안개가 자욱한 산자락이 일조량을 조절하여 찻잎에 맛과 향을 더해주고 있다. 화개에서 쌍계사 가는 길에는 유난히 많은 차나무 밭의 아름다움을 몸소 체험할 수 있다. 특히 하동군 화개면 용강리에서 신흥마을까지 화개천을 끼고 이어지는 '십리 벚꽃 길' 은 '십리 차나무길(茶路)' 이라 해도 과언이 아닐 만큼 차나무 밭의 연속이다. 가파른 산비탈에는 어김없이 차나무가 자라고 있으며, 골골이 차나무 밭이 소박하고 아름다운 자태를 자랑하고 있다. 지리산 해발 200~1,500m 사이에 차나무 밭이 분포되어 있고, 토양은 유기부식토가 풍부한 사질토양이며, 연평균강수량은 1,538mm이고, 연평균 기온은 13.8℃로 차나무의 재배환경으로 매우 좋다.[30]

하동 차나무 재배지는 봄이 되면 노란 기운을 드리우며, 가늘고 여린 작설이 새순을 내밀고 있어 곡우(4월 20일)이전의 우전차 수확에 농민들의 손길이 분주하다. 그리고 하동 차나무 밭의 진수를 볼 수 있는 포인트는 쌍계사 1.7km 전방 신촌리 어귀 언덕을 꼽을 수 있으며, 170여개가 넘는 크고 작은 다원이 옹기종기 모여 있으며, 다원마다 맛은 비슷한 것 같지만 차나무 밭의 위치와 토양에 따라 개성이 다르게 나타나고, 차나무의 개성들은 차인들의 손에 의해서 최고 품질의 녹차로 탄생되고 있다.

하동에 너무 많은 다원을 다 소개할 수가 없어 몇 개의 다원을 소개하는 것이 아쉽다. '명품다원' 은 우리나라 최고의 수령 1000년의 고차수로 만든 녹차로 세계적 명품차로 거듭나고 있으며, '도심다원' 은 수제차만을 고집하여 전통성을 지키는 천년세월 차의 보고로 평가 받고 있으며, '명인다원' 은 녹차의 향과 기를 얻어야 다인이

---

[30] 이진수 『한국의 명차를 찾아서(하동)』 이른아침(2011)

라고 고집하는 녹차장인으로 3대째 국가에서 지정한 녹차명인으로 대대로 전통 수제차를 만들고 명가를 계승하고 있으며, '삼태다원'은 자연의 차를 과학적인 제다방법으로 재현하여 각종 차 품평대회에서 수상하고 있으며, '쌍계제다'는 하동의 차문화 지킴이자 우전차의 명인으로 추앙받은 한국 최고의 수제녹차를 만들어 2002년 국제명차품평대회에서 최고상을 받아 자타가 공인하고 있으며, '한밭제다'는 초대 하동차영농조합 대표를 역임하고 한평생동안 하동지역 차산업에만 인생을 바쳐왔으며, 이제는 하동의 녹차 상품을 품질로 승부하여 각광을 받고 있고, '수연제다'는 새롭게 부상하는 하동 녹차의 신데렐라로 각광을 받고 있다.[31] 현재 하동지역에는 170여개의 다원이 있다.

하동의 녹차를 우려내는 방법은 한 잔이 약간 안 되는 70~80℃의 물에 2티스푼의 차를 넣고 2~3분간 우려낸다.

하동 녹차는 탕색이 연한 홍색을 띤 노란 색으로 맑고 밝으며, 마셔보면 자연의 숨결이 느껴지며, 봄꽃 향과 과일의 풍미가 있고, 신선하고 상쾌한 맛이 입안 가득하며, 마신 후에 진하고 구수한 맛이 매력적이다. 또한 오랫동안 여운의 깊이를 느낄 수 있고, 색향미가 뛰어난 차로 오랫동안 옆에 누고 마시고 싶은 차이다.

보성 녹차

보성은 한국에서 가장 차나무를 많이 재배하는 지역으로 동국여지승람(東國輿地勝覽)이나 세종실록지리지(世宗實錄地理志)등의 문헌에 차나무의 자생지로 기록되어 있다. 국내 차나무 재배지의 대명사격으로 역시 한국의 녹차하면 전남 보성을 최고로 알아주고 있다. 예로부터 보성은 야생차가 많았으며, 광복 이후 산비탈을 개간하여 차나

---

[31] 이진수 『한국의 명차를 찾아서(하동)』 이른아침(2011)

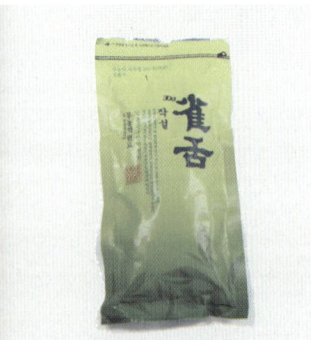

보성 녹차

무 밭을 조성하여 이제는 전국 차 생산량의 40%를 차지할 만큼 녹차 주산지가 되었다.

보성읍에서 국도 18번을 타고 율포해수욕장 방면으로 8km쯤 가다보면 봇재에 이른다. 발아래 굽이굽이 펼쳐지는 차나무 밭이 득량만(得粮灣)의 싱그러운 바다를 아우르며 온 산을 뒤덮는 형상이 차인들의 마음을 녹여 낸다. 봇재에 못 미쳐 보성 차나무 밭의 원조 격인 '대한다원'은 활성산 중턱 비탈에 조성돼 있다. 1985년부터 5월이면 보성다향제가 열리는데, 다신제, 찻잎 따기, 차 만들기, 차 아가씨 선발대회 등의 행사를 개최하고 있다.

보성은 산, 바다, 호수의 3경이 어우러지고 자연환경이 훼손되지 않은 무공해 청정지역으로 이름 그대로 보배로운 터전이며, 존재산과 일림산의 해발 400~800m에 위치하여 청청한 산의 정기를 받고 일교차가 심해 차나무 재배지로 좋은 환경을 갖고 있다. 그리고 보성강의 젖줄이 생명을 불어 넣어주며, 대륙성 기후로 온난하여 안개로 인한 자연 차광으로 녹차의 맛과 향이 뛰어나고, 연 평균 강수량이 1,600mm이며, 연 평균 기온이 13.4℃이고[32], 맥반석 토양으로 최적의 자연환경이 차나무 재배에 적합해 보성녹차의 맛은 세계적인 수준으로 인정받고 있다. 특히 보성농협에서는 농약이 검출되지 않는 농가에서만 찻잎을 수매하는 등 친환경적으로 제품을 생산하는 데 최우선을 두고 있다.[33]

보성에 너무 많은 다원을 다 소개할 수가 없어 몇 개의 다원을 소개하는 것이 아쉽다. '대한다업' 은 국내 유일의 녹차관광농원을 개장하여 차 애호가들을 가슴을 설레게 하고, 영화(선물, 목포는 항구다), 드라마(여름향기, 하노이의 신부),

---

[32] 이진수 『한국의 명차를 찾아서(하동)』 이른아침(2011)
[33] 정동효·윤백현·이영희 『차생활문화대전』 홍익재(2012)

보성 차나무 밭

CF(SK텔레콤 수녀와 바구니)의 단골무대로 많이 알려져 있으며, '반야다원'은 절에서 불공을 드리는 스님들이 손수 녹차를 만들고, 초의 의순의 제다법과 육우의 「다경」에 나오는 제다비법을 재현하여 유명해지고 있으며, '보성녹차서다원'은 산과 물의 조화로 힐링과 웰빙을 불어 넣어주고 중국의 명차보다 더 좋은 품질의 녹차를 만들어 한국 녹차의 위상을 높이고 있으며, '보향 다원'은 구름도 쉬어가는 아름답고 우아한 자연 그대로를 차속에 담아 차 마니아들의 마음을 설레게 하며, '붓재 다원'은 녹차의 맛과 품질도 좋지만 특히 크리스마스이브나 연말이 되면 차나무 밭에 특별한 야간조명으로 관광객의 마음을 사로잡는 매력이 있는 다원이며, '보향다원'은 5대째 녹차를 만들고 차나무에 금가루 물을 뿌려 녹차를 금빛으로 물들여 금차(gold tea)로 역발상 마케팅으로 승화시켜 고품격 고가격으로 차 마니아를 사로잡고 있으며, '신옥로제다원'은 차 가격이 너무 착하고 저렴하며, 가격대비 품질 가치가 높은 녹차로 차의 대중화를 리드하고 있으며, '은곡다원'은 보성에 꼭꼭 숨어 있는 계단식 밭골에서 선조들이 전수한 전통기법으로 녹차를 만들고, 떼루아를 차 품질에 접목시키고 있으며, '춘파다원'은 전남대 박근형교수 부부가 품질보증, 안전, 청정한 친환경 녹차를 손수 만들면서 유명해졌다.[34] 현재 보성에는 92개 이상의 다원들이 있다.

[34] 이진수 『한국의 명차를 찾아서(하동)』 이른아침(2011)

보성의 녹차를 우려내는 방법은 한 잔이 약간 안 되는 70~80℃의 물에 2티스푼의 차를 넣고 2~3분간 우려낸다.

보성의 녹차는 탕색이 연초록을 띤 노란 색으로 맑고 밝으며, 마셔보면 진한 열대 꽃향과 과일의 풍미가 있으며, 마신 후에 구수한 맛이 매력적이며, 오랫동안 여운도 있고, 부드럽고 상쾌한 느낌을 주고 바디감이 중간정도로 명품차로 손색이 없다.

제주 녹차 · 홍차

제주도 하면 떠오르는 것이 돌, 바람, 여자이지만 최근에 제주도 하면 떠오르는 것이 하나 더 있는데 제주 녹차라고 한다. 제주시에서 자동차로 97번 도로를 가다보면 눈 덮힌 한라산 정상 봉우리의 아름다움에 넋을 잃고, 아열대 지방에서 볼 수 있는 수목은 청정한 모습으로 마음을 안정시킨다. 성읍의 구릉지에 들어서면 끝없이 펼쳐지는 차나무 밭, 서귀포의 바다내음을 듬뿍 만끽하고 돌아서면 아름다운 한 폭의 그림 같은 차나무 밭이 반겨주는 곳이 제주이다. 제주 차나무 밭은 원래 사람의 손이 닿지 않는 척박한 땅이었지만 35년의 세월 속에서 자연 친화적인 차나무 산지로 바꾸게 된 것이 제주도의 기업형 오설록의 서광다원과 민간인이 최초로 차나무를 심고 차나무 재배의 역사를 쓴 송낭다원의 노력 덕분이다.

제주도는 삼다원녹차영농조합법인 대표이며, 송낭다원을 운영하고 있는 김춘택 사장이 1998년에 차나무 묘목을 제주도에 심고, 2000년에 차나무를 산에다 재배하면서 제주도 녹차의 역사가 시작되었다. 제주도는 1965년부터 감귤 농사를 장려하였으나 감귤의 생산량이 과잉되면서 감귤의 가격이 현저하게 하락하게 되었고, 그 결과 제주도에서는 2001

년부터 그 대안으로 감귤 밭의 귤나무를 벌목하고 차나무로 대체하는 것을 적극 장려하였다. 그러나 대부분의 감귤 농가에서는 제주도의 차나무 재배 장려정책에 동조하지 않았지만 몇 농가에서 2005년부터 전격적으로 감귤 밭을 차나무 밭으로 탈바꿈하면서 기반을 조성하게 되었다.

제주도의 차나무는 연평균 14℃이상의 기온과 높은 일조량, 그늘진 기후, 연간 1600mm 이상의 많은 강우량, 배수가 원활해 최적의 재배지로 인정받고 있다. 특히 제주도 이른아침의 차나무 밭은 보성·하동 차나무 재배단지와 자연 환경이 다르게 일교차가 심하고 천혜의 자연적인 환경에 영향을 받고 있다. 화산섬인 제주도의 토양은 차나무가 자라는 데 꼭 필요한 유기물질이 충분하고, 물이 잘 투과되는 현무암과 깨끗한 화산 임만수 덕분에 계단식이 아닌 드넓은 평지에 재배되고 있는 특성을 갖고 있다.

제주도가 보성·하동 차재배지와 다른 점은 단일 품종의 차나무가 아닌 다양한 차나무 품종(야마노이브기, 야기부다 등)을 재배하여 다양한 차를 만들고 있다는 것이다. 천혜의 청정지역의 차나무 밭들은 제주도의 깨끗하고 청정한 자연 그대로를 가슴에 품고 있다.

제주도에 많은 다원을 다 소개할 수가 없어 몇 개의 다원을 소개하는 것이 아쉽다. '송낭다원'은 2012년 중국 항저우 저장수인대학(浙江樹人大學)에서 개최한 국제명차품평대회에서 '송천금설 명차'라는 대상과 함께 금상에 선정되어 한국의 녹차를 국제적으로 알리게 된 제주 1호 녹차를 제조하고 있으며, '서광다원'은 16만평의 드넓은 차밭에 100만 그루의 차나무가 지평선을 이룰 만큼 펼쳐져 있어, 사계절 싱싱함이 넘쳐흐르는 공간

제주 녹차

을 체험할 수 있는 기업형 브랜드 오설록이 있으며, '서귀다원'은 우리나라 최남단에 위치하고 있는 다원으로 해마다 가장 먼저 첫물 찻잎을 채집하고 있다. 특히 자연에 순응하면서 땅의 힘을 믿고 자연그대로를 찻잎에 고스란히 담아 친환경 유기농 수제 녹차의 대명사로 이름이 알려져 있으며, 한라산을 뒷동산처럼 갖고 있는 한 폭의 그림 같은 다원으로 관광객이 많이 찾은 명소이며, '오늘은 다원'은 한국차생산연합회 임광석 회장이 운영하고 있는 다원으로 8만평의 대농장에 천혜의 자연환경을 그대로 찻잎에 담고 있으며, 차별적 기술로는 유럽 유기농 인증을 받고 다양한 종류의 녹차, 홍차, 말차를 제조하고 있다. 또한 2012년 중국 항주에서 세계차연합회 주최로 열린 국제명차대회에서 녹차부문 금상을 받았으며, '제주다원'은 정신과 육신이 정화된 듯한 좋은 명소로 차 한 잔의 넉넉함이 있고 녹차의 품질이 뛰어나다는 평을 듣고 있다. 제주도에는 약 30여개의 다원이 있다.

제주의 녹차를 우려내는 방법은 한 잔이 약간 안 되는 70~80℃의 물에 2티스푼의 차를 넣고 2~3분간 우려낸다.

제주 녹차는 탕색이 연한 노란색으로 우아하게 피어나고 맑고 밝으며, 섬세하고 깊은 맛이 품격을 더해주고, 마셔보면 하늘하늘 부드럽고 연하면서 구수한 맛이 매력적이다. 또한 깊은 맛이 구강촉감을 압도하고, 상쾌하고 기분 좋은 열대과실의 단맛과 고소한 맛이 입안에 맴돌고 오랫동안 여운이 있으며, 정갈한 맛 때문에 오래오래 기억하게 되고 왜 명품차인가를 쉽게 알 수 있게 된다.

밀양 녹차

하동은 우리나라 최고수령의 차나무가 있지만 밀양에는 2번째로 오래된 차나무가 다원 혜산서원에 있다. 밀양은 차재배지로 유리한 기후조건과 토양을 갖고 있으며, 특히 일조량이 많아 다른 지역과 차별화된 맛을 갖고 있다. 옛 엄광사 주위에 야생차도 자생하고, 옛날 임금님께 진상되었다는 기록이 있으나 보성, 하동, 제주 지역에 밀려 겨우 명맥만 유지하고 있다.

일본

일본의 차 산업은 9세기 초 일본 혼슈(本州) 교토부(京都府)에 있는 우지(宇治)지역에 전래된 이후, 1200년 동안 독자적인 차 문화와 제조기술을 발전시켜왔다. 일본의 차 문화는 정치, 문화, 종교뿐만 아니라 일상생활에까지 큰 영향을 주었으며 '파도치는 녹차나무의 부드러운 물결'이라고 할 만큼 오직 녹차만 생산하고 있다.

일본의 차나무 재배지는 따듯한 기후에 비가 많이 오며, 연평균 기온 13℃, 연강수량 1,500mm 이상으로 남쪽지역에 있으며, 야산 경사지 60%가 거의 다원이다. 차산지는 대부분 짙은 안개와 이슬로 습한 언덕으로 강이나 시내 혹은 호수근처에 자리하고 있다. 찻잎의 채집은 4월 말에 시작되며, 전동이발기와 같은 자동가위를 이용하거나 손으로 직접 채집한다. 이후 공장으로 옮겨져 차의 유형에 따라 여러 가지 공정처리단계를 거쳐 다양한 차가 생산된다.

특히 우지(宇治)지역에서 채집되고 만들어진 차들이 본차(本茶)로 불리면서 지금까지도 일본에서 가장 품질 좋은 차로 여겨지고 있다. 2차 세계대전 이후에 차 재배는 더욱 확장되었고, 주요 녹차생산지는 현재 시즈오카(靜岡), 가고시마(鹿兒島市), 미에현

(三重縣), 나라(奈良), 교토(京都), 사가현(佐賀縣), 후쿠오카(福岡), 사이타마현(山埼玉縣)이며, 특히 아이치현(愛知縣)의 니시오(西尾)지역은 말차(抹茶) 생산으로 유명하다.

시즈오카현은 세계의 차재배지 중 가장 북쪽에 위치하고 있는데, 매우 혹한 기후조건으로 겨울철에는 차나무를 보호해야 한다. 교토는 일본 차 생산의 3%를 차지하고 있는 작은 차산지이지만 일본 차의 발원지로 남서부의 우지(宇治)마을이 최고 품질의 차를 제조하고 있다. 가고시마현은 일본에서 두 번째로 차생산량이 많으며, 녹차를 포함하여 전체 22%를 차지하고 있다. 규슈지역은 일본 차생산량의 10%를 차지하고 있으며, 교쿠로차(玉露茶 : 옥로차) 생산으로 명성이 높다.

교쿠로차(玉露茶)

교쿠로차(玉露茶 : 옥로차)는 최상급의 차를 생산하기 위해 5월 초부터 약 20일 동안 차나무의 90%를 그늘진 차광막 속에서 재배한다. 새로운 싹이 나오기 시작하면 전체 농장은 교쿠로차 생산에 주력하여 대나무나 갈대로 만든 멍석 또는 덮개로 덮는다. 차광막으로 빛을 차단하면 작은 찻잎들 속의 클로로필(chlorophyll : 엽록소) 함유량이 많아지면서 보통 더 짙은 녹색을 띠게 된다. 타닌성분 또한 줄어들기 때문에 맛이 더욱 달콤하면서 부드러워진다. 찻잎의 채집이 시작되면 수작업이나 전동가위로 가장 부드럽고 싱싱한 잎만 조심스럽게 채집한다. 그리고 곧장 공장으로 보내져 향미를 보유시키고 발효를 억제하기 위해서 약 30초간 증기를 쐰다. 그 다음 뜨거운 공기로 부풀리게 한 후에 압축시킨다. 다음으로 본래 수분함량의 30%만 남아 있을 때까지 건조시킨다. 반복하여 유념작업을 하면 찻잎은

4월 말, 찻잎을 채집할 때는 자동이발기 같은 자동가위를 이용하기도 한다.
(사진 : 일본 시즈오카시 제공)

짙은 녹색의 바늘 같은 모양을 갖추게 된다. 다음으로 식물 줄기나 오래된 잎을 제거하는 작업을 한 후에 다시 한 번 건조시킨다.[35]

교쿠로차(玉露茶 : 옥로차)는 일본 녹차 중에서 최고급품으로 손님을 접대할 때 항상 애용된다. 차의 품질에 따라서 물의 온도와 우려내는 시간을 잘 맞추어야 한다. 일본의 차 중에서 가장 품질이 뛰어나며, 빛나는 암녹색의 긴 찻잎은 아름답고 편평하며 에메랄드빛의 날카로운 바늘모양이다. 비단 같은 감촉, 가볍고 부드러운 감칠맛과 매우 섬세한 우유, 호박, 버터향, 장미향, 고동향, 식물향 등으로 신선하고 미묘한 향기를 낸다. 매우 잘 정제된 특별한 차로 유명하다.

우려내는 방법은 끓여 50~60℃ 사이로 식힌 물에 4티스푼의 차를 넣는다. 1분 30초에서 2분간 찻잎을 담가 둔다. 그리고 물을 좀 더 부어서 잘 우려낸다. 매우 특별한 행사가 있을 때 마시거나 식후에 마신다. 기분전환, 마음의 정화, 원기회복을 위해서 언제든지 마실 수 있다.

텐차(甛茶)

텐차(甛茶 : 첨차)는 아주 잘게 잘라서 만들며, 맛차(抹茶 : 말차로 가루차)를 생산할 때와 같이 차나무를 90%까지 차광막 그늘 아래서 키운다. 교쿠로차를 위해 수확한 것보다 더 큰 잎은 모아서 찌고 동일방식으로 원상태의 모양을 유지하기 위해 유념하지 않고 건조시킨 후에 아주 작은 조각으로 자른다. 가루 녹차는 아주 단시간 동안(겨울에는 4주, 여름에는 2주)만 보존되기 때문에 찻잎은 텐차(甛茶)로 저장한다. 텐차는 가루차로 만들어질 때까지 잘 보존시켜야 한다. 말차는 전통 다도식에 마시는 차이며, 잘게 잘라진 텐차는 고운 가루로 만들기 위해서 돌 맷돌을 이용해서 곱게 분쇄한다. 교

---

[35] 제인 피티그루 『세계의 명품차 TEA』 세경(2009)

일본의 말차(抹茶 : 가루차)는 차광막 그늘 아래 키운 차나무 찻잎을 채집하여 갈아 만든다.
(사진 : 일본 시미즈 제공)

쿠로차와 텐차는 일 년에 단 한번만 채집하는데 이것은 차광으로 인해 차나무의 에너지가 모두 소모되므로 다시 회복할 시간이 필요하기 때문이다.[36]

우려내는 방법은 깊은 볼 안에 넉넉하게 1/2티스푼의 차를 넣고 끓인 물을 85℃로 식혀 다시 볼안에 넣은 후에 30~40초간 차선(茶禪 : 대나무로 만들어 말차를 젓는 데 사용하는 도구)으로 잘 저어준다.

센차(煎茶)

센차(煎茶 : 전차)는 일본에서 가장 대중적인 차로 일본 녹차의 약 80%를 차지한다. 센차는 다양한 품질로 제조되는데 가장 좋은 품질은 특별한 행사 때만 마시며, 보통 품질의 차는 가정 또는 직장에서 매일 끓여 마신다. 차나무는 햇볕이 잘 쬐는 곳에서 자라며, 첫 수확은 4월 말에서 5월 중순까지 채집한다. 대부분 기계가위 수확이나 기계채집을 하지만, 좋은 품질의 센차는 수작업으로 채집한다. 어떤 곳에서는 4일마다 한 번씩 찻잎을 따서 일 년에 4번 채집한다. 첫물 차와 두물 차가 품질이 가장 좋다. 첫물 차는 매우 부드러운 맛을 내는 반면 두물 차는 강한 일광으로 인해, 맛과 향이 강하고 타닌을 더 많이 포함하고 있다. 찻잎은 교쿠로차나 텐차와 같은 방식으로 생산되며, 증기로 찐 후에는 뜨거운 공기로 부풀린 다음 건조시키고, 가느다란 바늘모양으로 유념한다.[37]

[36] 제인 피티그루 『세계의 명품차 TEA』세경(2009)
[37] 제인 피티그루 『세계의 명품차 TEA』세경(2009)

센차(煎茶)는 다양한 종류와 품질 그리고 가격대로 만들어지고 판매된다. 보통품질의 센차는 매일 마셔도 되는 차로써 일반적으로 가정이나 사무실에서 주로 많이 마신다. 암녹색의 커다란 찻잎이 말린 평평한 바늘 모양이며, 신선한 식물향과 바다향이 절묘하게 조화를 이룬다. 약간의 쓴맛, 호박, 시금치, 허브향, 감귤향 등이 있다. 상징적인 맑은 발포성 추출액은 섬세한 일본 풍미를 나타내며 비타민C가 풍부하다.

우려내는 방법은 끓여 90℃로 식힌 물 1¾컵에 4티스푼의 차를 넣는다. 1분에서 1분 30초간 찻잎을 우린다. 서비스 전에 찻잔 또는 볼을 뜨거운 물로 따스하게 데운다. 식사 중 또는 디저트용으로 마시면 아주 기분이 좋아진다.

반차(番茶)

반차(番茶 : 번차)는 '늦수확'이란 의미를 지니고 있으며 줄기와 붉은 잎자루를 포함한 크고 단단한 찻잎으로부터 만들어진다. 향미가 약하기 때문에, 어린이가 마시는 차로 적합하다. 거친 찻잎은 카페인과 타닌을 거의 포함하지 않고 있으며 향기로운 풍미도 거의 들어있지 않다.

반차(番茶)는 센차에서 가장 품질이 낮은 차로써, 찻잎은 크고 거칠며, 섬유질이 많다. 센차를 만들기 위해 어리고 부드러운 찻잎을 채집한 다음에 여름이 되면 반차에 이용될 찻잎을 채집한다. 제조과정은 센차와 같으며, 잎뿐만 아니라 잎자루와 줄기까지도 사용한다. 반차를 볶으면 호우지차(焙じ茶)가 되는데 볶기는 보통 찌기, 널기, 건조, 비비기 이후 시행하며, 찻잎이 쐐기 모양이 되면 모든 과정이 종료된다.

우려내는 방법은 95~100℃로 끓인 물 2¾컵에 6티스푼의 차를 넣고, 30초간 찻잎을 우려낸다. 식사와 함께 또는 여름철 시원한 청량음료로 마시면 기분전환이 된다.

사진 : 일본 시즈오카시 제공

호우지차(焙じ茶)

호우지차(焙じ茶)는 1920년대 오래된 찻잎의 잔여 재고품을 가지고 무엇을 해야 할지 모르는 교토의 어느 상인에 의해 발명되었다. 찻잎을 로스팅하고 새로운 풍미의 차를 탄생시켰다.[38] 밝은 갈색으로 로스팅된 찻잎은 청동 빛깔의 찻물을 우려낸다. 수분이 많으며, 약간의 단맛, 블랙베리향, 건조된 목재향, 바닐라향, 바다 냄새, 식물향을 느낄 수 있으며, 토스향이 오랜 여운을 남긴다. 특히 호우지차는 위장에 좋은 차로 정평 나있다.

우려내는 방법은 95~100℃로 끓인 물 2⅔컵에 6티스푼의 차를 넣고, 30초간 찻잎을 우린다. 부담 없는 차로 식사와 함께 또는 편안한 취침을 위해 많이 마신다.

---

[38] 제인 피티그루 『세계의 명품차 TEA』 세경(2009)

맛차(抹茶)

찻잎을 분말로 분쇄하여 만든 차로 '가루녹차'라고 한다. 중국 송나라시대의 점다법을 일본에서 발전시켰다. 맛차는 버리는 부위가 없고 차의 불용성 영양소, 섬유질을 섭취 가능하고 간편한 장점이 있다.

맛차(抹茶 : 말차)는 차선으로 뜨거운 물속의 차 분말을 젓는데, 차의 용해와 풍미를 강화시키고, 거품을 일게 하는 데 도움을 준다. 최고품질의 맛차는 교토의 우지 지방에서 제조한 맛차 우지차(抹茶宇治茶)이다. 맛차를 만들기 위해서는 차광막 그늘 아래서 90% 자란 찻잎을 채집한 후 건조시킨 분말차로 풍부하고 수렴된 맛의 옥색 추출액을 제공한다. 아름다운 옥색 가루, 진한 암녹색의 탁한 빛깔, 물미나리향, 시금치향, 해초향이 느껴진다. 쓴맛이 강하긴 하지만 식물향이 입안에 오랜 여운을 남긴다.

> 우려내는 방법은 깊은 차 사발 안에 ½티스푼의 차를 넣은 후, 끓여 85℃로 식힌 8티스푼의 물을 다시 차 사발 안에 부은 후 30초 동안 대나무 막대기로 젓는다. 하루 중 언제 마셔도 적합한 영양이 있는 음료이다.

겐마이차(玄米茶)

겐마이차(玄米茶 : 현미차)의 현미 낟알과 볶은 옥수수는 반차에 풍부한 향미를 더한다. 또한 겐마이차(玄米茶)는 끓여서 말린 후에 튀긴 쌀과 반차를 섞은 현미차도 있다. 약간 거친 찻잎과 구운 현미로 밝은 갈색의 청량음료로 추출되며, 중간 품질의 차로 가볍고 약간의 떫은 촉감과 감칠맛이 있다. 해초향, 호박향, 너트향, 마른 과일향의 향긋한 풍미를 제공하고, 스모크향이 오랜 여운으로 남는다.

> 우려내는 방법은 95℃로 끓인 1잔이 채 안 되는 물에 1⅓티스푼의 차를 넣고, 1분간 찻잎을 우린다. 하루 중 언제 마셔도 편하고 특히 가벼운 음식과 함께 하면 더욱 좋은 차이다.

끝으로 특별한 일본 녹차를 소개하면, 일본에서 생산되는 녹차 중에는 매우 특별한 두 종류의 녹차가 있다. 칸마이리차-타마 요쿠차(玉綠茶)는 산화를 막기 위해서 찻잎을 팬에 구운 후에 건조시키고, 손으로 유념하여 작은 공 모양으로 만드는데, 옛날 중국 제다방식으로 생산된다. 메차(芽茶 : 아차)는 교쿠로와 센차의 정제과정동안 선별된 어린잎으로 만들어진다. 아주 작은 크기로 비벼서 우려 낸 찻물은 강하다.

인도네시아

대평양의 남중국해에 위치하고 있는 인도네시아는 말레이시아에서 파푸아뉴기니까지 섬으로 연결된 나라이다. 식민지시대였던 1600년에 네덜란드인이 중국의 차나무 묘목을 가져다 심은 것이 차나무 재배역사의 시작이었다. 중국의 차나무는 처음엔 환경에 적응을 잘하지 못하여 재배에 어려움이 있었다. 그러나 1872년 스리랑카로부터 아삼종을 가져와서 차나무를 재배한 후에 급속도로 생산량이 늘어났다.

인도네시아의 홍차는 인도와 스리랑카의 홍차와 함께 제2차 세계대전까지 유럽과 영국시장을 점유하고 있었다. 그러나 네덜란드에서 독립하고 2차 세계대전 당시 일본이 침략하면서 많은 차산지가 훼손되고 황폐해졌다. 그 이후 차 산업을 부흥시키고자 많은 노력을 기울였으나 과거만큼 회복하지 못하다가 1985년에 겨우 1938년의 생산량 수준으로 회복하였다.

현재 세계 차생산량 6위인 인도네시아는 자바와 수마트라 지역을 중심으로 다시 차산지가 늘어나고 있다. 자바섬은 스리랑카와 토질, 기후, 지형 등이 비슷하여 홍차도 스리랑카 원산지의 홍차와 비슷한 맛과 향을 가지면서 안정된 품질과 부드러운 맛과 향의 특징을 지닌다. 특히 인도네시아의 홍차는 빛깔이 투명하고 밝은 오렌지색으로 맛과 향이 부드럽기 때문에 처음 접하는 사람도 부담 없이 마실 수 있다. 또한 진하게 우려내면 밀크 티가 잘 어울린다.

과거에는 오직 잎차형 홍차만 생산하였지만 신속하게 우려내어 마실 수 있는 티백형 차의 수요증가로 인해 생산자들은 CTC차 생산을 시작하여 대부분 수출하고 있다. 녹차 생산은 1985년에 시작되었으며, 녹차의 건강상 효능에 대한 인식이 높아지고, 국제적인 관심이 높아지면서 생산은 더욱 증가될 것으로 보인다. 현재 대부분의 녹차는 재스민꽃과 블랜딩하며, 주로 국내 시장을 겨냥하여 재스민차로서 재가공되고 있다.

인도네시아의 차산지의 기후는 건조하고 온난하여 차나무는 매년 무성하게 자라고 있다. 그러나 7~9월에 찻잎을 채집하여 만든 차는 품질이 가장 우수하며, 차 생산품 중에서 약 60%가 녹차이다. 나머지 40%가 홍차로써 매주 자카르타 경매를 통하여 수출용으로 대부분 판매되고 있다. 전통적인 수출시장은 영국, 미국, 네덜란드, 호주, 중동, 독일, 파키스탄, 스리랑카 그리고 일본 등이며, 최근에는 러시아, 독립국가연합들, 폴란드 등으로 확대되었다.

건눙 로사(Gunung Rosa)

인도네시아에서 생산되는 유명한 차는 건눙 로사(Gunung Rosa), 타룬(Taloon), 바 부통(Bah Butong)이다. 커다란 찻잎을 가진 건눙 로사는 우려내면 약간 달콤하다. 고지대 실론티와도 비슷한 품질로 매우 뛰어나고 부드러운 맛과 향을 낸다.

우려내는 방법은 찻잔에 1티스푼의 차를 넣고 95℃의 물로 한 잔이 약간 안되는 양을 따라서 3~4분간 우린 후에 마신다. 우유를 넣지 않고 마시며 간혹 레몬을 첨가하기도 한다. 인도네시아의 건눙 로사는 티타임에 마시면 환상적이다.

커다란 찻잎의 건눙로사는 우려내면 약간 달콤한 맛을 보인다.

타룬(Taloon)

타룬 차(Taloon Tea)는 아름다운 자바산의 황금색 잎차로써 풍부한 맛과 향기가 일품이다.

우려내는 방법은 찻잔에 1티스푼의 차를 넣고 95℃의 물로 한 잔이 약간 안되는 양을 따라서 3~4분간 우려서 마신다. 보통 전통차에 곁들여 먹는 음식과 함께 티타임에 적합한 차이다.

바 부통(Bah Butong)

바 부통 차(Bah Butong Tea)는 수마트라산의 부서진 찻잎으로 만들며 찻물이 매우 진하게 우려 나오는 차로 맛이 환상적이다.

우려내는 방법은 찻잔에 1티스푼의 차를 넣고 95℃의 물로 한 잔이 약간 안되는 양을 따라서 3~4분간 우려 마신다. 아침식사용 차로 적합하며, 우유를 넣어서 마시면 더 좋다.

세계의 차 생산지와 명차 **151**

네팔

네팔(Nepal)은 고산지대에서 품질 좋은 차를 만들어 국제적으로 인정을 받고 있다. 현재 다즐링 형태의 홍차를 생산하며, 인도령인 다즐링 접경지대에서 주로 생산되기 때문에 인도의 다즐링 홍차로 오해받는 경우도 있다.

네팔 차의 역사는 1870년 비르 샴세르 장 바하두르 라나(Bir Shamsher Jang Bahadur Rana, 1852~1901)수상의 사위인 가즈라즈 싱 타파(Gajraj Singh Thapa)가 인도의 다즐링 차산지를 방문한 후에 돌아와 수상을 설득하여 네팔 동쪽 일람(Ilam)과 속팀(Sooktim)에 차나무를 심은 것이 계기가 되었다.[39]

1960년에 처음으로 차 생산 공장을 설립하고, 1980년에 정부는 동쪽 5개 지역을 차 재배지역으로 지정하였다. 1997년부터 차 산업을 민영화시키면서 급속도로 성장하였으며, 현재 100여개의 차 농장이 운영되고 있다.

---

[39] 프랑수와 사비에르 델마스 · 마티미네 · 크르스틴 마르바스트 『티 소믈리에 가이드』 한국 티소믈리에 연구원(2013)

네팔에서는 대부분 CTC방식으로 차를 생산하고 있으며, 생산지 중에 1/6은 전통적인 차 제조방식을 고집하고 있다. 알람(alam)과 단쿠타(Dhankuta) 지역의 차는 품질이 우수하여 높은 가격으로 해외에 수출되며, 시투(Situ) 지역의 차는 인도로 판매되고 있다.

네팔의 차산지는 테라이(Terai), 일람(Ilam), 단쿠타(Dhankuta)이며, 평원지역의 테라이는 대부분 CTC방식을 이용해 생산하기 때문에 전통적인 차 제조방법이 주목받기로 한다. 일람지역은 인도의 다즐링을 흉내 내는 정도이며, 해발 1200~2200m의 고산지대인 단쿠타 지역은 자연친화적인 정직한 농법의 환경에서 재배되기 때문에 품질이 우수한 차가 생산된다.[40] 찻잎 채집 시기는 봄이며, 6월에 수확하는 여름차는 몬순기후의 영향으로 품질이 떨어지며, 한 해의 마지막 찻잎은 가을에 채집된다.

🌿 준 치야바리(Jun Chiyabari)

네팔 동쪽에 위치한 단쿠타 산지의 힐레(Hile) 지역에서 생산되는 준 치야바리(Jun Chiyabari) 홍차가 가장 유명하며, 전통 수작업으로 만든 차로 브라운 색상과 녹색에서 황금과 오렌지색이 우러 나온다. 장미향, 나무향, 토스트향, 커피향 등이 신선하며, 약간 떫은맛, 입안 풍미, 중간정도의 구강촉감, 향이 절묘한 조화를 이루며 여운이 길다.[41]

네팔의 마살라타

---

[40] 제인 피티그루 『세계의 명품차 TEA』 세경(2009)
[41] 프랑수와 사비에르 델마스·마티미네·크르스틴 마르바스트 『티 소믈리에 가이드』 한국 티 소믈리에 연구원(2013)

네팔의 준 치야바리 홍차는 전통 수작업으로 만들어 황금과 오렌지 색이 우러 나온다.

우려내는 방법은 한 잔이 채 안 되는 95℃ 물에 차 1티스푼을 넣고 끓여서 3~4분 동안 우린다. 하루 중 언제 마셔도 좋은 차이며, 우유와 함께 마시면 더욱 맛있다.

아시아에서는 그밖에도 방글라데시는 주로 블랜딩에 사용되는 홍차를 생산하며, 독립국가연합(C.I.S.)은 CTC 차와 잎차형 차를 만들고 있다. 이란은 소작농들이 옅은 향기의 홍차를 생산하고 있으며, 말레이시아는 주로 관광무역에 의존하여 저품질의 차를 만들고 있다. 터키는 주로 내수용 홍차를 생산하며, 베트남은 CTC 홍차와 녹차를 만들고 있다.

인도

히말라야 산맥 남쪽에 위치한 인도는 불교의 종주국으로 홍차 생산 또한 세계에서 가장 큰 규모를 자랑한다. 인도 3대 홍차 생산지는 아삼(Assam), 다즐링(Darjeeling), 닐기리(Nilgiri)이며, 지역마다 기후와 토양이 달라서 각기 특색 있는 홍차를 생산하고 있다.

네덜란드 탐험가인 린스호텐(Jan Huyghen van Linschoten : 1563~1611, 한국을 '꼬레'라고 최초로 언급한 사람)은 인도인들의 차 마시는 관습에 관하여 1598년에 출판된 그의 책 『동방안내기』에서 다음과 같이 기술하였다. '아삼나무의 잎은 마늘과 기름과 함께 먹는 식물이며 음료이다'. 그리고 인도인들이 차를 어떻게 먹고 마시는가에 관해 상세하게 기록하고 있다.

1784년에 영국의 왕립학회 회장을 지낸 식물학자 죠셉 뱅크스(Joseph Banks : 1743~1820)는 인도 기후는 차나무 경작에 유리하다고 말했지만, 차나무가 이미 인도에서 자라고 있다는 것은 알지 못했다. 1823년 스코틀랜드 용병 로버트 브리스

(Robert Bruce)는 이미 중국에 알려진 것과 다른 다양한 종류의 차나무에서 찻잎을 채집하여 만든 차를 마시고 있는 인도 토착민들을 발견하였다.[42]

동인도회사는 중국 차나무에서 찻잎을 채집한 차만이 최고의 품질이라는 생각을 갖고 있었는데, 그 생각을 변화시킨 사람이 로버트 브리스의 동생 로버트 찰스(Robert Charles)였다. 그는 중국의 *카멜리아 시넨시스*를 아삼 지역에 심으면 성공할 것이라는 확신을 갖고 회사를 설득시켰고 1835년에 아삼차가 탄생되었다. 1839년에는 아삼 지역에서 만들어진 차가 런던으로 보내졌으며 인도차로 최초로 인정받게 되었다. 그러나 아삼차 생산과 경영은 1852년까지 이익을 창출하지 못하였다.

인도 다즐링 지역의 고산지대 차나무 밭

영국은 비밀스런 중국의 차나무 재배법을 알기 위해 스파이를 차 무역상으로 둔갑시켜 중국의 재배법과 제다방법을 배우게 하였으며, 차나무 묘목을 몰래 가져와 인도의 아삼 지역에서 재배하여 성공하였다. 스파이로 알려진 인물이 식물학자 로버트 포춘(Robert Fortune : 1812~1880)이었으며, 1859년에는 히말라야 산기슭에 있는 다즐링 지역에도 추가로 재배하여 성공하였다. 현재 인도는 세계에서 가장 큰 차 생산국 중의 하나이며, 13000개 이상의 차밭과 200만 이상의 차 산업관련 노동인구를 가지고 있다. 인도는 또한 세계 최대 홍차 수출국가로 세계 홍차 생산량의 35%를 차지하고 있으며, CTC 차는 65%를 생산하고 있다. 최근에 인도는 유기농법을 이용한 유기농 차 생산시스템을 운영하고 있다.

---

[42] 제인 피티그루 『세계의 명품차 TEA』 세경(2009)

아삼(Assam)

중국, 미얀마, 방글라데시와 인접하고 있는 아삼은 세계에서 가장 큰 홍차 생산지역으로 인도 차 생산의 1/2을 차지하고 있다. 1839년 런던 옥션에서 야생의 아삼 홍차가 인정받으면서 유명세를 타게 되었고, '대영제국홍차(The British Empire Tea)'라는 명칭을 얻게 되었다.

아삼 지역의 연강우량은 2,000~3,000mm로 매우 많은 편이지만, 불규칙하며 몬순시기에는 하루에 250~300mm 정도의 많은 비가 내린다. 폭우가 내리는 동안 기온은 거의 39℃까지 올라가고 온실효과가 나타나므로 오히려 세계에서 가장 품질이 뛰어난 다양한 종류의 차를 생산하고 있다.

아삼은 1년에 4회 정도 찻잎을 채집하는데 7~9월 사이에 주로 차를 생산하며, 향은 강하고 진하며, 맥아향의 잎차형 홍차를 생산한다. 녹차는 인도 차 총생산량의 단 1%를 차지하며, 짙은 오렌지의 밝은 탕색, 달콤한 향, 중간정도의 분명한 바디감, 단맛이 일품이다.

첫물 차(1st flush)는 3월에 8~10주 동안 찻잎을 채집하며, 바몬푸크리(Bamonpookri) 홍차가 유명하다. 최상의 품질의 차로 강하고 신선한 향이 일품이다. 두물 차(2nd flush)는 6월에 시작하여 7~9월에 절정을 이루며, 나푹(Napuk), 소유라(Thowra) 홍차가 유명하며, 균형이 잘 잡혀있고 아주 특색 있는 향으로 아삼 지역의 대표적인 차로 정평이 나 있다. 그리고 아삼 녹차 중에는 곤개 차(Khongea Tea)가 유명하며, 어린잎을 채집하여 제조하기 때문에 향기롭고, 달콤한 맛을 가지고 있으며, 아주 밝은 금빛이 돋보인다.

아삼의 첫물 차는 3월에 8~10주 동안 찻잎을 채집한다.

🍃 바몬푸크리(Bamonpookri)

아삼 특유의 강렬한 바몬푸크리 차(Bamonpookri Tea)는 표준규격 크기로 잘 만들어진 녹갈색 잎의 첫물 차 다즐링 홍차와 유사하다. 아삼의 최상급 품질을 자랑하는 차는 순수하면서도 강한 향을 자랑한다.

우려내는 방법은 한 잔이 조금 안 되는 95℃ 물에 차 1티스푼을 넣고 4분 동안 우린다. 금색 테를 두른 선명한 오렌지 계통의 색과 투명도, 우수한 품질의 차로써 코코아, 재스민, 사과향, 코코아향 등의 강하고 신선한 향을 가지고 있다. 골든 팁(golden tip : 황금색을 띤 솜털)이 많이 함유된 고품격 홍차로써 은은한 맥아향을 지니고, 단맛과 떫은맛을 함께 갖고 있다. 입안 가득한 느낌과 부드러운 향이 오랫동안 여운을 남긴다.

🍃 나푹(Napuk)

두물 차인 나푹 차(Napuk Tea)는 6~9월에 채집한 찻잎으로 만드는데, 아삼의 개성있는 멋진 향과 독특한 떫은맛을 경험할 수 있다.

우려내는 방법은 한 잔이 조금 안 되는 95℃ 물에 차 1티스푼을 넣고 4분 동안 우린다. 길쭉하면서 균형 잡힌 찻잎과 알맞은 크기의 새싹을 풍부하게 포함하고 있으며, 떫은 촉감에 쓴맛, 균형 잡힌 맥아향, 풋사과향, 나무향, 바닐라향, 꿀향 등이 있다. 부드러운 단맛과 중간 정도의 바디감, 수렴성이 매우 강하게 느껴지며, 밝은 오렌지 계통의 짙은 색과 금색 테를 선명하게 보여준다. 조화로운 향이 입안에서 오랜 여운을 남기는 품질 좋은 차로 아삼 차를 대표하고 있다.

🍃 곤개(Khongea)

아삼 녹차인 곤개 차(Khongea Tea)는 어린잎에서는 향기롭고 달콤한 맛을 가진 선명한 금빛이 우러나면서 과일향, 나무향, 식물향이 풍부하고, 녹차 특유의 얇고 신선한 여운이 오래 지속된다.

우려내는 방법은 한 잔이 채 안 되는 90~95℃ 물에 차 1티스푼을 넣고 2분 30초 동안 우린다. 하루 중 언제든지 휴식이 필요할 때 마시는 차로 우유 없이 마실 수 있다.

다즐링(Darjeeling)

다즐링은 인도 북동쪽에 위치하고 있으며 상대적으로 대도시에 해당한다. 눈으로 뒤덮인 히말라야 산맥의 산기슭 해발 약 1,829~2,300m에 위치하며, 청정의 자연환경 속에서 중국 차나무로 만든 홍차를 생산하고 있다. 다즐링지역에는 80여개의 다원이 자리하고 있으며, 중국종과 아삼종의 교배종인 클로날(clonal)종도 재배되고 있는데, 은은하고 독특한 개성을 갖고 있다.[43]

다즐링 차를 재배하는 지역은 맑고 화창한 날에는 멀리 에베레스트산을 뚜렷하게 볼 수 있다. 히말라야 고산지대로 일교차가 심하며, 구름과 안개가 잦다. 많은 강우량으로 최상의 자연조건을 갖추고 있지만 생산량이 적어 비싸게 판매되고 있으며, 포도 품종 중 은은한 무스카트(Muscat)향과 단맛을 가진 차로 '차의 샴페인'으로 불리고 있다.

높은 곳에서 자라는 다즐링 차나무는 낮은 기온으로 인해 일 년 내내 자라지는 않으며, 겨울철에는 동면으로 성장을 멈추기도 한다. 보통 4월에서 10월까지 찻잎을 채집하는데, 봄의 첫 햇살이 쏟아진 이후 3월에 돋아나는 새싹으로 만들면 첫물차가 되고, 두물 차는 5~6월에 찻잎을 채집한다. 6월 중순에

다즐링의 마가렛 호프 다원에서는 매우 좋은 품질의 첫물 차를 만든다.

---

[43] 제인 피티그루 『세계의 명품차 TEA』 세경(2009)

시작된 몬순은 9월말까지 계속되며 총 강우량은 3,000~5,000mm 정도로 이 시기에 생산되는 차는 많은 수분을 포함하고 있어 품질은 보통 정도이다. 같은 해에 찻잎을 채집하여 만든 차라도 수확시기가 다른 차는 맛과 향에서 확연한 차이를 보인다.

초록빛을 띠는 첫물 차(1st flush)는 첫 번째 새싹을 4월에 채집하며, 떫은 향으로 품질은 좋으나 생산량이 적어 믿을 수 없을 정도로 가격이 비싸다. 녹차를 연상시키는 신선한 감촉은 고운 무스카트 포도향도 지니고 있다. 유명한 첫물 차로는 캐슬튼 차(Castleton Tea)와 블룸필드 차(Bloomfiled Tea)가 있다.

두물 차(2nd flush)는 5~6월에 찻잎을 채집하며, 첫물 차가 매우 고가여서 구입하기 힘들게 되면서 많은 사람들이 스스로 두물 차를 찾게 되었다. 첫물 차보다 품질이 우수하고 다즐링 최고의 차라고 자부하는데, 매우 부드럽고 더 숙성된 맛이 우려 나온다. 아름다운 탕색, 잘 익은 열대과일 향이 일품이다. 고급스러운 두물 차는 과일향과 균형 잡힌 맛을 내는 남링 차(Namring Tea)와 무스카트 포도향을 지닌 푸타봉 차(Puttabong Tea)가 최고의 차로 이름나 있다.

다즐링의 중간차는 4~5월에 찻잎을 채집하며, 첫물 차의 떫은 향에 두물 차의 더 숙성된 맛을 혼합한 차 맛을 낸다. 그리고 다즐링의 가을차는 10~11월에 찻잎을 채집하는데, 어두운 갈색 잎으로 깊고 숙성된 향미를 가지고 있다. 검은 구릿빛을 띠고 있는 가을차 중에서 가장 유명한 차는 마가렛 호프차(Margaret's Hope Tea)이다. 최근 싱글 에스테이트(single estate) 혹은 빈티지 홍차(vintage red tea)를 생산하면서 품질 면에서 차별화를 꾀하고 있다.

다즐링 녹차는 희귀한 차로 인정받고 있으며, 일본의 센차(煎茶)와 같은 맛과 향을 지니고 있다. 유명한 차로는 아이라(Ayra)가 있는데, 최근에는 우롱차도 생산하고 있다.

🍃 케슬튼 첫 물차(Castleton First Flush)

첫물 차 케슬튼(Castleton First Flush)은 이 지역에서 가장 명성 있는 차 농장 중의 한 곳에서 생산되고 있다. 실버 팁(Silver Tip)이 들어 있으며, 풍부하고 복잡한 향이 일품이며, 장미향, 망고향, 복숭아향, 너트향, 아몬드향이 나고, 입안 전체에 약간 떫은 구강촉감과 섬세한 신맛과 쓴맛이 돈다. 그리고 입안에서 신선한 아몬드향이 오랜 여운을 남긴다.

우려내는 방법은 한 잔이 채 안 되는 95℃ 물에 차 $1\frac{1}{2}$ 티스푼을 넣고 3분 동안 우리는데, 오후에 주로 마시는 차로 우유 없이 마시기도 한다. 훈제 연어나 신선한 딸기와 크림과 완벽한 조화를 이룬다

🍃 푸타봉(Puttabong)

두물 차인 푸타봉(Puttabong)은 어두운 빛깔의 작은 찻잎으로 황금빛도 약간 띠며, 나무향, 자두향, 복숭아향, 살구향, 바닐라향도 난다. 약간 쓴맛이 나면서 무스카트 포도맛이 두드러지게 난다. 매우 부드러운 맛으로 다즐링이 만드는 최고의 두물 차 중의 하나로 유명하다.

왼쪽부터, 다즐링 다원 / 차나무 / 위조과정 / 다즐링 차의 모차 / 첫물 차 / 다즐링 홍차

인도의 다즐링 홍차

우려내는 방법은 한 잔이 채 안 되는 95℃ 물에 차 1티스푼을 넣고 3분 동안 우려낸다. 하루 중 언제 마셔도 좋은 차이며, 우유 없이 가볍게 마실 수 있다.

마가렛 호프 차(Margaret's Hope Tea)

널리 알려진 차 농장에서 생산되는 첫물 차 마가렛 호프 차(Margaret's Hope Tea)는 매우 품질이 높은 차로 평가를 받고 있다. 은빛 도는 아주 매력적인 새싹인 마가렛 호프 차는 갈색 잎으로 녹색 빛을 띠기도 하며, 탕색은 아주 연한 오렌지빛으로 투명도가 높아 매우 선명하고 밝은 빛을 가지고 있다. 장미향, 사과향, 아몬드향, 우유향, 포도향을 느낄 수 있으며, 순하고 부드러운 느낌의 떫은맛과 미세한 신맛도 들어 있다. 다즐링 특유의 향이 또한 오랫동안 남는다.

우려내는 방법은 한 잔이 채 안 되는 95℃ 물에 차 1티스푼을 넣고 2~3분 동안 우려낸다. 오후에 마시는 차로 우유 없이 가볍게 마셔도 좋다.

마가렛 호프 가을차(Margaret's Hope)

9~10월에 찻잎을 채집하여 만드는 가을차는 단맛이 높고 자극과 깊은 맛을 내며 떫은맛도 들어 있다. 매우 농익은 사과향과 머스캣향이 들었으며, 어두운 갈색 잎에서 깊은 맛이 우러난다. 풍부한 맛과 훌륭한 향, 탕색은 붉은색으로 진해져 현혹적인 색을 띤다.

우려내는 방법은 한 잔이 조금 안 되는 95℃ 물에 차 1티스푼을 넣고 우려낸다. 하루 중 언제든지 우유 없이 혹은 약간의 우유와 함께 마신다.

🍃 아이라 녹차(Ayra Green Tea)

다즐링의 녹차 중 아이라(Ayra)는 유명한 차 농장에서 생산되는 희귀한 녹차로써 약간 일본 센차(煎茶) 같이 부드러우면서 기분을 전환시키는 매력이 있다. 훌륭한 나무향, 난초향, 건과일향과 은은하면서 미세한 쓴맛이 가볍게 맴돈다. 입 안에서는 부드러운 맛이 오랫동안 지속되면서 여운을 남긴다.

우려내는 방법은 한 잔이 채 안 되는 70℃ 물에 차 2티스푼을 넣고 3분 농안 우려낸다. 하루 중 언제든지 상쾌하게 마실 수 있으며 소화를 돕는 차로 우유 없이 마셔도 괜찮다.

다즐링 홍차 등급.
다즐링 지역에는 모두 80여 개의 다원이 자리 잡고 있다.

차산지는 대체로 온난한 기후에 강우량이 많은 지역에 조성된다.

닐기리(Nilgiri)

인도의 남쪽에 위치한 닐기리는 인도 제2의 차생산지로 유명하다. 현지어로 '푸른 산(Blue Mountain)'이라는 뜻을 지녔으며, 코끼리들이 떼 지어 살고 있는 열대우림지역이다. 기후나 풍토는 스리랑카와 매우 닮아서 남인도 닐기리 차는 스리랑카 홍차와 유사한 차를 생산하고 있다. 두드러진 특성이 없어 보이지만 산뜻한 맛의 개성을 지녔다.

해발 300~1800m에 위치한 차산지는 1840년 인도로 이민 온 코로넬 존(Coronel John)이 닐기리 지역을 조사하던 중, 강과 시냇물이 흐르는 깨끗한 숲속의 넓은 미개척지를 발견하면서 조성되었다. 연중 강수량은 2030mm 정도로 차나무를 재배하는 데 완벽한 자연환경을 갖추고 있다.[44]

닐기리의 차산지는 일 년 내내 찻잎을 채집할 수 있는 차나무로 울창하다. 대부분의 차나무 재배지들은 1년에 두 번 정도 몬순시기를 맞으며, 4월과 5월에 두 번 싹트는 시기를 가진다. 이때 약 25%의 찻잎을 채집하며, 나머지는 1년 내내 수확할 수 있다. 농장들은 주로 CTC 방식으로 차를 생산하기 때문에 고품질의 차를 생산하지 못하고 있다.

---

[44] 하보숙·조미라 『홍차의 거의 모든 것』 열린세상(2014)

닐기리 차는 밝은 빛의 풍미 있는 맛과 부드럽고 깊으며 달콤한 맛이 우러나는 향기로운 차를 만들며, 향미는 있지만 차의 농도 때문에 진하지 않은 맛을 내는 더 옅은 차와의 블랜딩에 이상적이다. 유명한 차로는 대엽종으로 만드는 넌서취 차(Nunsuch Tea)가 있으며, 레몬향과 과일향에 선명한 빛깔과 풍미가 있다. 그 외 참라지 차(Chamraj Tea), 코스레이 차(Corsley Tea), 하부칼 차(Havukal Tea) 등도 생산한다.

넌서취(Nunsuch)

닐기리 지역의 대표적인 넌서취 차(Nunsuch Tea)는 남인도 고원지대에서 품어내는 풍만한 느낌을 가졌으며, 싱그러운 향과 달콤한 과일향이 색다른 맛을 경험하게 한다. 보랏빛을 띤 어두운 갈색의 큰 잎차로 모양이 규칙적이며, 떫은 촉감에 약한 신맛과 과일맛이 잘 어우러진다. 강렬한 식물향, 허브향, 바닐라향 등도 살며시 나타나며, 향이 오랫동안 입안에 여운을 남긴다. 선명한 빛깔의 붉은 색 도는 탕색으로 아주 깔끔한 뒷맛의 풍미를 가져 전형적인 홍차의 가치를 지닌다.

우려내는 방법은 한 잔이 조금 안 되는 95℃ 물에 차 1티스푼을 넣고 4분 동안 우려 약간의 우유를 첨가해 마셔도 좋으며, 하루 중 언제 마셔도 기분 좋은 차이다.

도아스(Dooars)

아삼의 서쪽에 위치한 작은 지역으로 차나무는 저지대에서 재배되고 있다. 아삼과 다즐링 중간 지역의 차로 블랜딩에 많이 사용된다. 도아스 차는 어두운 빛깔에 진한 맛을 가지고 있으며, 아삼 지역의 홍차보다는 품질이 떨어지지만, 가벼워서 아침과 오후에 마시기 좋은 차이다. 이 지역의 유명한 차로는 굿 호프 차(Good Hope Tea)가 있으며, 선명하면서 꽃처럼 아름다운 색감이 마시는 사람의 마음을 현혹시킨다.

식킴(Sikkim)

인도의 작은 주로 다즐링 차와 유사한 특성을 가지고 있으며, 더 진하고 풍부한 과일 맛이 나는 차를 생산한다. 다른 지역의 차에 비해 가격이 저렴하지만 거의 수출되지 않기 때문에 해외에서는 찾아보기 힘들다. 이 지역의 유명한 테미 차(Temi Tea)는 다즐링의 잎차형으로 매우 고품질의 차로 인정받고 있다. 황금빛을 띠고 있으며, 풍부한 열대 과일 맛과 단맛, 은은하고 우아한 향이 매력적이다.

그 외, 인도의 차

규모가 작은 테라이(Terai) 지역의 차는 다즐링의 남쪽에 위치한 평원에서 재배된다. 색은 짙고 맛은 스파이시하며, 주로 블랜딩에 사용된다. 이 지역의 유명한 오드 차(Ord Tea)는 희미한 구리빛에 맛은 강하다. 남쪽의 트라반코레(Travancore) 지역에서 생산되는 차는 짙은 색에 진한 맛을 가지고 있는 실론 차와 유사한 특징을 갖고 있다. 이 지역의 유명한 하이로운 차(Highrown Tea)는 색상이 강하고 진하면서 약간 흙냄새가 나는 특성을 갖고 있다.

스리랑카

스리랑카는 홍차의 세계에서 인도와 양대 산맥을 이루고 있다. 좋은 품질의 차를 생산하고 있으며, 세계 3위의 차생산국이다. 수출은 1~2위를 다투며 생산량의 80%를 영국으로 수출한다. 스리랑카 섬의 고지대에서 생산되는 차를 '실론의 샴페인'이라 부르며 인기가 높다.

실론(Ceylon)은 1972년 스리랑카로 국명을 바꾸기 전까지 불리던 옛 이름으로 실론 홍차라고 하면 곧 스리랑카 홍차를 말하는 것이다. 1850년대 후반부터 차에 대한 관심이 있었으나 1860년대까지는 커피가 주요 작물이었다. 하지만 1869년 커피녹병균으로 커피나무가 황폐화되면서 그 대안으로 차나무를 재배하게 되었다.

스리랑카 홍차의 아버지인 영국 스코틀랜드 출신 제임스 테일러(James Taylor : 1835~1892)는 1866년 스리랑카에 차나무를 재배하는 적임자로 발탁되었다. 1867년 19에이커 땅에 첫 번째 차나무 모종을 심고 씨를 뿌려 차나무를 재배하였다. 처음에는 실험 삼아 홍차를 생산하였으나 자신감을 얻게 되면서 1872년 완벽한 설비를 갖

스리랑카의 차산지 중에서 품질이 좋은 차는 해발 1,319m 이상의 고산지대에서 채엽한다.

춘 홍차 제조 공장을 지었다. 1873년 첫 번째 고품질의 홍차가 런던 경매에서 매우 좋은 가격에 팔렸고, 스리랑카 차 산업이 시작되었다.

1948년 영국으로부터 독립한 스리랑카는 차 농장을 국유화하였으나 생산량도 줄고 수출량도 급속히 감소하게 되었다. 이에 정부는 차 산업을 제대로 통제할 수 없다는 사실을 깨닫고 20세기 말에는 다시 사유화하였다.

스리랑카의 차밭 대부분은 해발 914~2,438m 사이에 위치해 있으며, 동쪽의 남서쪽에 위치한 콜롬보(Colombo)와 남쪽 끝에 있는 갈레(Galle), 크게 두 지역으로 나뉜다. 차산지 중에서 가장 품질이 좋은 차는 해발 1,319m이상의 서늘하면서 안개가 잦고 가파른 경사지에서 재배된 차나무에서 찻잎을 채집한 것으로 만든다.[45]

스리랑카의 차 생산지는 해발로 구분하기도 하는데, 바다와 가까운 저지대에서 생산되는 해발 457~550m의 로우 그로운(Low Grown) 홍차는 품질이 떨어지기 때문에 블랜딩에 사용된다. 산악 중간지대인 해발 550~1,070m의 미디엄 그로운(Midium Grown) 홍차는 맛이 풍부하고, 좋은 빛깔을 갖고 있다. 산 정상 부근 고산지대인 해발 1,070~2,290m의 하이 그로운(High Grown) 홍차는 가장 품질이 우수하며 아름다운 금빛과 함께 강하고 풍부한 맛과 향이 우러난다.[46]

스리랑카의 차나무는 덥고 습한 평지와 산기슭에서 자란다. 그래서 7~8일에 한 번 새싹을 틔우며 일 년 내내 찻잎을 채집한다. 가장 품질 좋은 차는 6월말부터 8월말까

---

[45] 제인 피티그루 『세계의 명품차 TEA』 세경(2009)
[46] 하보숙·조미라 『홍차의 거의 모든 것』 열린세상(2014)

지 동부 지역에서 찻잎을 채집하고, 2월초에서 3월 중순까지 서부지역에서 찻잎을 채집한 것으로 차를 만든다.

스리랑카 섬의 중앙산맥에서 주로 차가 재배되는데, 6개의 주요 차산지는 갈레(Galle), 라트나푸라(Ratnapura), 누와라 엘리야(Nuwara Eliya), 딤볼라(Dimbula), 우바(Uva)이다.

누와라 엘리야(Nuwara Eliya)

누와라 엘리야(Nuwara Eliya)는 산맥 중앙부에 있으며, 1841년 개장 이래 100년이 넘는 전통을 자랑하는 마크우드 티 센터(Markwoods Labookelle Tea Centre)가 있다. 누와라 엘리야는 가장 높은 고산지대에서 차를 생산하고 있으며, 1월과 2월에 찻잎을 채집하여 제조한 홍차의 품질은 뛰어나 실론 차의 '샴페인'으로 불린다. 이 지역의 한낮 기온은 20~25℃이며, 아침저녁은 5~14℃로 일교차가 심하여 찻잎의 떫은맛인 타닌이 증가된다고 한다. 홍차는 부드럽고 밝은 오렌지 계통의 옅은 붉은색, 은은한 야생초 향을 가진 진한 금빛으로 탁월한 맛을 지닌다. 대표적인 홍차로는 누와라 엘리야 에스테이트 차(Nuwara Eliya Estate Tea)가 있다.

일교차가 심한 지역에서 생산되는 실론티는 찻잎의 떫은맛과 타닌이 증가한다.

스리랑카 5대 홍차 산지 중 하나인 딤블라의 찻잎과 엽저

누와라 엘리야 에스테이트(nuwara eliya estate)

누와라 엘리야의 대표적인 누와라 엘리야 에스테이트 홍차는 붉은 빛이 감도는 아름답고 선명한 갈색과 나무향, 장미향, 순한 계피향 등의 향과 함께 매우 섬세하면서 미세한 쓴맛과 풍미가 있다. 특히 부드러우면서 떫은 촉감이 장미향과 더불어 오랜 여운을 남긴다.

우려내는 방법은 한 잔이 조금 안 되는 95℃ 물에 차 1티스푼을 넣고 3분 내지 4분 동안 우려낸다. 약간의 우유와 함께 하루 중 언제 마셔도 좋은 차로 기분을 상쾌하게 해준다.

우바(Uva)

우바(Uva) 지역은 동쪽에 위치하고 있으며, 스리랑카의 다른 홍차와 대비되는 단맛으로 세계적인 다즐링이나 중국의 기문과 함께 세계 3대 홍차의 명성을 갖고 있다. 일년 내내 찻잎 채집이 가능하며, 6~9월 사이에 찻잎을 채집한 것으로 만든 차가 가장 품질이 좋다. 해발 1,400~1,700m 산악지대 천혜의 자연환경 속에 다원이 펼쳐져 있으며, 우바 특유의 과일향과 자극적인 떫은맛 그리고 짙은 탕색을 만들어낸다.

세인트 제임스(Saint James)

우바의 대표적인 홍차로는 세인트 제임스(Saint James)가 있으며, 구리빛의 색깔은 약하지만 매우 부드럽고 달콤한 맛과 훌륭한 과일향이 일품이다. 독특한 단향, 장미향,

향신료향의 훌륭한 향이 있으며, 미세할 정도의 떫은맛과 약간 쓴맛이 매력적이다. 매우 부드러우면서도 독특한 맛에 매료되고, 단향과 떫은맛이 조화를 이루며 여운이 오랫동안 지속된다.

우려내는 방법은 한 잔이 조금 안 되는 95℃ 물에 차 1티스푼을 넣고 4분 동안 우려 낸다. 아침식사 혹은 낮 시간을 위한 차이며 우유와 함께 마시면 맛이 배가된다.

딤불라(Dimbula)

스리랑카 5대 홍차산지로 유명한 서쪽의 딤불라(Dimbula)는 중앙산맥에 위치하고 있으며, 일 년 내내 안정된 품질의 찻잎을 생산한다. 해발 1,200~1,800m에 이르는 고지대 다원이지만 한낮기온이 30℃까지 올라가기 때문에 부드러운 맛과 블랙홍차로 인기가 있다. 8월과 9월에는 몬순기후가 있으며, 1월과 2월에 가장 품질 좋은 홍차를 생산한다. 1월과 2월에 생산된 홍차는 진한 맛과 강한 향기, 장미를 연상시키는 꽃향, 떫은맛이 강하다.

케닐워스(Kenilworth)

딤블라 지역에서 고품질의 찻잎생산으로 유명한 대표적인 케닐워스(Kenilworth) 홍차는 찻잎이 길고 빳빳하면서 아름다우며, 진하고 강한 향과 맛을 내고 있다. 케닐워스(Kenilworth) 홍차의 찻잎은 붉은색을 띠고 있으며, 탕색 또한 붉은 빛이 감도는 갈색으로 투명도가 높다. 장미향, 단향, 나무향이 나며, 상쾌하고 강한 떫은맛과 약간 쓴맛의 조화로 진하고 훌륭한 단맛을 내며 여운이 길다.

우려내는 방법은 한 잔이 조금 안 되는 95℃ 물에 차 1티스푼을 넣고 4분 동안 우려낸다. 하루 중 언제 마셔도 좋지만 특히 오후 차로 우유를 넣어 마시면 더욱 가치를 느낄 수 있다.

갈레(Galle)

갈레(Galle)는 남쪽에 위치하고 있으며, 포르투갈이 세우고 네덜란드가 번창시킨 항구도시이다. 갈레 홍차는 일정 크기의 찻잎을 갖고 있어 품질관리가 쉽다. 황갈빛의 금색이 우러나면서 매우 향기롭고 가벼우며 부드러운 맛을 지니고 있다. 대표적인 알렌 벨리(Allen Valley) 홍차는 이름다운 자태를 가진 홍차로써 부드러운 과일향이 일품이다. 그 외 데보니아(Debonia) 홍차, 가라보다(Galaboda) 홍차도 유명하다.

알렌 벨리(Allen Valley)

갈레 지역의 알렌 벨리(Allen Valley) 홍차는 어두운 색의 초콜릿 빛깔, 전형적인 나무향, 사과향, 계피향, 과일향이 난다. 매우 섬세한 떫은맛과 희미한 쓴맛이 느껴지며, 부드럽고 풍부한 향이 입안에서 맴돌다가 생각보다 쉽게 사라진다.

우려내는 방법은 한 잔이 조금 안 되는 95℃ 물에 차 1 티스푼을 넣고 3분 4분 동안 우려낸다. 우유와 함께 오후에 마시기에 적합하고, 지친 피로를 가시게 한다.

그밖에 스리랑카 제2의 도시로 자리 잡은 북쪽의 저지대 캔디(Kandy)는 해발 600~1,300m에서 자란 차나무에서 찻잎을 채집하여 만든 최초의 실론티 산지이며, 짙으면서 밝고 붉은 탕색이 매력적이다. 남쪽의 라트나푸라(Ratnapura) 저지대에서 생산되는 홍차는 블랜딩 용으로 사용된다.

아프리카

카메룬

차를 즐기는 사람들 중에 다소 특이한 맛을 마시고 싶을 때 찾게 되는 차가 바로 카메룬 지역의 차라고 한다. 세 개의 대규모 농장에서 클론, 고지대 차, 저지대 차 등의 매우 색다른 종류의 차를 생산하며 이들 모두 품질이 우수하다. 그리고 홍차 공장의 현대화와 차나무 경작지의 개발과 확장을 계속하고 있으며, 중앙통제장치시스템으로 차를 제조하면서 영국, 차드 공화국, 수단 이외의 차 소비국가로 수출하고 있다.

1914년 독일인들이 카메룬 산의 비옥한 경사면에 자리 잡은 톨레(Tole) 지역에서 커피 등과 함께 차를 재배하였다. 남서쪽에 위치한 카메룬 산은 서아프리카의 유일한 활화산으로 대서양 해변으로 둘러싸여 있다. 해발 610m에 위치하고 있으며, 차나무 재배 지역으로 적합한 조건을 갖추고 있다. 연강수량은 약 3,050mm 정도, 온도분포는 약 19~28℃, 습도는 높은 편이다. 66에이커의 차 농장은 1940년대 최초로 차나무 재배지가 조성되었다. 1968년까지 약 795에이커의 농장에 차나무가 재배되었으며 잎차형 홍차는 매년 685.5톤을 생산한다.[47]

1957년에는 해발 2,134m의 엔두(Ndu)지역에도 차나무를 심고 재배에 성공하였으며, 잎차형 제조 공장도 설립하였다. 카메룬은 톨레와 엔두 2개 지역을 중심으로 차나무 재배와 생산을 확대하고 있으며, 해발 1,680m의 디주티트사 클로날(Djuttitsa Clonal) 지역의 차는 좋은 품질로 유명하다.

케냐

열대우림 지역의 케냐는 고지대에서 재배되는 품질이 우수한 차를 생산하고 있다. 첫 번째 차나무는 1903년 케냐의 림부루 지역에서 재배되었고, 1950년대 후반까지 케리초(Kericho)와 난디(Nandi)의 고지대로 확대되어 생산하고 있다. 1959년 케냐의 차가 수출품으로 인정받으면서 차 산업이 확대되었다. 주요 재배 지역들은 해발 1,524~2,743m의 고지대에 분포하고 있으며, 풍부한 강수량과 자연친화적인 혜택으로 품질 좋은 차를 생산하고 있다.

1960년대에는 니에리 라가티 지역에 단 하나의 제조공장이 있었지만, 13개의 차나무 재배지구에 43개의 공장이 세워졌으며 이후 급속도로 발전하였다. 현재 전 세계 차 수출량의 20%를 차지하고 있으며, 주요 소비국은 영국, 아일랜드, 독일, 캐나다, 네덜란드, 파키스탄, 일본, 이집트, 수단 등이다.

케냐에서 재배되는 CTC차는 보통 블렌딩을 위해 판매되고 있으며, 케냐 차 중에서도 마리닌(Marinyn) 농장에서 생산되는 차가 유명한데, 잎차형으로 솜털이 진하고 짙은 과일향과 강한 맛을 가지고 있으며 짙고 어두운 색으로 우러난다.

---

47 제인 피티그루 『세계의 명품차 TEA』 세경(2009)

말라위

아프리카에서 차를 생산하는 나라 중에서 말라위는 케냐 다음으로 중요한 차 생산국이다. 1878년 스코틀랜드의 에딘버드에 있는 로얄 보타닉 가든(Royal Botanic Garden)에서 차나무 씨앗을 가져다가 니아살랜드(Nyasaland)에 심고 재배하였다. 말라위의 차는 CTC 차들로 대부분 다른 차들과의 블랜딩을 위해 판매되고 있다. 차 재배 지역 대부분 평균적으로 낮은 고도에 위치하고 있으며, 물란제(Mulanje) 지역의 평균 해발은 550m이다. 지역의 강수량은 예측할 수도 없고 기온이 높아 차나무 재배지로 적합하지 않지만 지속적인 차나무 연구개발로 향상되었다. 1905년에 첫 번째 차를 수출한 이후 지속적으로 수출량이 늘어나고 있으며, 최근에는 복제이식으로 품질이 향상되었다. 높은 품질의 말라위 차는 뛰어난 색상과 밝은 빛깔로 영국의 블랜딩 차로 사용되고 있다. 말라위 차 중에서 나밍곰바(Naminggomba)와 카부지(Kavuzi)가 유명하다.

남아프리카공화국

영국의 식민지였던 남아프리카공화국은 품질 좋은 홍차 생산국으로 많이 알려져 있다. 잉글랜드의 키 가든(Key Garden)에서 들여온 첫 번째 차나무 모종은 1850년 더반 보타니컬 가든(Durban Botanical Garden)에서 재배되었다. 1877년에는 상업적 경작을 위해 인도 아삼으로부터 차나무 종자를 가져와 과주루-나탈(Kwazulu-Natal)지역에 심어 재배했다. 1960년대 차 제조회사인 사페코가 설립되었으며, 차 생산을 위한 새로운 지역들이 개발되었다. 남아프리카공화국의 홍차는 대부분 국내에서 생산되고 판매되지만 '주루(Zulu Tea)' 지역의 차는 해외에서도 판매되는 유일한 차로 유럽과 미국에서 큰 인기를 끌고 있다.

탄자니아

탄자니아는 독일의 정착민들이 1905년에 아마리(Amali)와 룽와(Rungwa) 지역에서 처음으로 차나무를 재배하였다. 1926년까지 상업적인 차생산은 이루어지지 않았으나 1930년 무핀디(Mufindi)에 차 제조공장을 설립하였다. 탄자니아의 차는 해발과 잎을 채집하는 기준에 따라 그 품질이 매우 다양한데, 실론티와 비슷한 특성을 가진 잎차형 차와 CTC 차를 생산한다. 탄자니아의 차는 약 70%가 수출되고 나머지는 자국에서 소비되고 있다. 모든 차는 풍미 있는 향과 함께 밝은 색을 띠고 있지만 특히 명품차는 킬리마(Kilima) 홍차로 해발 2,000~2,300m에서 재배되는데 실론티와 유사한 특성을 갖고 있으며, 강한 과일맛을 낸다.

그 밖의 국가, 부룬디(Burundi)는 CTC 홍차를 생산하며, 에티오피아(Ethiopia)는 두 개의 공장에서 차를 제조하는데 기대 이상으로 좋은 품질의 차를 생산하고 있다. 그리고 마다가스카르(Madagascar)는 동아프리카 수준의 매력적인 복제 차를 생산하고 있으며, 모리셔스(Mauritius)는 잎차 형태의 홍차를 만든다. 모잠비크(Mozambique)는 강하고 스파이시한 홍차를 생산하여 인기를 얻고 있으며, 르완다(Rwanda)는 좋은 품질의 CTC 홍차를 생산하고 있다. 우간다(Uganda)는 블랜딩에 사용되는 홍차를 생산하며, 짐바브웨(Zimbabwe)는 말라위 차와 비슷하며 강하고 짙은 홍차를 생산한다.

오세아니아

오세아니아에서는 호주와 파푸아뉴기니에서 차를 생산하고 있지만, 우수한 품질의 차를 생산하지는 못하고 조금씩 국제적으로 인정을 받아가고 있는 추세이다.

호주는 영국의 오랜 식민지였기 때문에 영국의 홍차 문화가 스며들어있는 나라로 애프트눈 티(afternoon tea)를 즐기는 사람들이 많다. 호주는 홍차와 약간의 녹차를 생산하고 있으며, 1880년대 후반 첫 차나무 재배지를 바나나와 사탕수수가 많이 재배되는 퀸즐랜드(Queensland)로 정하고 재배하기 시작했다. 그러나 1918년 온대성 저기압의 기후로 인해 차나무는 황폐화되었다. 그 후 1959년 퀸즐랜드 북부 이니스페일(Innisfail) 근교에 위치한 네라다(Nerada)의 재배농장과 퀸즐랜드의 바틀 프리어(Bartle Frere) 산의 재배농장 그리고 뉴 사우스 웨일즈(New South Wales)의 북부지역에 위치한 클로스 크리크(Cloth Creek) 재배농장에 차나무 묘목을 심으면서 차 산업이 재개되었다. 대부분의 아시아 국가에서 생산되는 녹차처럼 꼬인 모습의 전통적인 녹차를 생산하고 있으며, 홍차는 거의 티백 브랜드를 위한 CTC 차이고, 패키지를 위한 잎차형 차도 생산하고 있다.

파푸아뉴기니는 커피를 많이 재배하는 국가이지만, 기후와 토양은 차를 재배하기에 최적의 조건을 갖고 있다. 해안가는 습한 평지이며, 해안의 안쪽으로는 수목이 뒤덮인 산림지대로 자연친화적인 환경이 조성되어 있다. 웨스턴 하이랜드(Western Highland) 지역에서 차를 재배하며, 생산된 홍차는 대부분 호주에서 판매된다.

4

차의 건강효능과 다구 사용

차의 성분과 건강효능

차는 고대 중국의 삼황시대 염제(炎帝) 신농(神農)이 발견한 후부터 신비한 약초로 여겼으며, 자연이 내린 최고의 식품이라고 생각하였다. 그 후 기호음료로 즐겨 마셨으며, 현대인들 역시 힐링과 웰빙을 추구하는 차를 즐기고 있다. 보통 차를 마시는 이유에 대해 물어보면 '마음이 편안해지고 기운이 솟는다.', '서로 마주앉아 차를 마시면서 대화를 나누니 즐겁다.', '차를 통해 예술적 흥미와 창의력이 생긴다.', '차를 마시면서 선을 지향하니 정신수양에 도움이 된다.', '차를 우리고 다루면서 멋과 즐거움을 알게 되었고, 선물하는 여유로운 취미도 생겼다.', '차에 있는 약의 효능으로 건강을 되찾았다.' 라고 거의 같은 말을 한다.

즉, 차는 정신을 건강하게 하여 마음을 편하게 하고 활력을 주며, 주고받은 찻잔 속에 맑은 이야기로 즐거운 분위기를 가져올 수 있으며, 자연에 묻혀 그 속에서 차를 마시면 예술적 흥취는 물론 독서를 할 수 있는 여유가 있으며, 차를 통해 그릇됨을 깨우치고 수신을 하는 것이며, 차는 취미생활로 삼매경에 빠지게 하면서 건강을 다스린다고 하였다.[1]

---

[1] 정영선 「한국 차 문화」 너럭바위(2007)

1991년 미국 뉴욕에서 열린 국제심포지엄에서 '차가 인체에 미치는 영향에 대한 연구' 발표가 있었다. 차 중에서 홍차, 보이차 등이 건강에 좋은 비타민이 들어있다고 하였으며, 녹차는 피부손상, 햇볕 화상, 여드름, 피부병에 좋다고 하였다.[2]

차의 성분은 토양, 햇빛, 습도 같은 자연조건 및 채다 시기와 제다법, 보관상태 등에 따라 차이가 있으며 달라질 수 있다. 대만의 차학연구가인 오지화(吳智和)교수는 '좋은 차를 잘 선택하여 마셔야 건강에 유익하며, 한꺼번에 많이 마시는 것보다 조금씩 자주 마시는 것이 건강에 좋다.'고 하였다. 다음은 중국다인들이 지키는 음차팔기(飮茶八忌)에 대한 내용이다.[3]

1. 60℃가 넘는 뜨거운 차를 지나치게 마시지 않는다.
2. 10℃ 이하의 차가운 차는 구강, 인후, 위장 등에 부작용이 있으므로 마시지 않는다.
3. 진한 차는 자극성이 지나쳐 인체의 신진대사 조절기능을 해치므로 마시지 않는다.
4. 공복에 차를 마시면 위벽에 자극을 주고, 심하면 저혈당을 초래하므로 빈속에 마시지 않는다.
5. 식사 후 30분이 지나면 차를 마시되 진한 차는 피하는 것이 좋다. 식사 후에 마시면 소화와 기름기를 제거해주지만 차탕 중의 폴리페놀은 음식의 철분, 단백질 등과 혼합되면 쉽게 응고되어 영향 섭취에 방해가 된다.
6. 식사 전에 차를 마시면 위액이 희석되고 위산분비에 악영향을 주며, 포만감을 주므로 식사 전에는 많은 양의 차를 마시지 않는다.
7. 여러 차례 우려낸 차는 마시지 않는 것이 좋다. 향과 맛도 없고 인체에 유익한 미네랄도 없기 때문이다.
8. 차를 우려낸 후 오래 되었거나 하루가 지난 차는 마시지 않는다. 차의 변질이 우려되고 공기 중에 미생물이 번식할 가능성이 있기 때문이다.

[2] 권혁란 『세가지 색 차 이야기』 도서출판 이재(2005)
[3] 박영환 『중국의 차 문화』 도서출판 문현(2013)

차의 건강기능 효과를 제대로 누리기 위해서는 평소에도 차를 마시는 습관을 기르는 것이 좋다.

옛 문헌에는 차의 효능에 대한 언급이 많은데 한나라시대의 『신농본초(神農本草)』에 보면 '차는 맛이 쓰나 그것을 마시면 사람으로 하여금 유익한 생각을 하게끔 하고, 적게 누우며, 몸을 가볍게 만들고, 눈을 맑게 한다.'고 기술되어있다. 『신농식경(神農食經)』에는 '차를 오랫동안 복용하면 힘이 생기고, 하고자 하는 의지가 생겨 즐겁다.'고 하였다. 세계 최초의 다성인 육우의 다경에서도 음차의 건강효능에 대해 상세하고 소개하고 있으며, 당나라시대의 환관이었던 유정량(劉貞亮)은 음차십덕(飮茶十德)을 기술하기도 하였다. '우울한 기운을 없애며, 졸음을 쫓고, 생기나게 하며, 병의 기운을 제거하고, 예(禮)와 인(仁)을 이롭게 하며, 경의를 표하고, 맛을 음미하며, 신체를 건강하게 하고, 도(道)를 행하며, 자신의 뜻을 세우고 우아하게 한다.'

차는 인간에게 유익한 건강 음료로써 자리잡아 왔으며, 오랜 역사를 통해 건강을 보살피는 약용기능 또한 탁월하다는 것이 입증되었다. 우리나라 한의학 대가인 허준(許浚, 1546~1610)의 『동의보감(東醫寶鑑)』에도 '차는 소화를 돕고 소변이 잘 나오게 하며 독을 풀어주는 약리적 기능은 물론 머리와 눈을 맑게 하여 마음을 안정시킨다.'고 하여 차의 정신건강학적인 기능을 강조하였다.

차는 여러 가지 화학적인 성분을 함유하고 있으며, 특히 아미노산, 탄수화물, 미네랄, 카페인 그리고 폴리페놀 등의 성분은 차의 고유한 색깔과 풍미를 결정짓고, 건강에 유익한 것을 추출한다. 차는 75~80%의 수분을 함유하고 있지만 차를 만드는 과정에서 60~70%로 감소한다.

청차인 우롱차와 홍차의 발효(혹은 산화) 과정동안 폴리페놀 플라보놀(또는 카테킨 : 차의 떫은맛 성분으로 발암억제, 항바이러스 등의 효과가 있음)은 공기 중에 있는 산소와 접촉하면서 산화되는 과정 중에 독특한 풍미와 빛깔을 생성한다. 차는 살청(殺靑) 혹은 건조하는 과정에서 효소가 비-활성화되는데, 보통 이럴 경우 산화를 일으켜 수분함량이 약 3%까지 감소되기도 한다.[4]

차를 우려낸 차탕에는 질소, 타닌, 폴리페놀, 카페인, 유리당, 유기산, 비타민 C, 수용성 펙틴, 유리아미노산 등이 있다. 차의 성분은 차나무가 자라는 토양과 일조량, 습도, 해발 등의 떼루아에 따라 차이가 있으며, 찻잎을 채집하는 시기에 따라 차이를 보이기도 한다. 차를 만드는 제다방법, 보관 방법에 따라서도 차이가 있다.

첫째, 타닌 즉 폴리페놀은 6종류의 카테킨(catechin)으로 구성되어 있으며, 차탕의 색깔, 향기, 맛에 영향을 준다. 타닌 성분이 비교적 적은 황차·홍차는 타닌 성분이 산화 효소에 의해 산화 중합되어 주황색, 붉은색으로 변하는 반면, 녹차에도 많이 포함되어 있다.[5]

차는 소화를 돕고 독을 풀어주며 머리와 눈을 맑게 하고 마음을 안정시킨다.

---
4 제인 피티그루 『세계의 명품차 TEA』 세경(2009)
5 정영선 『한국 차 문화』 너럭바위(2007)

차에는 30종류의 폴리페놀이라는 성분이 있는데, 그 중 대표적인 것이 카테킨(catechin), 플라본(flavones), 페놀산(phenol acid), 안토시아닌(anthocyanin) 등이다. 이 성분들은 항산화물질을 갖고 있으며 우리 몸에 있는 활성 산소를 제거해주는 역할을 한다. 차 중에서도 녹차에 많이 들어있고, 보이차에는 녹차의 2배정도가 함유되어 있다.

둘째, 쓴맛을 내는 카페인은 차의 중요성분으로 차소(茶素)라고도 한다. 살청한 차가 찐 차보다 카페인 함량이 많으며, 일찍 찻잎을 채집하여 일조시간이 짧았던 차와 해가림으로 재배한 고급차에 카페인 함량이 많았다. 차에 들어있는 카페인은 부작용이 거의 없으며, 찻잎 속에 폴리페놀이 많으면 쉽게 결합하여 크림으로 형성되고 낮은 온도에서 불용성으로 유지되어 잘 녹지 않기 때문이다.

모든 종류의 차, 녹차, 우롱차, 홍차에는 카페인이 들어있으며, 함량의 차이만 있을 뿐이다. 녹차가 우롱차보다 카페인 함유량이 적고, 우롱차는 홍차보다 적다. 대략 커피 한잔에는 60~120mg 정도의 카페인이 함유되어 있지만 녹차는 8.36mg, 우롱차는 12.55mg, 홍차는 25~100mg이 함유되어 있다.[6] 차 속의 카페인은 중추신경계·심장·혈관·신장을 자극하는 효과가 있으며, 소화액의 분비도 증가시키고, 이뇨제 역할을 한다.

셋째, 유리아미노산 중에 감칠맛을 내는 테아닌(theanine)은 녹차의 주된 아미노산으로 일찍 찻잎을 채집한 춘차에 61.6%, 여름차에 40% 정도 포함되어 있다. 테아닌은 햇볕을 많이 받으면 카테킨류로 대사 전환되기 때문에 그늘에서 자란 차나무 앞에 유리아미노산 함량이 많다. 아침 안개가 걷히기 전에 찻잎을 채집하면 유리아미노산이 많아 고급차에 속한다. 특히 일본의 고급녹차, 중국 운남성의 고수차에 많이 들어있다고 한다.[7] 유리아미노산에는 글루타민산(glutamin acid), 아스파라긴산(aspartic acid), 알기닌(arginine) 등이 골고루 들어 있어 지방을 분해하고 소화를 도우며, 혈관계에 효능이 있다.

[6] 제인 피티그루 『세계의 명품차 TEA』 세경(2009)
[7] 정영선 『한국 차 문화』 너럭바위(2007)

넷째, 차속에는 비타민 A, B1, B2, E, C, 니코틴산 등이 풍부하게 들어 있다. 특히 차속의 비타민C는 매우 안정성 있어 90% 이상의 효력을 발휘하며, 침출액 중에 녹아있는 카페인, 타닌, 당질 등의 혼합물이 산화되는 것을 막아 그 효과를 한층 높이는 것으로 알려져 있다. 황차, 홍차 등의 발효차에는 발효 중에 환원형의 비타민 C가 산화형으로 변하므로 소량만이 잔존한다고 한다. 비타민C는 저온에서도 쉽게 용해되어 나오며, 첫 탕에 거의 대부분 녹아 나온다. 비타민 C는 피로회복, 피부미용에 좋은 것으로 알려져 있고, 녹차, 백차 등에 많으며 특히 보이차에 많이 들어있다.

마지막으로 차속에는 미네랄이 풍부하게 함유되어 있어 훌륭한 알카리성 음료이다. 칼슘(Ca : 뼈와 치아를 이루는 주성분, 어린이 성장에 필수요소), 칼륨(K : 인체 내에 나트륨이 쌓이는 것을 억제하고 혈압을 적정하게 유지), 마그네슘(Mg : 칼슘작용을 돕고 근육과 신경기능을 정상적으로 유지), 나트륨(Na : 인체 내의 전해질을 조절, 신경자극을 전달하는 역할), 인(P : 인체 내의 뼈와 치아의 구성성분, 세포의 성장과 에너지 생성), 황(S : 피부를 건강하게 유지하고 머리카락을 밝게 하는 역할) 등이 많이 함유되어 있고, 피를 만드는 철, 망간 등도 함유되어 있다.[8]

차에는 임산부에게 필요한 아연성분이 함유되어 있어서 매일 마시면 임산부는 물론 배속의 태아에게도 좋다고 한다. 미네랄은 황토나 돌, 자갈밭 같은 토양에 많이 함유되어 있기 때문에, 고수차에서 찻잎을 채집하는 운남성의 보이차가 미네랄이 가장 많이 함유되어 있다. 중국의 문헌을 통해 차의 효능을 종합적으로 기술하면 다음과 같다.[9]

첫째, 노화방지에 도움이 된다. 차의 성분 중에 폴리페놀은 강한 항산화 효과는 물론 생리활성 작용을 하여 신체를 건강하게 만들며 노화를 예방해준다. 2011년 중국 영파시(寧波市)에서 개최된 '차와 건강 세미나'에서 저장성의 중의대학교 연구결과에

---

[8] 고재윤 『워터 커뮤니케이션』 세경(2014)
[9] 이진수 『차의 이해』 꼬레알리즘(2007)

의하면 차에 있는 폴리페놀 1mg으로도 인체에 해로운 것을 제거해주는 효과가 있다고 발표하였다. 또한 9mg의 과산화물 제거효소(SOD)보다 뚜렷한 효과를 보이며, 특히 차에 들어있는 폴리페놀의 노화방지 효과는 비타민 E보다 18배 높다고 한다.

둘째, 차의 폴리페놀은 인체 내 지방 대사에 중요한 작용을 일으켜 심혈관 질환(동맥경화, 고혈압) 억제에 도움을 준다. 콜레스테롤, 트리글리세리드 함량의 증가는 혈관 내벽에 지방이 쌓이고 혈관평활근세포가 증가하여 아테롬성 동맥경화 등 심혈관 질병의 원인이 되고 있다. 차의 폴리페놀 속에 함유된 카테킨 ECG와 EGC 그리고 카테킨의 산화물 차황소(茶黃素) 등은 아테롬성 동맥경화의 죽상반(atheromatous plaque : 콜레스테롤 등이 달라붙어 혈관벽이 두껍게 되는 것)의 증가를 억제하며 피를 진하게 하는 피브리노겐(fibrinogen : 혈장 중에 함유된 당 단백질의 하나로 혈액을 응고시키는 역할)을 감소시켜 피를 맑게 하여 동맥경화를 억제한다. 또한 차속의 카테킨은 혈청의 콜레스테롤 함량을 크게 감소시키며, 비타민 C는 고혈압과 동맥경화를 억제하는 효과가 있다고 한다.

셋째, 암 예방과 항암효과가 있다. 차의 폴리페놀은 아질산암모늄(ammonium) 등 발암물질이 체내에서 합성되는 것을 차단할 뿐만 아니라 항산화 작용, 발암물질 대사의 조절 기능, 암세포를 억제시키고 면역력을 강화시키는 효과를 준다. 찻잎에 함유된 폴리페놀(주요하게 카테킨류 화합물)은 위암, 장암 등 각종 암 질병의 예방과 보조 치료 작용이 탁월하다고 한다.

넷째, 방사선 예방과 치료에 도움이 된다. 차의 폴리페놀과 그 산화물은 방사성물질 스트론튬(Sr)90과 코발트(Co)60의 독해물을 흡수하는 능력이 있어 방사선 노출의 예방은 물론 치료에 탁월한 효과를 보인다.

다섯째, 세균 바이러스를 저항 억제하는 작용을 한다. 차의 폴리페놀은 비교적 좋은 수렴작용을 발휘한다. 세균, 바이러스를 억제하거나 죽이는 작용을 하며 소염, 설사 방지에도 탁월한 효과를 발휘한다.

여섯째, 거친 피부를 보호하고 탁월한 미용 효과를 나타낸다. 차의 폴리페놀은 수용성 물질로써 찻물로 세안을 하면 얼굴의 기름기를 제거할 뿐 아니라 모공수렴의 효과도 있다. 차는 소독, 살균, 피부노화방지, 자외선 차단효과도 있다.

일곱째, 정신을 각성시킨다. 찻잎 속의 카페인은 인체 내 중추신경의 대사기능을 촉진시키고, 대뇌피질을 활성화시켜 집중력 향상과 기억력 향상에 도움을 준다.

여덟째, 이뇨작용과 피로회복에 탁월한 효과를 보인다. 찻잎 속의 카페인은 신장을 자극하고, 신장의 노폐물을 여과시켜 소변을 신속하게 배출하여 유해물질이 신장에 머무는 시간을 최단으로 줄여준다. 차 속의 카페인은 소변 속에 있는 과량의 유산을 제거하고 피로를 더 빨리 해소시킨다.

차에 들어 있는 항산화물질은 몸에 있는 활성산소를 제거해주는 역할을 담당한다.

아홉째, 체지방을 줄이고 소화를 돕는다. 차 속의 카페인은 위액 분비량을 높이면서 소화를 돕고 지방분해능력 또한 탁월하다. 중국에는 구식영인수(久食令人瘦 : 오랫동안 차를 마시면 날씬해진다는 뜻)라는 말도 있다.

열째, 치아를 튼튼하게 하고 눈을 맑게 한다. 찻잎에는 불소함량이 풍부하며 100g의 건차에 함유된 불소는 10~15mg이며, 80%가 수용성 성분이므로 효능이 좋다. 차는 염기성 음료로써 인체의 칼슘 유실을 막으므로 치아를 튼튼하게 하고 충치예방도 한다. 그리고 비타민A가 많아 눈도 맑게 한다.

차의 종류별 건강효능

녹차

녹차 속에는 카테킨 등 폴리페놀 성분이 많아 강한 항산화 작용을 하고, 인체의 불순물을 배출시켜 노화방지에 효과가 있다. 차의 폴리페놀은 수용성물질이며 자외선에 의한 피부손상을 막아 준다. 녹차 우린 물로 세안을 하면 모공을 줄이며 주름도 완화시켜 준다. 차의 폴리페놀은 구취해소에도 도움이 되며, 충치균에 의한 치아부식을 방지하고 항균작용이 있어 식중독 예방에도 효과가 있다.

녹차의 카페인은 위산분비를 증가시켜 소화에 도움을 주며, 소화기관 내 콜레스테롤 흡수를 저해하고, 지방산과 글리세롤로 가수분해(hydrolysis, 加水分解)될 수 있는 에스테르인 지방과 기름의 체내 침투를 억제한다. 그러므로 혈압을 떨어뜨리고, 심장을 강화시키며, 지방간이나 동맥경화를 예방한다. 또 복부지방을 제거하는 데 도움을 주어 다이어트에도 효과가 있다. 위암, 폐암 등을 예방하는 데도 효과가 있고, 혈압을 낮추어 주며, 심장의 혈류활동을 활성화하는 효과도 있다. 카페인은 소변 속의 과량의 유산을 제거하여 피로를 빨리 해소시킨다.[10]

---

[10] 전종무·주편 『중국 다경』 상해인민출판사(2004)

녹차 속의 항산화 작용을 하는 폴리페놀의 한 종류인 카테킨은 녹차 한 잔에 대략 100mg이 들어있으며, 그중 가장 강력한 성분인 'EGCG'는 비타민C보다 항산화 효능이 20배나 높은 것으로 알려져 있다. 카테킨 성분은 항암효과와 혈관건강을 지키는 기능을 한다고 알려져 있고, 감기 바이러스 활동을 저지시키고 체내세포가 바이러스에 감염되는 것을 막아주는 역할을 한다.

녹차는 기름기 많은 음식을 먹고 마시면 개운하고, 강한 알칼리성이므로 위산과다에도 효과를 보인다. 녹차 속에 함유된 아미노산의 일종인 테아닌(theanin)은 심신을 이완시키고 혈압을 낮추며, 학습능력을 높여준다. 녹차는 혈소판응집 억제작용을 하며 염증치료에도 도움이 된다. 중추신경을 흥분시켜 대뇌피질을 각성시키고 기분을 고조시키기도 한다.

백차

백차의 약리적 효능은 우선 숙취해소, 청열윤폐(清熱潤肺 : 열을 낮추고 폐 기능 보강), 평간익혈(平肝益血 : 간을 좋게 하고 혈류 기능 개선), 소염해독(消炎解毒 : 염증을 치료)하고 독소배출, 혈압을 낮추고 혈지를 감소시키며, 피로회복 등에 효과가 있다. 특히 술, 담배, 기름진 식습관으로 인해 나타나는 신체상의 일부 불편 증세뿐만 아니라 쉽게 화가 나는 등의 증상도 진정시키는 효과를 가지고 있다. 백차는 어린이들의 홍역치료에 효능이 있으며, 항암효과, 더위예방, 해독, 당뇨병 치료, 치통치료 등에도 효능이 있다.[11]

---

[11] 양현강·왕악비 『차 문화와 건강』 여행교육출판사(2014)

백차는 오래 묵을수록 약리효과가 더욱 커진다고 알려져 있다.

백차는 다른 차가 가지고 있는 영양성분 외에 인체가 필요로 하는 활성효소도 함유하고 있다. 장기간 백차를 마시면 체내의 단백질 지방분해효소(lipoprotein lipase)를 활성화시켜 지방분해를 촉진하고 인슐린의 분비량을 낮추므로 포도당의 장내 흡수 속도를 늦추는 데 도움을 주며, 이로 인해 체내 혈액 중의 당분을 분해하여 혈당조절작용을 하여 당뇨병 치료에 탁월한 효과가 있다.

백차 성분에는 풍부한 아미노산이 함유되어 있는데, 성질이 냉하여 열을 식히고 더위를 물리치는 등의 작용을 한다. 백차를 오랫동안 보관하면 오히려 약리효과가 더욱 커진다고 한다. 또 풍부한 순수 비타민A가 들어있어 인체에 흡수되면 로돕신(rhodopsin)을 합성하여 눈이 어두운 곳에서 물체를 더 뚜렷하게 볼 수 있도록 도와 야맹증과 안면건조증에 효과적이라고 한다.

마지막으로 백차의 성분에는 풍부한 디하이드로미리세틴(dihydromyricetin) 등의 플라보노이드(flavonoid) 물질이 함유되어 있어 간을 보호하고, 알코올의 대사산물인 아세트알데히드(acetaldehyde)를 신속하게 분해하여 무독성물질로 전환시키며 간세포의 손상을 막아주므로 알코올이 간에 미치는 손상을 대폭 줄이고 간이 신속히 정상상태를 유지하도록 해준다. 그리고 디하이드로미리세틴은 효과가 빠르고 유지시간이 길어 간을 보호하고 숙취해소에 탁월한 효과가 있다.[12]

황차

황차는 정신을 맑게 하고, 피로회복, 소화불량, 식욕부진 회복, 비만, 다이어트에 특효가 있다고 한다. 황차는 구차(漚茶 : 오랜 시간 담근 차)로 장기간 담그는 사이 대량의 소화 효소를 생성하여 소화기에 특히 좋다. 또한 황차는 황차 본래의 약리기능을 잘 발휘하여 지방세포에 깊숙이 침투하며 지방세포가 소화효소의 작용에 의해 신진대사를 회복하고 체지방을 없애는 데 효과가 있다.

황차의 차근(茶根 : 찻잎의 뿌리부분)으로 이선문(二扇門 : 혈의 명칭으로 손등의 중지와 무명지 사이 연결 부분의 0.5cm 밖에 위치)을 마사지하면 황차의 차근 성분이 혈에 흡수되어 혈당이 증가하여 지방대사를 촉진한다. 황차의 성분에는 풍부한 차의 폴리페놀, 이미노산, 가용성 탄수화물, 비타민 등이 많아 식도암 예방에 현저한 효과를 나타내고, 황차의 생생한 찻잎에는 천연 물질이 85%이상 함유되어 있어 항암, 살균, 소염 치료 효과가 다른 종류의 차보다 탁월하다고 한다.[13]

청차

청차에 함유된 폴리페놀 성분은 활성산소의 축적을 억제시켜 노화를 방지하는 데 도움이 되며, 타닌은 지방세포에 축적된 중성지방인 트리글리세라이드를 분해시키는 효능이 있어 다이어트에 도움이 된다. 그리고 폴리페놀 성분과 불소성분이 함유되어 있어 치석을 억제시켜주며 충치를 예방하는 데 도움이 된다. 청차의 성분 중 카페인은 이뇨작용을 도우며 숙취해소에 도움이 되고, 차의 폴리페놀 속에 함유된 카테킨

---

[12] 전종무 · 주편 『중국 다경』 상해인민출판사(2004)
[13] 양현강 · 왕악비 『차 문화와 건강』 여행교육출판사(2014)

ECG와 EGC 그리고 카테킨의 산화물 차황소(茶黃素) 등은 아테롬성 동맥경화의 죽상반의 증가를 억제하며 피를 진하게 하는 피브리노겐을 감소시켜 피를 맑게 하여 동맥경화를 억제하며, 특히 SOD 효소와 비타민C가 많아 과민성피부염인 아토피피부염에도 탁월한 효과가 있다고 한다.[14]

홍차

홍차에 많이 함유되어 있는 폴리페놀의 일종인 카테킨 성분은 강력한 항산화 기능을 갖고 있으며 노화를 촉진하는 유해 산소의 활동을 억제하는 기능이 있어 노화에 따른 각종 질병을 예방한다. 그리고 폴리페놀은 심장 질환과 동맥경화, 혈중 콜레스테롤, 뇌졸중, 암 발생 위험, 장내의 유해균을 죽여 변비나 설사 등을 감소시키는 효과가 있다.

홍차 성분에 카페인은 중추신경계에 작용하여 정신을 각성시키고 혈액 순환을 촉진하며, 이뇨작용 및 피로 회복에도 효과가 있으며, 플라보노이드(flavonoids)는 뼈 세포 물질을 파손하는 억제효과를 가지고 있어 뼈 건강에 도움이 되며, 해독작용도 한다.

보이차

보이차의 성분에 함유된 폴리페놀은 살균작용을 하며 암을 예방하고, 이질치료에 효과가 있으며 면역력 향상에도 도움을 준다. 카페인은 이뇨작용에 효과가 좋아 숙취 해소를 도우고, 노화방지에도 도움을 준다. 혈관 내 콜레스테롤이나 노폐물이 많아지면 혈관이 좁아져 혈액의 흐름이 원활하지 못하고 이로 인해 혈압이 상승하기 때문에 고혈압을 비롯한 뇌졸중, 동맥경화, 협심증, 심근경색, 심장병, 고지혈증 등이

---

[14] 서해영·주편 『중국차사대전』 화하출판사(2001)

보이차에는 녹차의 2배 정도에 해당하는 항산화물질이 함유되어 있다.

발생하는데, 특히 보이차의 폴리페놀은 이러한 각종 성인병(고혈압, 당뇨병, 뇌졸중 등) 이 예방하는 데 탁월한 효과가 있다고 한다.[16]

보이차를 마시면 신진대사가 활발해지고 체내 당 흡수를 줄여주면서 지방분해 및 인체에 당과 지방이 쌓이는 것을 억제해주기 때문에 다이어트에 도움이 된다고 한다. 보이차는 따뜻한 성질로 위 활동을 활발하게 하여 위 기능을 향상시키고 소화가 잘 되도록 도와주며 위 건강에 도움을 준다. 몸이 차가운 사람이 보이차를 마시면 몸이 따뜻해지는 것을 느낄 수 있다. 또한 보이차를 마시면 장 활동이 활발해지면서 체내의 변이 내장을 통과하는 시간을 단축시키며 변의 양이 많아지면서 배변활동이 자연스레 활발해져 변비해소에 도움을 준다. 보이차의 풍부한 영양성분 중에는 특히 비타민과 광물질이 풍부하고, 단백질, 아노미산, 탄수화물 등이 많이 함유되어 있어 육류를 자주 먹는 사람에게 반드시 필요한 광물질과 비타민의 중요한 근원으로 '생명의 차'라고 부르기도 한다.

15 소완방 『보이차 보건효능 과학독본』 운남과학기술출판사(2014)

차 우려내는 물과 온도

🍃 차 우려내는 물의 조건

중국, 한국, 일본의 다성(茶聖)들은 차를 우리는 데 가장 중요한 요소를 물이라고 하였다. 초의 의순의 『다신전(茶神傳)』에 의하면 '차는 물의 신(神)이요, 물은 차의 체(體 : 몸을 의미)이니 진수가 아니면 그 신기가 나타나지 않고 정차(精茶)가 아니면 그 체를 볼 수 없다'고 하였다.[16] 좋은 물은 차의 맛과 향기를 제대로 우려내지만 좋지 않은 물은 차의 맛과 향을 감소시켜 기대이하의 차가 되기 때문이다. 중국의 다성(茶聖)으로 불리는 당나라의 육우(陸羽, 727~808)는 "차를 우려낼 때 사용하는 물은 차 재배지의 산에서 나오는 샘물을 사용하라."고 하였다. 그 지역에서 자란 차나무는 그 지역의 샘물과 가장 잘 어울린다는 신토불이 법칙이 적용된 것이다.

명나라의 장대복(張大復)은 『매화초당필담(梅花草堂筆談)』에서 '차의 특성은 물에서 나오는 것으로 조금 품질이 낮은 차라도 좋은 물을 만나면 좋은 차가 되고, 아무리 좋은 차라도 물이 좋지 않으면 만족할만한 차를 마실 수 없다.'고 하였다.[17]

---
[16] 이진수 『차와 이해』 꼬레알리즘(2007)
[17] 고재윤 『워터 커뮤니케이션』 세경(2014)

차가 생산되는 곳의 깊은 산에서 나오는 샘물을 가장 훌륭한 물로 취급했는데, 그 이유는 물이 흘러내리면서 풀뿌리, 모래, 자갈, 바위 등에 의해 불순물이 걸러져 오염물질로부터 안전하다고 믿었기 때문이다. 오늘날에도 많은 차 전문가들은 차를 우리는 데 물의 품질이 무엇보다 중요하고 차 맛을 좌우한다고 생각한다. 차 전문가들에게 '물은 곧 차의 어머니'이다.

차를 우려내는 물을 선택할 때는 다음 세 가지 성질을 염두에 두는 것이 좋다. 첫째 pH로 중성의 물이나 약산성의 물이 좋으며, 산의 성질은 차의 향과 맛을 상승시키는 작용을 한다. 둘째, 물이 함유하고 있는 미네랄 성분은 너무 과다하면 차 본래의 성분을 방해할 수 있으므로 적정한 수준의 미네랄이 적합한데 TDS(Total Dissolved Solids : 총용존 고형물)는 로우(Low : 50~250mg/L) 이하가 좋다. 셋째, 물의 경도는 보통 연수(Soft : 0~17.1mg/L)를 사용하지만 차의 맛과 향을 우리는 데는 약경수(Slightly Hard : 17.1~60mg/L)가 좋으며, 차의 종류에 따라 때로는 중경수(Moderately Hard : 60~120mg/L)를 사용하기도 한다.[18]

우리나라의 먹는 샘물은 대부분 경도 20~100 미만인 연수이므로 탕색은 연하지만, 맛과 향은 강하게 추출되기 때문에 찻잎의 양을 줄여서 넣어 우리면 떫은맛이 섞세

차 전문가들에게 물은 곧 차의 어머니이다.

18 고재윤 『워터 커뮤니케이션』 세경(2014)

나타난다. 반대로 홍차의 대소비국인 영국은 대부분 먹는 샘물이 중경수이므로 탕색은 강하게 우려 나지만 맛과 향은 부드럽고 연하게 추출된다.

먹는 샘물 즉 생수

백화점, 대형마트, 편의점에 가면 먹는 샘물의 종류가 너무 많아서 전문가가 아닌 이상 혼란스러울 때가 있다. 먹는 샘물은 자연 상태의 물을 마시기에 적합하고 안전한 상태로 만들기 위해 처리 과정을 거친 후 용기에 담아 시중에 판매되고 있는 것으로 보통 생수라고 부른다.

우리가 사서 마시는 먹는 샘물은 탄산함유량, 미네랄 총용존량, 경도, pH, 순수도로 구분하는데 라벨에 모두 기재되어 있다. 차를 우리는 데 적합한 먹는 샘물은 탄산이 없는 스틸 워터(still water)가 좋으며, pH는 중성이나 약산성이 좋다. TDS, 즉 미네랄 함유량이 과다하지 않은 로우(Low : 50~250mg/L) 이하가 좋으며, 차와 미네랄이 함유된 먹는 샘물의 관계를 설명하면 다음과 같다.[19]

먹는 샘물의 미네랄 성분	차 맛의 변화
철	색이 어둡고 연한 애린 맛
알루미늄	쓴맛
칼슘	떫은맛과 쓴맛
마그네슘	연해지는 맛
납	맛이 부드러우면서 신맛, 과하면 쓴맛
망간	쓴맛
니켈	금속 맛
은	금속 맛
아연	쓴맛

[19] 대익다도원·김태연 「대익보이차」 도서출판 다빈치(2013)

물의 경도는 녹차와 백차는 연수(Soft : 0~17.1mg/L), 청차, 황차, 흑차는 약경수 (Slightly Hard : 17.1~60mg/L), 홍차는 중경수(Moderately Hard : 60~120mg/L)를 사용하는 것이 좋다. 연수는 차가 갖고 있는 고유의 향도 충분히 끌어내므로 차다운 풍미를 느낄 수 있으며, 약경수는 향이 약간 진해지는 느낌을 가지면서 탕색은 진하게 우려나와서 색감을 높여준다. 중경수는 맛과 향이 강한 차에 적합한 물로 차를 우리면 맛이 완화되고 향도 약해지므로 마시기에 편하다. 먹는 샘물은 페트병에 들어 있으므로 보관을 잘하여야 하고, 일단 개봉하면 빠른 시간 내에 소비하는 것이 좋으며, 장시간 햇볕에 노출될 경우 환경 호르몬이 발생할 수도 있다.

🍃 수돗물

수돗물은 담수를 철저하게 소독하여 위생적으로 처리한 물이며, 염소소독과정에 트리할로메탄(THM)이 극미량 포함되지만 문제는 되지 않는다. 수돗물의 수원지는 저수지나 호수, 강이며, 취수되면 고도의 정수처리기법을 사용하여 정세한다. 수돗물을 원수로 사용한 생수는 수원지의 지명을 밝혀서 시중에 판매되고 있다. 예를 들면, 헤트그 헤트치 마운틴(Hetch Hetchy Mountain)은 미국 샌프란시스코의 주요 수자원인 헤트그 헤트치 저수지에서 취수한 물로 생산된 생수이며, 우리나라는 밀양, 청주, 팔당의 물을 취수하여 정수한 'K-water' 그리고 한강을 수원지로 둔 '아리수'가 있다.[20] 수돗물은 정수과정에 염소를 투입하여 냄새가 나기 때문에 차를 우리는 물로는 적합하지 않으며, 수돗물을 사용하면 염소 냄새로 인해 차의 향도 망치게 되므로 가급적이면 사용하지 않는 것이 좋다.

🍃 정수기 물

우리가 마시는 물이 오염되고 환경호르몬에 노출되어 있으므로 많은 사람들이 정수기를 사용하여 순수하고 깨끗한 물을 마시려고 한다. 우리가 마시는 생수에는 인체

---

[20] 고재윤 『워터 커뮤니케이션』 세경(2014)

에 유익한 것도 있지만 인체에 아무런 영향력이 없는 것도 있다. 빙하수는 살아 있는 생수로써 젊음과 건강을 찾아준다고 하지만 정수기를 통해 유기물을 모두 제거한 순수한 물은 '배고픈 물'이라고 한다. 물이 끓을 때 발생하는 수증기를 냉각하여 응축하면 다시 물이 되는데 이것이 증류수이며 '죽음의 물'이라고 한다. 증류수는 순수한 물이므로 pH 값이 7.0으로 중성이며, 공기와 접촉하면 다소 산성이 된다. 이 증류된 물을 어항에 넣으면 활발하게 헤엄치던 담수어가 죽어 버린다. 물에 녹아 있어야 할 용존 산소가 없어 물고기들이 산소공급을 받을 수가 없기 때문이다. 증류수가 생명체 내부로 들어와서 가장 먼저 하는 일은 우선 자신의 배를 채우기 위해 생명체 내의 영양소를 비롯한 각종 이온 물질을 무조건 빼앗는 것이다. 즉 아무런 물질도 포함하고 있지 않은 물은 자신이 빼앗을 수 있는 물질이 포화상태에 이를 때까지 어떤 일도 할 수 없다. 국내 물 전문가인 이재혁은 '4℃ 물의 과학 알칼리 이온수'에서 이런 물을 '배고픈 물' 혹은 '죽음의 물'이라고 이름을 붙였다.[21]

정수기는 물을 정제하는 방법도 다양하지만 우리나라의 정수기는 역삼투압 방식을 많이 사용하고 있으므로 물속에 있는 모든 불순물과 함께 미네랄도 걸러진다. 매우 순수하고 깨끗한 물이지만 건강한 물에는 한계가 있다. 그러므로 정수기물을 사용하여 차를 우리면 차 속의 미네랄이 정수된 물에 빼앗겨 차의 향도 맛도 쓴 맛으로 변하기 때문에 가급적이면 사용하지 않는 것이 좋다. 덧붙이면 차를 우릴 때는 먹는 샘물을 가급적 사용하는 것이 좋다.

---

[21] 고재윤 「워터 커뮤니케이션」 세경(2014)

차 우려내는 물의 온도

어떤 물을 사용하느냐에 따라 물에 용해되어 있는 성분과 양이 다르기 때문에 차 맛과 향기, 색에 많은 영향을 미친다고 하였다. 차를 품평하는 물은 기본적으로 마실 수 있는 깨끗하고 건강한 물이어야 하며, 이물질이 섞여 있거나 침전물이 가라앉아 있는 물을 사용하면 좋은 차를 품평하는 데 저해요인이 된다. 일반적으로는 먹는 샘물을 사용하며, 냄새가 나지 않는 주전자나 전기포트를 이용하는 것이 좋다.

물은 고온일수록 더 빨리 용해되고, 그 과정에서 일부 화합물이 파괴될 수도 있다. 품질이 좋은 차는 성분의 수를 극대화한 것이 아니라, 타닌, 아미노산, 방향성 화합물 간의 균형이 잘 맞는 것이다. 차의 종류에 따라 우리는 온도를 적절하게 맞추면 미네랄의 섬세한 균형을 맞추어 주면서 향과 맛을 상승시키고 매우 자연스러운 환경을 만들어준다.[22]

중국 운남 지방의 보이차,
보이차는 소수민족들이 즐겨 마시던 차였다.

---

[22] 프랑수와 사비에르 델마스 · 마티미네 · 크르스틴 마르바스트 「티 소믈리에 가이드」 한국 티소믈리에 연구원(2013)

어떠한 종류의 차라도 품종, 자란 환경, 제다방법 등에 따라 적정한 온도가 존재한다. 또한 모든 차에 적용되는 공통된 법칙도 있는데 그 법칙의 비밀 중에 하나는 바로 물이 끓을 때까지 그냥 놔두는 것은 좋지 않다는 것이다. 물은 40℃부터 작은 기포들이 발생하면서 산소를 비롯한 증기들이 서서히 증발하고, 과열 과정에서 증기는 계속 방출하게 된다. 그리고 물이 끓는점에 도달하면, 산소는 모두 증발하게 되어 끓인 물은 산소가 없는 물이 되기 때문에 물을 끓일 때는 신중을 기해야 한다.

산소는 차를 마실 때 무엇보다 중요한 역할을 하는데, 방향성 화합물의 기체 상태를 유지시켜서 뇌로 후각 정보를 전달하도록 돕는 것이다. 따라서 이는 후각에도 영향을 미친다. 물이 끓는점에 도달하면, 그 속에 함유된 미네랄들은 찻물을 끓이는 찻주전자의 표면에 막을 이루고, 이 막은 타닌을 뭉치게 해서 결국 차의 맛을 저감시키는 역할을 하게 된다.[23]

물은 뜨거울수록 타닌을 비롯한 다양한 미네랄을 더 많이 용해시키고, 물의 온도는 차의 떫은맛을 생성하며 쓴맛을 내고, 향과 차의 구조감도 균형을 잃게 한다. 예를 들면 너무 뜨거운 물을 녹차에 부으면 차속에 함유된 아미노산을 포함한 특정 미네랄이 손실되고, 첫 발향인 톱 노트(top note : 처음에 느끼는 향)를 형성하는 대부분의 휘발성·방향성 화합물도 사라진다. 예를 들어 기문홍차(祁門紅茶)의 신선한 사과 향을 내는 아세트알데히드는 70℃가 넘어가면 손실된다.

차의 쓰고 떫은맛을 내는 주요 성분이면서 차의 품질에도 관여하는 카테킨(Catechin : 폴리페놀의 일종)은 저온에서는 다른 성분보다 적게 용출되고, 높은 온도에서 단시간에 우려 나오는 양은 비교적 적지만 시간에 비례하여 함량이 증가하게 된다. 따라서 쓰고 떫은맛을 적게 추출할 때 낮은 온도의 물에서 우려내면 되는데 시간이 오래 걸리는 단점이 있다. 카페인은 쓴맛을 내는 성분으로 용해 속도나 우러나오는 정도가 물의 온도에 따라 크게 좌우되는데 60℃의 물에서보다 80℃의 물에서 카페인이 거의 추출된다고 한다.

---

[23] 프랑수와 사비에르 델마스·마티미네·크르스틴 마르바스트 『티 소믈리에 가이드』 한국 티소믈리에 연구원(2013)

아미노산은 온도가 높을수록 잘 우러나오지만 오랜 시간 우려내면 80~95℃의 고온에서는 오히려 감소하는 현상을 보인다. 이것은 아미노산과 과당 사이에 갈변반응이 일어나는 것으로 추측하고 있다.

녹차, 청차, 홍차는 특유의 향기를 가지고 있는데 뜨거운 물을 사용하면 가장 다양하고 깊은 향을 우려낼 수 있으나 차의 맛은 상대적으로 떨어지는 단점이 있다. 녹차는 비교적 낮은 온도에서 휘발되기 쉬운 성분이 주를 이루고, 청차나 홍차는 고온의 뜨거운 물이 아니면 특유의 향기가 우려내기 어렵기 때문에 차의 종류별로 우리는 온도를 잘 숙지해야 한다.

차를 우려낼 때 어떤 적정온도가 가장 차의 향과 맛을 잘 표현할 것인가에 대한 질문은 영원한 수수께끼였지만 차를 발견한 이후부터 오랜 시간 동안 차가 생산되는 산지에서 경험을 통해 차 종류에 따라 물의 적정 온도를 찾는 데 노력한 결과 지금은 차를 우리는 온도를 각 종류별로 표준화하였다.

차를 우릴 때 물의 온도는 매우 중요하기 때문에 차 종류별로 적정하게 맞추는 것이 바람직하다. 너무 뜨거우면 쓴맛이 강해져 단맛을 느낄 수 없기 때문에 뜨거운 물을 바로 따르지 말고 좀 식혔다가 따르는 것이 품질 좋은 차를 마시는 비법이라고 할 수 있다. 각 차의 종류별 특성에 대해 잘 이해한 뒤 물의 온도를 맞추면 된다. 온도계를 통해 물의 적정 온도를 확인하거나 온도계가 달린 전자식 주전자를 사용해 온도를 맞추면 된다. 그러나 항상 차를 우리는 물의 온도가 완벽한 규칙이 될 수가 없다는 것을 기억해야 한다.

차 전문가 제인 피티그루(Jane Pettigrew)가 소개하는 찻물의 온도는 녹차는 70~85℃에서 3~7분, 홍차는 95℃에서 3~7분, 우롱차는 95℃에서 5~7분, 보이차는 95℃에서 5~7분이지만 차의 종류, 등급 등에 따라 차이가 있다.

차를 위한 다구와 티 포트

차를 위한 용기

차를 마시기 위해서는 다양한 다구(茶具)가 필요하지만 시대에 따라 조금씩 달라져 왔으며, 때로 실용적인 면을 강조하기도 했지만 때로 사치와 부의 상징이 되기도 하였다.

예로부터 차를 마시던 중국의 초창기 관습은 뚜껑이 없는 주전자에 찻잎을 넣고 끓여내는 것이었으며, 지금도 운남성의 가정집에 들어가 보면 집안에서 주전자로 차를 끓여 마시는 습관을 그대로 유지하고 있다. 그러나 명나라에 들어와서는 찻잎을 뜨거운 물로 우려내고, 뜨거운 물의 온도를 계속 유지하기 위해 뚜껑 있는 용기를 개발하였다. 현대식 티 포트(차 주전자)를 닮은 도자기 물병은 중국에서 수세기 동안 술을 담는 데 사용해왔으며, 이후 차를 우려내는 데도 유용하게 사용하게 되었다.

차를 마시기 위한 다구 세트는 시대와 나라별로 조금씩 달라져 왔다.

차를 좀 더 편리하게 우리기 위해 티 포트를 고안했으며, 네덜란드 상인들은 16세기 후반 중국에서 유럽으로 차 수입을 시작할 때, 티 포트도 함께 수입하였다. 초창기의 티 포트는 작았으며, 밑면이 넓어 차를 우리기 좋은 형태였고, 찻잎을 거를 수 있는 형태로 넓은 주둥이가 낮게 붙어 있었다. 이러한 중국식 도기는 유럽의 유행상품이 되었고, 1670년대 말에는 네덜란드 도공들이 뜨거운 열에 견디는 티 포트를 복제하는 데 성공하였다. 네덜란드에서 만든 티 포트가 영국에 수출되면서 인기를 끌었고, 이후, 영국은 버밍엄의 "스태퍼드셔(Staffordshire)" 마을 자체가 영국 도자기산업의 메카로 떠오르기도 했다.

유럽의 도공들은 중국의 차이나 웨어를 그대로 만드는 기술을 터득하기 위해 거의 100년 가까운 세월을 보내야 했다. 유럽의 초기 포트들은 중국의 전통을 따라 신화 속의 인물이나 상징을 따른 디자인들이 많았다. 그 후 18세기에는 로코코 양식이나 신고전주의 양식을 따랐으며, 19세기에는 화려하게 장식된 빅토리아나 양식을 반영하였다. 최근 포트는 여러 형태와 다양한 사이즈로 만들어지고 있다. 동물, 새, 식물

에서부터 마차, 자동차, 집뿐만 아니라 문학에서 차용한 캐릭터까지 장식 문양으로 그려지고 있다.[24]

🌿 티 포트 종류

🌱 주입식 포트

요즘은 자체 제작된 주입기가 포트 입구에 들어 있는 우아한 유리 포트들이 시장에서 판매되고 있다. 기존 방식대로 차를 우려내기 위해서는 포트에 열을 가하고 찻잎의 양을 측정해 주입기에 조심스럽게 넣고 끓인 물을 부은 후에 뚜껑을 덮고 필요한 시간만큼 차를 우려낸다. 원하는 만큼의 농도에 도달하면 잎이 들어있는 주입기를 빼면 된다.

🌱 플런저 티 포트

플런저 티 포트(plunger tea port)는 유리와 금속재질로 되어 있으며, 손잡이를 내려 누르는 방식으로 추출하는 티 포트는 우려낸 후에 찻잎을 분리하는 방식이다. 원하는 농도로 우러나오면, 찻잎과 뜨거운 물 사이의 어떤 접촉이 없도록 플런저를 누른다. 이렇게 하면 찻잎 입자들이 물로 풀려 나오는 것을 방지하고 아주 깨끗하게 차를 우릴 수 있다. 주입식 포트보다 좋은 점은 포트로부터 주입기를 분리할 때 물이 떨어져 지저분해질 염려가 없다는 것이다.

---

[24] 제인 피티그루 『세계의 명품차 TEA』 세경(2009)

🍃 주입기

편리성을 추구하는 현대인들을 위해 차를 우릴 때 간편하게 찻잎을 넣어 사용하는 주입기도 있다. 중국의 전통 티 포트는 전용 주입기를 세트에 포함하지 않은 경우도 종종 있지만 최근에는 중국에서도 만들고 있다. 다양한 사이즈와 여러 소재의 주입기들이 어떤 형태의 포트 또는 컵이나 머그잔에도 맞게 디자인되어 시장에 나와 있다. 이러한 주입기들은 편리하지만 품격이 떨어지는 것이 단점이다. 특히 컵 안에 주입기가 같이 결합되어 있는 것을 구입하지 않는 것이 좋다. 이유는 찻잎을 끓인 물에 우려낼 때 건조된 잎의 사이즈는 작으나 물과 접촉해서 수분을 흡수하면 몇 배 정도로 찻잎이 커지기 때문이다. 충분한 공간이 없으면 향이 찻잎에서 물이 통과할 수 없게 되어 고유의 차의 향과 맛을 잃어버릴 수도 있다.

🍃 주입식 머그잔

최근 유행처럼 번지고 있는 머그잔은 손잡이가 있는 큰 컵으로 뜨거운 우유나 커피를 마시는 데 많이 사용되지만, 차를 마시는 데도 사용하고 있다. 주입식 머그잔들은 일반 잔보다 크기 때문에 개별적으로 차를 우려내기에 적합하다. 이러한 머그잔 형태의 디자인은 중국식 뚜껑 있는 도기로 차를 우려내는 가이완에서 유래하였다고 한다. 하지만 한번 액체가 원하는 농도로 우려지면 끓는 물에서 청자인 우롱찻잎을 제거하는 것이 낫다는 사실을 발견하였다. 이 주입기는 공간이 넓어서 찻잎을 제대로 우려낼 수 있다.

주입식 머그잔에서 찻잎을 우려내는 방법은 차를 우려내기 전에 끓는 물로 주입식 머그를 데워서 차의 온도 관리를 해야 한다. 주입기에 적당한 양의 찻잎을 넣고 우롱차와 홍차는 끓인 물을 붓고, 녹차나 백차를 우릴 때에는 끓는 점 이하 뜨거운 물을 부으면 된다. 차를 모두 우리 다음 주입기만 들어내면 깨끗하게 정리할 수 있다는 장점이 있다.

캐디와 캐디 스푼

영국에서 차는 귀한 물건이므로 잘 보관하기 위해 시건장치(施鍵裝置)가 된 통이 필요하게 되었다. 차를 담아 보관하는 것이 캐디(caddy)였는데 18세기부터 차의 용어로 사용되었다. 캐디는 말레이시아 언어인 카티(kati)가 어원으로 대략 1파운드 5온스를 나타내는 무게 단위로 사용되었던 말이었는데 영어로 차용되면서 캐디로 통용되었다. 18세기 초, 차를 담은 상자를 캐디라고 일컬었는데, 칸이 2~3개로 분리되어 있었기 때문에 차나 설탕을 별도로 보관할 수 있었다. 이러한 캐디에 모두 시건장치가 되어 있었고, 열쇠는 가족과 손님들을 위해 차를 주로 준비하던 안주인이 지니고 있었다. 차를 하인들의 손에 맡기기에는 너무 비싸고 귀한 것이어서 캐디는 가족 응접실에 두었다.[25]

18세기 후반에서 19세기까지 다양한 소재로 캐디를 제작하였는데 희귀한 나무들, 은, 거북이 껍질, 자개, 상아, 자기, 수정 등이 소재로 사용되었다. 19세기 말에 차 값이 하락하자 시건장치가 있는 캐디의 수요도 감소되었고, 집안의 장식품으로 전락하게 되었다.

캐디와 함께 사용되었던 스푼은 처음에는 긴 손잡이가 달린 국자 모양이었으나, 약 1770년부터 뭉툭한 박스에 맞게 좀 더 짧은 형태의 캐디 스푼이 등장하였다. 캐디 스푼 또한 여러 모양으로 제작되었는데 잎, 도토리, 연어, 엉겅퀴 그리고 삽 모양이 대부분이었다. 그러나 가장 인기 있는 스푼은 언제나 조개껍데기 모양, 기수의 모자 모양, 손 모양, 그리고 독수리 날개 모양이었다고 한다.

---

[25] 제인 피티그루 『세계의 명품차 TEA』 세경(2009)

🍃 자사차호(紫砂茶壺) 혹은 가이완

중국의 차 문화에서 자사차호(紫砂茶壺) 혹은 가이완(북경어로 뚜껑 덮은 찻잔을 의미하며, 광동어로는 '종 또는 차청')은 매우 중요한 다구이다. 중국 원나라시대인 1350년대부터 사용했다는 기록도 있으며, 특히 중국인들이 '차구 가운데 왕(茶具之王)'으로 생각하는 자사차호 역시 남송시대에 처음 만들어졌고, 그 후 성장과 발전을 거듭하면서 명나라시대 중·후기에 꽃을 피우게 되었다.

가이완은 받침접시, 찻잔 그리고 뚜껑으로 구성되어 있으며, 차를 마시는데 사용하도록 디자인되었다. 자사차호 중 자사차호는 자사(紫砂)로 만든 차호를 말하며, 자사란 '자주빛 나는 모래흙'을 의미한다. 자사차호를 제작하는 흙에는 석영(石英), 운모(雲母), 적철광(赤鐵鑛) 등 각종 광물질로 이루어져 도자기를 만드는 흙인 도토(陶土)로서의 장점이 많아서 투기성이 좋고 냉온의 급격한 온도 변화에도 잘 적응한다. 그래서 때로 사람들은 자사를 "흙 중의 흙, 암(石) 중의 암(石)"이라고 하여 그 가치를 보배만큼이나 귀하게 여긴다. 실제로 좋은 자사는 금값보다 비싸다고 한다.[26]

---
[26] 김경우 「중국차의 이해」 월간 다도(2005)

중국의 대표적인 다기는 강소성(江蘇省) 무석시(無錫市) 이싱(宜興 : 의흥)지역에서 생산되는 자사차호이며, 전통적인 중국의 차를 우리는 방법으로 홍차나 청차인 우롱차를 우려내기 위해서는 가이완 밑바닥에 찻잎을 조심스럽게 놓고, 끓는 물을 잔의 1/2정도 아래에 차도록 충분히 붓고 바로 찻잔과 받침을 잡고 뚜껑을 여과기처럼 사용하여 찻잎이 흘러내리지 않도록 조심스럽게 받쳐서 찻물을 따르면 된다. 그리고 가이완 뚜껑을 열어 씻은 찻잎의 향을 맡는다. 만약 녹차를 우려낸다면, 첫 번째 단계를 건너 바로 다음 단계로 진행해야 한다.

다음으로 가이완에 막 끓기 시작한 물을 따라 붓는데, 바로 잎 위에 직접 붓는 것이 아니라 컵의 밑바닥부터 부어 찻잎들이 아랫부분에서 소용돌이치도록 하여 찻잎의 미네랄을 추출하도록 해야 한다. 녹차는 컵의 뚜껑을 열어 놓고 2~3분을 우려낸 다음 마시는 것이 좋다. 홍차나 청차인 우롱차는 뚜껑으로 찻잔을 덮고 필요한 만큼 적정한 시간을 두어 우려내어야 제 맛을 낼 수가 있다. 가이완으로 마시기 위해서는 오른손 바닥으로 받침접시를 받치고 엄지로 찻잔을 눌러 안정적으로 받치며, 왼손으로는 뚜껑의 손잡이를 이용해 들어 올린 다음, 자신의 몸에서 떨어뜨려 살짝 기울인다.

영국과 인도에서는 홍차의 찻잎 등급을 구분한다.

그래서 차를 마실 때 잎이 뚜껑에 의해 나오지 않게 잡아주는 역할을 한다. 차를 다 마시기 전에 뜨거운 물을 좀 더 붓는데 찻잎에 바로 붓기보다는 찻잔의 안쪽으로 흘린다. 이것은 차의 향을 조금 더 추출하기 위한 방법이다. 세번째 재탕하는 것은 찻잎에 바로 물을 붓고, 계속 물을 더 보충하면서 잎에서 좋은 향이 다 사라질 때까지 재탕하여 마신다.[27]

이싱 다기

중국 강소성(江蘇省)의 이싱(宜興)에서 나는 독특한 광물질인 자사를 재료로 제작한 다기는 영국뿐만 아니라 유럽에서 매우 인기가 있었고, 명품으로 고가에 판매되었다. 이싱 다기는 유약을 칠하지 않은 것으로 일반적인 티 포트와는 품질이 다르고, 차를 우릴 때 그 향을 그대로 보존하기 때문에 더욱 유명해졌다.

기원전 2,500년부터 이싱(宜興)에서 고급 자기들이 제작되있는데 이싱 근처에 있는 사찰에서 수도를 하던 스님이 1,500년대 초기에 초벌지사(보라색 사토)를 원료로 한 무광의 이싱 다기를 최초로 제소하여 주변에서 명품으로 인정을 받았다고 전해지고 있다.

이싱 다기는 영국의 티 포트보다 차를 더 따뜻하게 유지해주는 것으로 밝혀졌고, 적갈색이나 녹색 이싱 다기들은 중국과 일본에서 매우 인기를 얻어 귀족들이 사용하는 고가의 티 포트로 인기가 대단하였다. 이싱 다기들은 온갖 종류의 아름다운 모양으로 만들어졌는데 연꽃무늬, 수선화, 과일, 대나무로 제조되기도 했고 혹은 굉장히 단순한 형태의 모양으로 다기 그 자체가 말해주듯이 아름다움 그 자체를 전해주는 것도 있었다. 차를 사랑하는 사람들은 지금도 이싱 다기를 높이 평가하고, 소유하고자 노력을 하고 있다. 초벌구이 된 이싱 다기는 고급 중국차의 향과 맛을 추출해내고 차가 가지고 있는 향과 맛을 그대로 존재하게 하는 마력을 갖고 있다. 이싱 다기는 위

---

[27] 제인 피티그루 『세계의 명품차 TEA』 세경(2009)

낙 명품이고 유명하여 모조품이 많이 나와 있어 진품과 구별하기 어렵다. 진품을 구별하는 방법은 다음과 같다.[28]

이싱 다기는 매우 고운 점토로 만들어져 독특한 촉감을 갖고 있으며, 금속제품처럼 느껴질수도 있다. 다관을 두드려보거나 뚜껑의 측면을 문질러보면 틀림없이 아름다운 소리가 난다. 이싱 다기는 밑바닥이나 뚜껑 안쪽 혹은 손잡이 측면에 로고가 표시되어 있다. 모양은 손잡이를 제거할수 있도록 고안되어 있으며, 윗부분에 손잡이가 달린 다관을 제외하고는 손잡이와 주둥이 부분의 입구가 나란하게 수평을 이루고 있다. 이싱 다기는 많이 사용할수록 더욱 품위가 살아나며, 겉표면의 색상이 우아해지는 특징이 있다. 또한 이싱 다기는 세척할 때 세제를 사용하면 점토재질이 세제를 흡수하여 차 맛을 가시게 한다.

한국의 다기

삼국시대부터 황실과 귀족 사이에 차를 마시는 풍습이 있었기에 우리나라의 다기문화는 발전하였고, 그 기술은 중국과 일본에도 영향을 끼쳤다. 삼국시대 초기에는 경질도기의 제작법이 일반화되고 말기에는 근동의 저화도 납유약기법이 중국을 통해 전래되었으며 고화도의 재유약도 일부에서 시작되었다. 고려시대에는 청자를 만들어 11~12세기에는 중국의 청자보다 뛰어나서 당시 중국인들까지 '천하제일'이라고 동경했던 비색(翡色) 청자를 제작했다. 조선시대에는 백자가 크게 성행하였으며, 일제강점기에는 일본의 산업자본과 기술이 국내에 유입되어 서구식 산업도자가 시작되었다. 일본인들의 상고주의(尚古主義)적 취향에 의해 고려청자와 조선시대의 분청백자가 전승도자의 형태로 제작되었다. 해방이후 한국 도자공예는 다른 공예와 같이 시대적 어려움의 영향을 받을 수밖에 없었고, 최근에 다시 부활하면서 한국의 다기는 세계적으로 인정을 받고 있다.

---

[28] 프랑수와 사비에르 델마스 · 마티미네 · 크르스틴 마르바스트 『티 소믈리에 가이드』 한국 티소믈리에 연구원(2013)

차를 우려내는 도자기는 그 시대의 문화를 반영한다.

한국 다기는 녹차를 마시는 포다법(잎차)과 점다법(말차 : 가루차)에 집중하여 편리하게 만들어졌다. 한국의 다기는 경기도 이천·여주를 중심으로 만들어지고 최근에 경북 문경의 차사발도 유명해지고 있다. 한류의 영향으로 중국에도 다기가 수출되고, 우리나라의 녹차나 말차에 집중되던 과거의 다기에서 중국의 보이차·청차·홍차·백차·황차·흑차 등 차 종류가 다양해졌기 때문에 차에 알맞은 다기를 만들고 있다. 과거 백자·청자 위주이던 색상이 파스텔 톤 등으로 다양해지고 손잡이 위치도 차호(찻수전자)의 옆에서 뒤로 옮겨지며 찻잔이 작고 가벼워지는 등의 변화도 생겼다.

🍃 일본 다기

17세기 초 까지만 해도 일본은 도기를 만드는 기술은 있었으나 자기를 만드는 기술은 없었다. 그러나 일본은 차 문화가 발달되고 차를 마시기 위해 꾸준한 도자기 수요가 있었으나 일본은 자신들의 도자기 만드는 기술에 한계를 느끼고 있었다. 그리고 조선침입 때 풍신수길(豊臣秀吉)이 조선에서 도공을 강제로 데려갔고, 이후 조선인 도공 이삼평(李參平)에 의해 일본의 도자기 문화는 규슈(九州) 북서부 사가현(佐賀顯) 아리타야키(有田燒) 중심으로 급속도로 발달하기 시작했고, 가라쓰(唐津) 도자기 산지도 조선인 도공들에 의해 세워졌다. 일본 사람들이 흔히 일본도기라 하면 파랑, 빨강을 많이 사용하는 아리타야키(有田燒)가 대표적이며, 400년의 역사를 갖고 있다. 최근 규슈의 기후현(岐阜顯)에서 생산되는 무색의 미노야키(美濃燒) 도자기가 일본에서 거의 생산량의 반을 차치하며 발전하고 있다. 결국 일본의 다기는 조선에서 건너간 도공들에 의해 꽃을 피우게 되었다.

일본에서 큰 다기는 다양한 모양의 제품이 있으며 특히 맛차(抹茶 : 말차로 가루 녹차)에 사용되는데 상대적으로 두꺼워야 잘 깨지지 않고, 찻잔을 들 때 부드러워 편안한 감촉을 준다. 일본의 말차는 대나무 총채로 자유로이 휘저을 수 있게 만들어야 하기 때문에 다기의 입구가 넓다. 일본의 다기들은 녹차를 마시기에 편리하고 실용적인 면을 모두 충족시키는 것으로 정평이 나 있다.

중국의 다구 사용법

차를 마실 때 사용되는 차 도구란, 찻잎을 따는 일, 차를 만드는 일, 차를 우리고 마시는 일, 차실 안의 기물이나 장식품, 찻그릇을 거두고 정리하는 일에 필요한 모든 기물들을 총칭해서 말한다. 다시 말하면 차 도구는 다구와 다기를 수용한 통합적인 의미로써 차와 관련된 모든 것들을 포함하여 사용하는 용어라고 할 수 있다. 도구는 어떠한 일을 하는 데 필요한 연장을 뜻하며, 여기에서 차 도구는 행다(行茶)를 하는데 직접적으로 사용되지 않는다 하더라도 제다에 필요한 도구나 차실 내외의 보조적인 것까지 모두 총체적으로 의미하는 것이다. 그래서 차도구라는 말은 광범위한 의미를 지니기 때문에 흔하게 쓰지 않고 다구, 다기 등 좁은 의미의 명칭으로 많이 사용한다.[29]

차 문화에 필요한 다구는 차를 우리고 마시는 데 사용되는 모든 도구를 말하며, 재질로 구분하면 7종류이다.

---

[29] 신수길 『차도구』, (사)한국차인연합회·이른아침(2012)

- 점토다구(陶土茶具) : 자사다구, 토기다구 등
- 자기다구(瓷器茶具) : 백자다구, 청자다구 등
- 유리다구(玻璃茶具) : 유리다배, 유리다호 등
- 금속다구(金屬茶具) : 금, 은, 동, 철, 스테인리스 등
- 칠기다구(漆器茶具) : 칠기다배, 칠기차탁 등
- 죽목다구(竹木茶具) : 죽목다배, 죽목차탁 등
- 석기다구(石器茶具) : 옥석다구, 마노다구 등

일상에서 많이 사용하는 다구의 특징과 성능을 살펴보면 첫째, 자사차호(紫砂茶壺)는 보온성이 뛰어나며, 통풍성이 좋고, 차 향기를 오래 머물게 한다. 둘째, 유리다구(玻璃茶具)는 깨끗하고 투명하여 외관상으로 매우 탁월한 기능을 갖고 있지만 열을 빨리 분산시켜 보온성이 없는 것이 단점이다. 셋째, 토기다구(陶瓷茶具)는 자사차호와 유리다구의 중간 정도로 보온성과 통풍성도 중간 정도로 평가하고 있다. 넷째, 금속다구(金屬茶具)는 고급스럽고 디자인 등이 뛰어나지만 차가운 느낌을 주고, 열을 빠르게 분산시켜 쉽게 식는 단점이 있다.

차 문화에 필요한 다구는 차를 우리고 마시는 데 사용되는 모든 도구를 말한다.

주다구[30]

▶ 차호(茶壺)

차호는 차를 우리는 주전자를 말하며, 손잡이가 붙어 있는 위치에 따라서 부르는 명칭이 다르다. 위에서 잡는 다관을 상파형(上把形) 차호라고 하며, 옆에서 잡는 다관을 횡파형(橫把形狀) 차호라고 하고, 뒤에서 잡는 다관을 후파형(后把形) 차호라고 한다. 손잡이 형태에 따라 주자형·자루형·고리형 다호 등으로 부르기도 한다. 그리고 차충(茶盅)은 분차(分茶)용 차호를 말한다.

▶ 자수기(煮水器)

자수기는 물을 끓이는 주전자 혹은 전기포트를 말하며, 일명 전차호(電茶壺)라고도 한다.

▶ 공도배(公道杯)

개완이나 자사호로 우린 차를 찻잔에 옮기기 전에 따르는 도구를 말한다. 우리나라에서는 수우라고 부르고, 중국은 공도배라고 부르고 있다. 공도배를 사용하여 차탕을 분배하면 찻잔마다 일정한 농도와 용량으로 나눌 수 있다. 만약에 공도배를 사용하지 않고 개완이나 자사호 등으로 차를 따르면 시간이 지날수록 차탕의 색상이 점점 진해진다. 그래서 처음 차탕을 받은 사람은 연한 차를 마시게 되고, 늦게 받은 사람은 진한 차를 마시게 되어 균일한 품질의 차를 마실 수 없게 된다. 공도배는 차탕의 색, 맛, 향을 전체적으로 동일하게 해주며, 용량은 다호와 일치할 수도 있고, 다호 용량의 1.5~2배 정도가 되기도 한다.

---

[30] 신수길 『차도구』, (사)한국차인연합회·이른아침(2012)
대익다포원·김태연 『대익보이차』 도서출판 다빈치(2013)

▶ 문향배(聞香杯)

문향배는 일반 찻잔보다 좁고 높으며, 차를 마시기 전에 우선 문향배에 차를 옮긴 후 문향배에 있는 차를 음용 잔에 옮긴다. 그리고 문향배에 남아있는 잔향을 맡아 향을 구분하고 차의 품질 상태를 확인한다.

▶ 품명배(品茗杯)

품명배는 우린 차를 담아 음용하는 도구로써 모양에 따라 4종류로 구분하기도 한다. 첫째, 번구배(翻口杯)는 찻잔이 곧게 올라오는데 찻잔의 구배는 입술을 뒤집은 듯한 모양을 가졌다고 하여 붙여진 이름이며, 둘째, 창구배(敞口杯)는 찻잔의 구배가 나팔꽃처럼 시원하게 펴지는 모양을 가지고 있다고 하여 붙여진 이름이다. 직구배(直口杯)는 찻잔이 몸통에서 일자로 쭉 빠진 모양으로 찻잔의 구배도 일직선을 갖고 있으며, 수구배(收口杯)는 찻잔의 몸통에서 위로 올라오면서 안으로 감싸는 모양을 하고 있다.

▶ 개완(盖碗)

삼재배(三才杯)라고도 부르는 개완은 그릇의 모양에서 나온 이름으로 뚜껑 개(盖)자와 사발 완(碗)자를 사용하여 만들어졌다. 개완은 뚜껑, 잔, 잔탁 세 부분으로 구성되어 있으며 가장 큰 장점은 차의 향기가 달아나지 않게 유지시켜 준다는 것이다. 또한 차 본연의 맛을 그대로 추출할 수 있게 해주는 장점이 있으며, 자사차호 등과는 다르게 다양한 종류의 차를 우리는 데 사용되는 것으로 호환성이 있다는 장점을 가지고 있다.

▶ 잔탁(盞托 : 찻잔받침)

우리나라에서는 찻잔을 받치는 접시류를 찻잔받침 또는 잔탁이라고 하는데 중국에서는 차탁이라고 부른다. 잔탁은 대부분 도자기나 나무로 만들지만 금속으로 제작된 것도 있다. 일반적으로 사용하는 찻잔받침은 낮게 만들고, 형태는 둥글거나 납작하게 만들었으며 잔과 함께 한 세트로 제작한다. 잔과 잔탁을 함께 사용하는 것은 상대방을 공경하고 자신의 품위를 지키려는 의미를 내포하고 있으므로 찻잔과 찻잔받침을 함께 사용하는 것이 좋다.

▶다판·차탁(茶盤·茶卓)

가정이나 다실에서 차를 내거나 마실 때 쓰이는 두껍고 넓은 판이나 탁을 다판(茶盤) 또는 차탁(茶卓)이라 한다. 다판은 우리가 사용하는 떡판처럼 하나의 두꺼운 널빤지를 가리키며 고급 나무를 사용하여 만들거나 나무를 가늘고 편편하게 만든 다음 겹겹이 붙여 만들기도 한다.

우리나라의 차탁은 두 쪽 이상의 나무판을 가공하여 만든 것으로 서랍이나 일정한 높이의 다리가 붙어 있는 것을 말한다. 그러나 중국 문헌에서는 차를 받친다는 뜻으로 찻잔받침을 차탁이라 부른다. 우리가 다판이라고 부르는 것을 중국에서는 다선(茶船)이라고 부르므로 혼동하지 않도록 해야 한다. 차탁은 찻잔을 받친다는 의미로 꼭 한자나 한자어를 써야 한다면 차탁보다는 잔탁(盞托)을 사용하는 것이 옳다. 중국의 차탁과 우리나라의 차탁은 다른 의미로 사용되고 있다.

차 문화의 발전은 다구로 이용된 도자기의 세련미 또한 향상시켰다.

🍃 다구 보조용품

▶차 상보(桌布)

찻상을 덮는 보자기인 차 상보는 면이나 가벼운 비단, 모시 등으로 만든 것과 일반 천 조각을 이어서 만든 조각보가 있다.

▶차건(茶巾)

차수건 즉, 냅킨(Napkin)을 말하며, 다기를 물로 헹군 후 닦기도 하고 뜨거운 기물을 잡거나 흘린 물을 닦는 등 여러 용도로 쓰는 천이다.

▶탁판(托盤)

차를 나르는 작은 쟁반. 찻잔 등 주로 작은 것을 나르므로 운두(韻頭 : 그릇의 둘레나 둘레의 높이)가 있어야 안정감이 있다. 우리나라에서는 탁판을 다반이라고 부른다.

▶차하(茶荷)

찻잎을 옮길 때도 사용하고, 불어난 찻잎의 모양을 볼 때도 사용하는데 찻잎을 관찰하기 좋게 고안된 도구다.

▶차엽관(茶葉罐)

차를 보관하는 통으로서 대나무, 오동나무, 금속재질 등으로 만들어져 있으며, 찻잎의 변질을 막기 위해 나무 재질을 많이 사용한다.

▶ 시계(時計)

차를 우릴 때 시간을 측정하는 시계를 말하며, 최근에는 알람 기능이 있어 지정한 시간이 되면 알람이 울린다.

▶ 다도조(茶道組)

6개 도구를 조합한 다도구는 육군자(六君子)라고 부르기도 하는데, 다도조는 대부분 나무로 만드는데, 다예에 꼭 필요한 다구로 긴요하게 사용된다.

첫째, 차루(茶漏)는 다두(茶斗)하고 부르기도 하며, 자사차호 위에 얹어 찻잎이 옆으로 새어 나가는 것을 방지한다.

둘째, 차침(茶針)은 다호에 낀 찻잎을 빼낼 때 쓰거나 다예공연에서 개완의 뚜껑을 열 때 사용하는데, 차침은 길고 가느다란 바늘의 모양이다.

셋째, 차시(茶匙)는 차를 찻잎 통에서 다하에 넣거나 우려난 찻잎을 빼낼 때 사용하지만 차를 우릴 때는 사용하지 않는다. 차시는 길고 작은 숟가락 모양을 하고 있다.

넷째, 차칙(茶則)은 차의 용량을 재고 찻잎을 차하 혹은 개완, 유리잔에 덜어낼 때 사용하는 도구를 말한다.

다섯째, 차협(茶夾)은 갖가지 다구를 집을 때 사용하며, 손으로 품명배를 잡지 않고 차협으로 품명배를 집어 깨끗하다는 것을 보여주고 뜨거운 다구에 데지 않게 해준다.

여섯째, 차통(茶筒)은 다구에 사용되는 모든 도구를 담는 통을 말한다.

5
티 소믈리에와 티 테이스팅 방법

티 소믈리에의 자질

중국에서 신농 황제가 차를 발견한 이후부터 차를 만들고 차를 제공하는 다례(茶禮)가 시작되었으며, 황실을 비롯한 귀족사회에서도 다례문화가 형성되었다. 불교의 번성과 함께 다례는 더욱 번영하여 중국에서는 현재 '다예사(茶禮師)'라는 직업이 있다. 한국과 일본 역시 황실과 귀족사회 중심으로 다도(茶道)가 예절로 자리 잡았고, 불교를 숭상하면서 사찰뿐만 아니라 전문적으로 차를 공부하고 다도를 생활화하는 다인들도 생겼으며, 현재 일부 다인들에 의해 다례가 전수되고 있다.

16세기 일본의 다인 센노 리큐(千利休 1522~1591)는 차를 대중화시키는 데 일역을 담당하였다. 센노 리큐는 '다도는 차를 더운 물에 우리고 마시는 것으로 충분하다.'고 하여 일상에 쉽게 접근하도록 하였다.

커피의 홍수 속에서도 건강을 생각하는 사람들은 힐링과 웰빙의 대명사로 차(茶)를 많이 찾고 있으며, 티 하우스에서는 홍차나 블랜딩 티(blending tea)를 찾는 소비자들이 급격히 증가하고 있다. 서울시내 특급 호텔 레스토랑과 커피숍, 고급 카페 같은 곳에서도 다양한 차 제품이 출시되어 인기를 끌고 있다.

건강에 유익한 음료를 찾는 소비자들이 많아지면서 차 사업은 블루오션으로 성장하고 있으며 녹차, 홍차, 백차, 청차, 흑차 등의 종류 또한 급속하게 수요가 늘면서 급성장하고 있다. 이에 호텔 레스토랑, 백화점, 티 하우스, 카페, 고급레스토랑에서는 고객들을 위한 차 전문가가 필요하게 되었고, 티 소믈리에가 새로운 직업으로 탄생하게 되었다.

와인에 대한 전반적인 지식을 바탕으로 고객들에게 와인을 서빙하는 소믈리에처럼, 최근 워터 소믈리에를 비롯하여 티 소믈리에, 사케 소믈리에, 야채 소믈리에, 밥 소믈리에 같은 직업이 생겨났다. 그리고 이러한 소믈리에에 대한 관심이 높아지면서 새로운 직업으로 인정받고 있다.

티 소믈리에를 정의하기에 앞서 소믈리에의 개념을 알고 나면 쉽게 이해할 수 있을 것이다. 소믈리에(sommelier)란, 호텔이나 레스토랑, 와인 바 등에서 식음료와 케이터링(catering : 지급능력이 있는 고객들에게 조리되어 있는 음식을 제공하는 일)을 주로 담당하는 직업이다. 소믈리에들은 행사나 연회 등에서 손님들에게 와인을 소개하고, 주문한 음식에 적합한 와인을 추천해주며, 고객들이 와인을 즐길 수 있도록 서비스하는 역할을 담당한다. 때로 와인뿐만 아니라 일반적인 음료까지 추천하고, 서비스하기도 하며, 와인과 음료를 구매하여 저장·관리하고, 판매할 와인리스트를 작성하며, 최종적으로 와인을 서비스하면서 매출액 활성화에 기여하고 있다.[1]

유럽에서는 보통 소믈리에들은 음식과 와인 그리고 음료에 대해 탁월한 지식을 갖고 있다는 인식을 지니고 있기 때문에 책임이 크다고 할 수 있다. 소믈리에는 레스토랑의 경영목표와 이익증대를 위해 노력해야 하며, 유능한 소믈리에가 되기 위해서는 고객만족을 통한 서비스 품질을 높이고 차별적 경쟁 우위를 수행해야 한다.

티 소믈리에(tea sommelier)란, 호텔 식음료와 케터링 분야의 차 전문가에서 파생한 직업으로 차를 전문으로 다루는 전문가이다. 티 소믈리에는 호텔 레스토랑, 티 하우스, 차전문점에서 차를 테이스팅하고 외관, 향, 맛 등의 차 품질을 결정하며, 주관적인 관능검사를 통해 객관적인 이론을 바탕으로 기술할 수 있는 전문성을 갖춘 사람이어야 한다. 또한 호텔 레스토랑이나 고급레스토랑에서 고객이 주문한 음식과 어울리는 차를 추천해주는 일을 전문적으로 하는 사람도 티 소믈리에라고 한다.

티 소믈리에를 티 스튜어드(tea steward), 티 웨이터(tea waiter), 티 매니저(tea manager), 티 어드바이저(tea advisor)라고 부르기도 하며, 보다 더 전문적인 분야로 확대되고 있다. 유럽에서는 이미 티 하우스나 미쉐린 가이드 3스타 레스토랑을 중심으로 티 소믈리에의 채용이 확산되고 있다. 그러나 국내에서는 아직도 티 하우스 전문점을 중심으로 활동하고 있기 때문에 진정한 의미에서 티 소믈리에로서의 역할과 기능을 다하지 못하고 있다.

---

[1] 고재윤 『와인 커뮤니케이션』 세경(2012)

티 소믈리에는 차의 종류와 산지별 특성을 전문적으로 공부한 사람으로서, 좁게는 호텔 레스토랑이나 고급 레스토랑에서 고객들에게 음식에 어울리는 차를 추천해주고, 넓게는 티하우스, 백화점, 대형마트 그리고 티 바에서 소비자들의 요구 상황에 맞추어 차를 추천하고 서비스해주는 차 전문가로서의 역할이 필요하다.

국민소득 3만 달러가 되면 생수(mineral water)와 차(tea)의 소비가 시작되고, 웰빙과 힐링 그리고 다이어트를 추구하는 소비자들의 수요가 늘면서 차는 몸과 마음을 다스리고 치료하는 힐링 요법의 하나로써 역할을 하게 되었다.

국내 녹차, 홍차 매출액은 2000년 초부터 매년 10% 이상의 성장세를 보이고 있으며, 보이차의 매출액도 매년 늘어 음료 시장의 새로운 강자로 부상하고 있다. 국민소득 수준이 높아지면 소비자들은 삶의 질에 대한 욕구가 점점 커지게 되고, 차를 단순한 기호식품이 아닌 건강을 위해 마시는 차로 인식하게 된다. 특히 산업공해가 심할수록 몸속에 쌓인 노폐물과 공해물질을 배출하는 데 필요한 것이 차이므로 차의 소비는 물론 차를 전문으로 다루는 티소믈리에가 필요하게 된다.

과거 홍차를 주로 마시던 시절도 있었지만, 현재 국내에서 생산되는 신토불이 녹차의 수요와 공급도 꾸준히 늘어나고 있다. 또한 세계 각국의 다양한 브랜드의 차들이 수입되면서 차 수입액도 계속 증가추세에 있다. 가격도 차 종류만큼 천차만별이며, 특히 2014년 한·중 FTA(Free Trade Agreement) 협정으로 중국산 차가 품질을 앞세워 국내 녹차시장을 위협하고 있다.

단순히 마시는 기호식품의 기능을 넘어 건강 상품으로써 가치를 지닌 차는 종류에 따라서 음식과 함께 마실 수 있는 차가 있는가 하면, 오후의 다과와 함께 마시는 홍차, 성인병인 고혈압, 당뇨, 치아건강, 다이어트 등에 효과가 있는 보이차 같은 차도

티 소믈리에 또한 다양한 차에 대한 전문지식, 기술, 예절 등이 필요하다.

있다. 또한 차에 관한 관심이 높은 소비자들은 차에 대한 전문지식을 갖춘 티 소믈리에가 근무하는 티 하우스를 찾고 있다.

티 소믈리에는 소비자들이 차를 찾아 마시는 목적이나 기호에 맞추어 적절하게 추천해주는 것이 좋다. 그러나 차가 가진 영향학적인 측면이나 기능적인 측면으로 차를 마시는 소비자의 목적이라면 이러한 부분 역시 충족시켜주어야 한다. 예를 들면 혈압, 콜레스테롤, 다이어트, 숙취해소를 목적으로 하는 사람에게는 보이차가 좋으며, 당뇨가 있는 사람에게는 백차, 피부 미용에 신경을 쓰는 사람이라면 봉황단총, 쉽게 피로를 느끼는 사람에게는 육안과편, 소화불량으로 고생을 하는 사람이라면 대홍포를 추천해주는 것이 좋다. 향을 즐기는 사람이라면 청차를 추천해주고 은은하고 청아한 매력을 좋아하는 사람에게는 녹차, 오후의 다과와 함께 차를 마시고 싶은 사람에게는 홍차를 추천해주는 것이 바람직하다.[2]

차 매출액은 티 소믈리에의 유무나 차에 대한 전문지식과 추천능력 등에 따라 상당한 차이를 보인다. 유능한 자질을 지닌 티 소믈리에는 호텔 레스토랑, 백화점, 티(tea)

---

[2] 조은아 『인야의 티 노트』 네시간(2014)

하우스, 고급레스토랑의 매출에 중요한 영향을 미친다. 레스토랑에서 와인과 그 외의 술들은 고객이 주문하지 않을 때도 있지만 식사 후에 커피 혹은 차는 주문이 필수이기 때문에 음료매출뿐만 아니라 고객만족에도 큰 영향을 미칠 수 있다.

서울시내 특1급 호텔, 고급레스토랑, 백화점, 티 하우스에서는 티 소믈리에를 채용하려고 하지만 전문적인 티 소믈리에가 매우 부족한 것이 현실이다. 몇 년전까지만 해도 국내는 티 소믈리에를 양성하는 전문교육기관이 없어서 티 소믈리에의 업무를 수행할 전문가를 양성할 수 없었다. 그러나 최근에 티 소믈리에를 양성하는 사설학원이 생겼고, 지방대학에서도 차학과를 개설하여 티 소믈리에를 전문적으로 육성하고 있다. 2013년부터 경희대학교 관광대학원에서도 (사)한국국제소믈리에협회와 함께 티 소믈리에 자격증 취득을 위한 특별과정을 운영하고 있다. 티 소믈리에의 자질은 기본적으로 와인을 다루는 소믈리에와 비슷하다고 볼 수 있으며, 다양한 차(茶)에 대한 전문지식, 기술, 예절 등이 필요한 티 소믈리에 자질은 다음과 같다.

첫째, 차에 대한 관심과 열정뿐 아니라 와인과 음료, 음식에 대해 해박한 지식을 갖추어야 한다. 증류주부터 미네랄워터, 커피, 홍차, 사케, 전통주, 맥주 등을 포함하여 모든 음료에 대한 생산지역과 맛, 향 그리고 특성을 알고 있어야 한다.

둘째, 전 세계적으로 유통되는 다양한 차에 대해서 전문성을 갖추어야 한다. 차나무의 품종, 토양, 기후, 재배방법, 성분, 차를 만드는 방법, 보관방법, 차를 우려내는 방법, 인체에 미치는 기능과 영향, 음식과 차의 조화 등, 깊이 있는 지식이 필요하다.

셋째, 소비자를 대신하여 다양한 종류의 차에 대한 블라인드 테이스팅 능력을 갖추어야 한다. 와인과 마찬가지로 차 테이스팅을 과학적이고 전문적으로 수행하면서 누구나 공감할 수 있는 명쾌한 분석과 함께 주관적인 판단력을 객관화할 줄 알아야 한다. 티 소믈리에는 녹차, 백차, 청차, 황차, 홍차, 흑차, 가향차, 블랜딩 차 등의 종류와 장·단점을 분석하여 고객들의 입맛에 맞는 차를 추천하고 판매해야 한다.

넷째, 다양한 차에 대한 품질과 개성을 충분히 살릴 수 있도록 차 종류별 우리는 온도와 시간 그리고 적정 서비스온도를 숙지하고 서비스하여야 하며, 소비자가 기능성 차 종류를 요구할 때도 소비자의 욕구에 적합한 차를 추천할 수 있는 능력을 갖추어야 한다.

티 테이스팅의 환경과 준비

티 테이스팅(tea tasting)의 목적은 가격대비 품질이 우수하면서 인체에 무해하고 건강에 좋은 차를 찾고 선별하기 위해서이다. 전 세계 다양한 다원에서 실시되고 있는 티 테이스팅은 시각, 후각, 미각에 대한 경험을 새롭게 도전적으로 하게 만든다.

차 산업은 지난 40~50년 동안 156% 이상의 성장을 보였고, 1998년 2,963백만 톤을 넘어 2001년에는 약 3,000백만 톤, 2014년에는 5, 500백만 톤 이상의 수확량을 기록했다. 이것은 생산방법이 발전한 결과로 혁신적인 묘목 생장 기술, 선별적인 복제 묘목의 번식, 해충과 질병 예방 관리, 새로운 기계의 발명, 차 과학과 기술의 발전 덕택이라고 할 수 있다.

최근 국제차위원회의 통계자료에 따르면, 세계 찻잎 생산량은 481.9만 톤으로 새로운 역사를 기록하였다. 아시아의 찻잎 총생산량이 세계총생산량의 84.39%를 차지, 이전과 비슷한 비중을 보였다. 아프리카는 13.39%를 차지하면서 소폭 상승하였다.

찻잎을 생산하는 국가는 50개국 이상이며, 중국의 찻잎생산량이 185만 톤으로 3.37% 증가하여 세계 총생산량의 38.39%를 차지하였다. 세계 찻잎 생산의 상위 5개 국가는 중국, 인도, 케냐, 스리랑카, 베트남으로 세계 총생산량의 82.92%를 차지하고 있다.

차를 포장한 라벨에는 생산국가, 산지, 차의 종류, 차를 우리는 방법, 차의 특성이 설명되어 있지만, 티 테이스팅은 좀 더 표준화된 범주 속에서 인지할 수 있는 공통의 차 맛에 대해 연구하고 평가하는 것이라고 할 수 있다.

차의 개성은 사람의 지문처럼 각기 다르며, 생산국, 산지, 해발, 토양, 기후, 차나무의 종류, 차의 미네랄 함유량 등이 반영되어 있다. 차는 오감을 만족시켜야 하며, 시각, 후각, 미각, 촉각 등에 긍정적인 맛이어야 하며, 모든 것이 완벽하게 균형을 이룰 때 조화로운 맛으로 최고의 품질로 평가를 받게 된다.

차도 와인과 마찬가지로 시각으로부터 시작하여 투명도, 색깔, 숙성정도, 차의 특성을 알아 보는 것이다. 후각은 차가 지닌 다양한 향을 찾는 것으로 난초향, 장향, 레몬

향, 과일향 등이 있다. 미각은 단맛, 신맛, 쓴맛, 짠맛 등을 알아보고 균형과 조화를 찾는 것이다. 그리고 차의 바디감, 밸런스, 구강감촉, 끊는 맛, 여운, 후운 그리고 회감을 평가하는 것이 테이스팅의 기본이라고 할 수 있다.

티 소믈리에들은 더 좋은 차를 찾기 위해 블라인드 테이스팅을 하지만, 차에 대한 공부를 처음 시작하거나 가정에서 마실 경우에는 종류별, 산지별로 비교하고 시음할 수 있는 분위기를 먼저 조성하는 것이 바람직하다.

티 테이스팅은 차를 시각적, 미각적, 후각적으로 관찰하면서 감정하고 분석하는 것이다. 감정할 때는 전문지식을 바탕으로 품질을 정확하게 알아보고 평가한 다음에 표현할 수 있어야 한다. 차의 종류는 다양하고 산지도 광범위하여 색깔부터 향, 맛의 범위도 아주 방대하다. 그래서 차에 대한 전문지식이 필요하며, 평가에 영향을 줄 수 있는 테이스팅은 주변 환경도 염두에 두어야 한다.

티 테이스팅을 전문적으로 수행해야하는 티 소믈리에는 고객들을 위해 좋은 품질의 차를 찾아내는 전문가가 되어야 하며, 다른 식음료와 조화를 이룰 수 있도록 감정하고 선별할 수 있는 능력을 갖추어야 한다.

그렇다면 품질 좋은 차의 조건은 무엇일까? 첫째, 무엇보다 인체에 유해한 물질이 없어야 한다. 둘째, 인체에 유익한 미네랄이 적당히 함유되어야 하며, 티 폴리페놀(아미노산 혹은 카테킨)의 함량이 높아야 한다. 셋째, 차를 우릴 때면 수용성 미네랄이 물속으로 잘 추출되어야 한다. 넷째, 차나무가 자란 자연적 환경 즉, 떼루아의 개성이 반영되어야 한다. 다섯째, 찻잎의 크기가 균일하며 찻잎의 파손이 없어야 한다. 여섯째, 마시고 나면 여운이 길고 회감이 있어야 한다. 마지막으로 음식과의 조화도 잘 이루어져야 한다.

좋은 품질의 차를 고르기 위해서는 기본적으로 찻잎의 외형을 잘 살펴보아야 하며, 다음은 마셔보고 판단해야 한다. 첫째, 차는 겉보기에 밝은 빛깔을 지닌 것이 햇차이며 어두운 빛깔은 주로 묵은 차이다. 고급차일수록 찻잎의 크기가 균일하며, 찻잎의 파손 정도를 보아 가공이 잘 되었는지를 알 수 있다. 찻잎의 향기를 맡았을 때 차 고유의 향을 지니고 있으면서 풋풋함이 느껴진다면 햇차이다. 둘째, 마시기 전에 우선 탕색이 투명하고 밝고 맑은지 혹은 혼탁한지를 확인해야 한다. 혼탁한 것은 찻잎의 가공 상태가 좋지 않은 것이므로 품질이 좋은 차가 아니다. 또 향을 맡아보고 차가 가지고 있는 고유의 향이 아닌 잡냄새가 나거나 여러 번 우렸을 때 차의 맛이 빨리 사라지는 것도 좋은 차가 아니다. 차를 마시고나서 떫은맛이 입안에 남아 있기보다 단맛이 올라오는 차가 품질이 좋은 차이다. 또한 떫고, 쓰고, 달고, 시고, 짠 맛의 오미(五味)가 잘 어우러진 차가 품질 좋은 차이다

앞서도 언급했듯이 티 테이스팅의 목적은 차를 종류별로 마시고 평가한 다음 최고의 차를 찾아내는 것이다. 매년 개최되는 세계적인 차 품평회는 좋은 품질의 차를 찾아내고 선정하여 발표하며, 차의 품질개선에 지속적인 노력을 기울이고 있다.

티 테이스팅을 위한 환경도 매우 중요하고, 시음 과정 역시 차의 품질 평가에 영향을 줄 수 있다.

테이스팅은 우선 차 용기의 청결과 청량감, 건차의 외형, 차를 우리는 방법과 시간, 시각, 후각, 미각 순으로 진행된다. 중국식 차의 경우는 주로 다기를 사용하나 번거롭기 때문에 최근에는 개량되고 현대화된 차 용기를 사용한다.

티 소믈리에의 이상적인 테이스팅 환경은 공복을 느끼는 오전 11시경이나 오후 5시 30분경이 좋으며, 조명은 자연광이 좋으나 자연광이 없는 경우는 백열등을 사용해도 된다. 테이스팅 장소로는 음식이나 담배연기 같은 냄새가 전혀 나지 않는 조용한 테이스팅 룸이 좋다. 차를 우릴 때는 무엇보다 물이 매우 중요하기 때문에 수돗물, 정수기 물은 사용하지 않으며, 먹는 샘물을 구입하여 냄새가 배지 않는 곳에 잘 보관했다가 사용하도록 해야 한다.

차를 테이스팅을 할 경우, 서양식 방법과 중국식 방법 등이 서로 차이점이 있지만 각국의 전통적인 방법이나 고유의 기술을 존중해야 한다. 예를 들어 한국과 일본에 존재하는 말차(抹茶)의 경우 고유의 전문적인 기술이 필요하며, 중국의 경우 또한 차종류에 따라 우리는 도구나 방법에서 각기 다른 차이를 보이고 있다. 이렇게 서양식 방법과 중국식 방법은 차와 물의 비율, 차를 우리는 물의 온도와 시간, 차를 우리는 횟수 등에서 서로 차이를 보이는데, 엄밀히 따져 어느 방법이 더 우수하다고 단정 지을 수는 없다.

티 테이스팅을 하는 테이블 위에는 흰색 클로스 혹은 흰색 종이, 시음할 표본 차, 평가지, 필기도구, 타구(唾具)통, 생수, 티 포트 등을 기본적으로 준비한다. 티 테이스팅을 위한 3가지 세트로 찻잔(bowl), 컵(cup : 가장자리에 톱니바퀴 모양을 가진 4.25 플루이드 온스), 뚜껑(lid)이 필수이다. 중국에서는 중국산 개완, 숙우 등의 다기를 사용하여 티 테이스팅을 하기도 한다. 차를 한번 우려내면 보통 6~8명이 테이스팅할 수 있으며, 철저한 준비를 통해 전문성을 보여줄 필요가 있다. 차는 녹차, 백차, 청차, 황차, 홍차, 흑차를 준비해야 한다.

대만 우롱차를 위한 테이스팅

첫째, 차는 국가별 혹은 종류별로 구분하여 준비한다. 둘째, 차를 우릴 때는 차의 종류에 따라 온도와 시간을 달리해야 하기 때문에 종류별로 차를 우리는 온도와 시간을 숙지하여 그대로 지키도록 한다. 셋째, 1인당 1개의 찻잔을 차의 종류에 따라 준비하여 각각의 차를 거의 동시에 제공하는 것이 바람직하다. 넷째, 녹차부터 시작하여 흑차까지 발효정도에 따라 시음할 수 있게 한다. 다섯째, 차를 시음한 후에 뱉을 수 있도록 다구통을 준비한다. 여섯째, 참가한 사람들이 차맛을 제대로 시음할 수 있도록 생수를 준비하여 다음 차를 시음하기 전에 입안을 헹굴 수 있도록 시음환경을 만들어준다. 마지막으로 시음한 느낌을 기술할 수 있도록 평가지를 준비한다.

보통 티 전문가들이 평가하는 과정을 보면 와인 테이스팅과 거의 비슷한 방법으로 시음하고 평가한다. 차의 청결 상태는 외관, 투명도, 색깔, 숙성정도를 보며, 후각은 향의 유무, 미각은 단맛, 신맛, 쓴맛, 짠맛 등의 맛의 조화와 균형을 찾는다. 그리고 차의 바디감, 밸런스, 구강감촉, 끊는 맛, 여운, 후운 그리고 보이차의 경우는 추가적으로 회감 정도를 평가한다.

티 테이스팅이 와인과 다른 점은 건조된 찻잎과 우려낸 찻잎의 평가이다. 건조된 찻잎은 우선 모양과 크기, 색상, 수확할 때 사용한 기술, 변질유무, 제다방법 같은 외형을 보고, 유연성, 물기 측정 등은 질감으로 보며, 향은 식물향, 꽃향 등이다. 우려낸 찻잎은 차의 투명도, 색상 등을 시각적으로 살펴보고, 후각은 식물향, 꽃향 등이다. 미각은 쓴맛, 단맛, 신맛, 구조감, 여운, 후운, 회감 등을 보며, 마지막으로 차에 대한 총체적인 평가를 내리게 된다.

티 테이스팅에 참가하는 티 소믈리에라면 차를 테이스팅하기 전에 몇 가지 갖추어야 할 규칙이 있다. 첫째, 시음은 공복에 하는 것이 좋으므로 가급적이면 식사를 피한다. 둘째, 양치한 후 최소 30분이 경과하여 입안에 다른 냄새가 남아있지 않도록 해야 한다. 셋째, 과음이나 과도한 운동을 피하여 최상의 몸 상태를 유지해야 한다. 마지막으로 티 테이스팅에 집중할 수 있는 조용한 공간이 필요하며, 담배는 물론 피우지 않는 것이 좋다.

티 테이스팅하는 방법

국가별, 생산지별로 너무도 다양한 차는 품질이나 종류 또한 아주 다양하다. 차의 종류별 특성을 알아서 구분 짓기 위해서는 차에 대한 많은 경험과 정보, 지식이 필요하며 여러 가지 조건을 충족시키는 '최고 품질의 차(best tea)'를 찾기 위해서는 또 다른 어려움이 따른다. 티 소믈리에는 차전문점, 티 하우스를 찾는 고객들에게 차에 대한 정확한 정보를 전달해야 하며, 호텔 레스토랑에서는 고객이 선택한 음식, 디저트 등에 걸맞은 다양한 종류의 차를 선택할 수 있도록 조언을 해주어야 한다. 다음은 티 테이스팅에 도움이 될 수 있도록 티 테이스팅 방법을 참고하여 설명하였다.

🍃 시각

눈으로 보았을 때 밝고 투명할수록 좋은 차라고 할 수 있으며, 색상은 맑고 깨끗하고 선명해야 한다. 건조된 찻잎과 우러난 찻잎은 물론 찻물도 시각적으로 평가해야 한다. 건조된 찻잎과 우러난 찻잎 그리고 찻물을 자연광이나 백열등에 아래에서 자세히 관찰한다. 이때 눈으로 찻잎의 모양과 크기, 색상을 본 후에 찻물 속을 자세하게 관찰하여 부유물이나 이물질이 없는지 확인하고, 차에 곰팡이가 피었는지도 꼼꼼하게 체크해야 한다. 그리고 찻물의 색상을 보면서 차의 숙성정도를 파악하고 품질 좋은 차를 찾고 품평한다.

🍃 후각

품질 좋은 차의 첫째 조건은 건조된 찻잎에서 아주 기분 좋은 냄새가 나서 머리를 맑게 하는 것이다. 찻잔에 차를 따르고 먼저 흔들지 않은 상태로 코를 가까이 대고 숨을 깊게 들이쉬면서 냄새를 맡아본다. 또한 차 뚜껑을 들어 코에 가져다 대고 미세한 향과 냄새를 알아보기 위해서 몇 번 규칙적으로 반복한다. 차분하게 테이스팅에 임하는 것이 좋으며, 눈을 감으면 후각에 더욱 더 집중할 수 있다. 찻물 속에 있는 냄새를 보다 섬세하게 감지하기 위해서는 차 뚜껑를 안쪽 방향으로 가볍게 흔들어 냄새를 좀 더 깊게 맡도록 한다. 기분이 좋지 않은 냄새, 곰팡이 냄새, 풀잎 젖은 냄새, 썩은 짚 냄새 같은 예기치 않은 냄새가 난다면 더욱더 꼼꼼하게 체크해야 한다. 그리고 난초향, 대추향, 과일향, 꽃향, 나무향 같은 향을 찾아내는 기술도 필요하다.

🍃 미각

차의 맛을 세심하게 체크하는 미각적인 요소가 티 테이스팅의 핵심이다. 차를 조심스럽게 한 모금 마셔 입속에서 골고루 공기와 함께 가볍게 돌린다. 처음에는 혀로 차를 머금고 있다가 삼키기 전에 혀 뒤쪽으로 맛보아야 한다. 차의 풍미, 쓴맛, 신맛, 단

맛, 감칠맛, 구조감, 균형감, 가벼운지 혹은 부드러운지 등을 세심하게 감정하지 않으면 차의 개성을 제대로 찾기 어렵다. 그리고 차의 온도, 액체 상태, 떫은 맛, 미끈거림 등도 함께 기억하는 것이 좋으며, 미각을 체계적으로 훈련하여 보다 세심하게 체크하고 기록하도록 해야 한다.

티 테이스팅을 실습하기 위해서는 조용하고 밝은 장소를 찾는 것이 좋다. 또한 테이스팅을 위한 준비물을 미리 갖추고 시작해야 올바른 평가를 할 수 있다. 참고로 상업적인 티 테이스팅은 보통 5~10명의 전문가들이 참가하여 그룹 테이스팅을 하고 품질을 평가한다. 이 때 참가하는 전문가들의 전문성이나 능력에 차이가 너무 심하게 나면 좋은 평가를 기대할 수 없다.

티 테이스팅 실습

티 테이스팅을 실습하기 위해서는 조용한 별도의 장소를 물색해야 하며, 티 테이스팅을 위한 준비물을 갖추고 하는 것이 올바른 평가를 할 수 있는 방법이다.

준비물

흰색 클로스 혹은 흰색 종이, 시음할 샘플차, 평가지, 필기도구, 타구통, 생수, 티 포트, 찻잔, 컵, 뚜껑, 티 번호표, 티 테이스팅용 온도계, 전자저울 등

장소 및 준비

조용하면서 자연광이 풍부한 장소를 선택하고, 시음할 차는 종류별로 준비한다. 테이스팅용 테이블은 흰색 클로스로 씌우며, 흰색 클로스가 없을 경우에는 흰색 종이를 준비한다. 시음할 차의 종류는 상표를 알 수 없게 샘플 차를 통에 담아 놓는다.

티 테이스팅하는 방법

1. 차를 우리기 전에 마른 찻잎을 보면서 찻잎 형태와 향기를 평가한다.
2. 전자저울에 시음할 차의 용량을 정확하게 측정한다.
3. 2.5-3g의 찻잎을 테이스팅 컵에 담는다.
4. 찻잎에 차 종류별 적정 온도로 끓인 물을 붓고 차 종류별로 필요한 시간만큼 우려낸다.
5. 우려낸 찻물을 볼에 따라낸 후에 뚜껑을 살짝 열고 향을 맡는다.
6. 테이스팅의 컵을 뒤집어서 찻잎을 뚜껑에 받쳐 우려낸 잎의 형태를 보고 향기를 맡아 보면서 평가한다.
7. 우려낸 찻물의 탕색을 평가하고 향을 맡아보면서 다시 향기를 평가한다.
8. 찻물을 스푼으로 떠서 입안에 골고루 적시면서 공기와 함께 자연스럽고 부드럽게 혼합하면서 소리를 내어 시음한다.
9. 평가지에 모든 내용을 주관적인 입장에서 객관화할 수 있도록 기록한다. 즉, 찻잎을 평가할 때는 모양(찻잎의 모양과 크기, 색상, 수확할 때 사용된 기술), 질감(유연성을 보거나 또는 물기 측정), 향(건조된 찻잎과 우려낸 찻잎)을 보고, 찻물을 평가할 때는 탕색의 투명도와 색상, 미각효과와 촉감, 차 종류별 맛과 향, 향의 종류 등을 기술하는데 누구나 이해할 수 있도록 기록하는 것이 좋다.
10. 그룹의 경우에는 전문가들과 평가한 내용을 서로 교환한다.

티 테이스팅 용어

차를 감정하는 전문가나 차를 제조하는 회사들은 차에 관련된 전문용어를 사용하여 모양과 맛을 묘사하고 공감대를 형성하여 평가하고 소통한다. 세계적인 차 전문가로 알려진 영국의 제인 피티그루는 일반적으로 가장 많이 사용하는 차에 관련된 용어를 정리하였는데,[3] 여기서 다시 전문적으로 재해석하여 기술하였다.

body : 중량감으로 차의 성분에 미네랄의 농도가 강하게 느껴지는 것
bold : 굵고 큰 것을 의미하며, 찻잎이 다른 찻잎에 비해 크다.
brassy : 특별히 빛나는 것으로 차의 쓴맛이 독특하다는 의미이다.
bright : 밝고 산뜻하다는 뜻으로 차의 맛이 신선하게 느껴질 때 사용한다.
brisk : 청량감으로 상쾌한 맛이 나고, 살청과 발효가 잘되어 차맛이 깔끔하다.
choppy : 조각을 의미하며, 파쇄기나 절단기로 비비지 않고 자른 잎
coarse : 조악하여 차의 품질이 많이 떨어지는 것
colory : 빛깔이 아름답고 우아한 색을 내는 차

---

[3] 제인 피티그루 『세계의 명품차 TEA』 세경(2009)

dull : 산뜻하지 못하고 둔한 느낌, 일정하지 못한 찻잎의 품질

even : 균일하다는 의미이며, 똑같은 크기의 잎으로 만들어진 차

flaky : 조각을 의미하며, 말아지지 않고 조각난 잎

flat : 품질이 떨어진다는 의미이며, 상태가 좋지 않은 찻잎을 사용하고, 수분이 많이 함유되어 우리면 차의 맛이 없는 것

flavory : 풍미가 풍부한 것을 의미하며, 향이 좋고 풍미가 뚜렷하고, 맛에서 차의 개성이 분명한 것

grainy : 낟알 모양으로 거친 것을 의미하며, 찻잎이 잘게 잘려 품질이 떨어지고 거칠게 느껴지는 것으로 찻잎의 패닝 혹은 분말

gray : 회색빛을 의미하는데, 찻잎이 너무 많이 잘랐거나 체로 거르는 과정에서 심하게 비벼서 찻잎의 수분 코팅막이 떨어져 나가서 회색 빛깔을 띠는 것

greenish : 연초록색을 의미하며, 차를 제조할 때 유념과 발효가 덜 되었을 경우에 우려내면 옅은 초록색이 감도는 것

harsh : 거칠다는 의미이며, 제조과정에서 나타나는 현상으로 찻잎이 약간 강하면서도 쓴 찻잎 냄새가 나는 것

irregular : 불규칙하다는 의미이며, 찻잎의 크기가 일정하지 않는 것

malty : 엿기름을 의미하며, 아주 잘 제조된 차에서만 나는 엿기름과 같은 향

mellow : 감칠맛을 의미하며, 완숙한 차의 품질에서 나오는 향기롭고 부드럽고 풍부한 맛이 일품일 때 사용한다.

point : 정점을 의미하며, 차의 향과 맛이 아주 특별한 것

plain : 평범하다는 의미이며, 차의 품질이 개성이 없고 밋밋한 것

pungent : 자극성이 강하다는 의미이며, 차에서 쓴맛이 거의 나지 않고, 화장수 맛이 나는 것

ragged : 들쭉날쭉하다는 의미이며, 찻잎이 일정하지 않고 불규칙하게 조각이 난 것

smooth : 기분이 좋아진다는 의미이며, 차의 맛이 기분을 상쾌하게 하고 아주 부드럽고 거침이 없는 맛

tainted : 썩은 냄새를 의미하며, 차의 제조과정에서 습도가 높거나 수송 시의 오염으로 인해 화학반응이 야기된 듯, 기분 나쁜 향과 맛

thin : 얇고 가늘다는 의미이며, 차를 제조하는 과정에서 유념을 강하게 하거나 약하게 하였을 경우, 혹은 너무 높은 온도에서 유념한 찻잎

tip : 찻잎의 눈을 의미하며, 차가 제조되었을 때 찻잎이 황금색 조각으로 섬세하고 어린 잎

wiry : 단단하다는 의미이며, 찻잎이 조각조각 나 있지 않고 조화롭게 잘 말려 있어 품질이 좋은 잎

또한 프랑스에서 전문 티 소믈리에로 활동하고 있는 프랑수와 사비에르 델마스 · 마티 미네 · 크리스틴 마르바스트 3인의 『티 소믈리에 가이드』에서 기술한 차의 용어를[4] 한국의 정서에 맞게 차의 전문 용어로 재해석하였다.

acid : 신맛

ample : 입안이 부드럽고 풍만하게 느껴지는 향과 맛

aromatic herbs : 허브향이 나는 것으로 허브, 민트, 고수풀 등

aromatic : 향미가 풍부한 차

aromatic palette : 차의 맛에서 감지되는 총체적인 발향

aromatic profile : 차의 향에서 느낄 수 있는 총체적인 향미의 특징

ascending : 휘발성이 강한 첫 향을 표현할 때 사용

astringency : 티 타닌에 의해 생성된 떫은맛으로 무미건조한 맛

attack : 차의 향을 맡을 때 비후 통로로 처음 감지되는 강한 향

balanced : 다양한 향과 맛이 아주 조화를 이룰 때 느껴지는 질감

berries : 딸기계통의 향으로 나무딸기, 검은딸기, 딸기, 복분자, 블랙 커런트 등

bitter : 쓴맛

body : 무게감으로 차의 농도가 잘 조합되어 있을 때 사용하는 용어

---

[4] 프랑수와 사비에르 델마스 · 마티 미네 · 크리스틴 마르바스트 『티 소믈리에 가이드』 한국 티 소믈리에 연구원(2013)

bouquet : 차의 숙성 과정에서 나타나는 향

burnt : 타는 냄새의 향으로 볶은 커피, 구운 토스트, 연기, 땅콩, 팝콘 등

buttery, dairy produce : 버터와 유제품의 향으로 버터, 크림, 우유, 연유 등

citrus fruit : 감귤의 향으로 오렌지, 레몬, 감귤, 한라봉 등

complex : 매우 풍부하고 완벽한 향

cooked fruit : 조리된 과실 향으로 자두, 대추, 무화과, 건포도, 곶감, 잼 등

cooked vegetables : 조리된 야채 향으로 완두콩, 시금치, 미나리, 가지, 그린 올리브 등

crustacean : 갑각류의 향으로 바다가재, 게, 꽃게 등

dominant : 차에서 도출되는 가장 강한 향의 방향성 물질

dried herbaceous : 건초 향으로 홍차, 건초, 담배, 엿기름 등

earthy : 흙의 향으로 젖은 흙, 버섯, 곰팡이, 먼지, 부식토 등

exotic fruits : 열대 · 이국적인 과일로 망고, 파인애플, 바나나 등

exotic flowers : 열대 · 이국적인 꽃 향으로 난초, 장나무, 목련꽃, 대추 꽃, 장미꽃 등

final : 후각으로 감지되는 최후의 향

finesse : 차의 맛과 향이 미묘하면서도 정확한 것을 표현

fish : 생선의 향으로 연어, 도미, 홍어, 광어 등

flesh floral : 싱싱한 꽃 향으로 장미, 오렌지 꽃, 바이올렛, 제라늄, 은방울꽃, 라일락 등

flowing : 매우 부드럽고 매끄러운 것으로 주로 타닌 성분이 적은 차

fresh herbaceous : 풀 향으로 막 깎은 잔디, 버섯, 유칼리나무 등

frank : 균형이 아주 잘 잡혀서 결점이 없고 손색이 없는 것

frivolous : 풍부한 향을 가졌지만 짧은 여운으로 향을 파악하는 데 어려운 것

fullness : 신맛은 없고 단맛이 입안을 가득 채우는 느낌

gamy : 동물의 향으로 가죽, 고양이 오줌, 사향, 젖은 양모, 땀, 기름 등

generous : 풍부한 향

harmony : 차의 향이 지속적으로 감지되면서 맛, 질감, 향이 완벽한 조화를 이루는 것

heavy : 차의 무거운 향 혹은 무거운 질감

hot spices : 매운 향신료의 향으로 후추, 클로버 등

infusion : 두 가지 의미로 차를 우려내는 행위, 우려낸 찻잎을 탕 속에 계속 넣어 두는 경우

intense : 찻물의 농도, 집중도 그리고 지속기간을 뜻한다.

long in the mouth : 시음이 끝난 후에 향이 입안에 강한 인상과 즐거움을 주는 것

liquor : 찻잎을 우려내는 과정을 통해 얻은 찻물

lively : 신선하고 과도한 향이 아닌 가벼운 향을 지닌 찻물

mild spices : 순한 향신료의 향으로 장향, 계피, 바닐라, 감초 등

mineral : 미네랄의 향으로 금속, 규토, 부싯돌, 마그네슘, 규산, 철분 등

mouth : 미각에 의해서 감지되는 총체적인 감각

mouth-filling : 차를 마시면 입안이 가득 찬 느낌

monolithic : 서로 다른 향을 분리할 수 없을 경우에 사용

umami : 감칠맛

nuts : 견과류의 향으로 오두, 개암나무, 아몬드 등

oily : 매우 부드럽고 유질의 질감

opulent : 차의 향이 풍부하여 후각이 마비될 정도를 표현하는 것

orchard fruits : 과실의 향으로 배, 사과, 모과, 포도, 자두, 체리, 복숭아, 살구 등

persistence : 입안에서 오랫동안 지속되는 향의 특징

powdery : 차를 마시면 입안에서 부드럽고 섬세한 가루의 느낌으로 약간 떫은맛

rasping : 매우 거슬리는 차 맛으로 차를 너무 많이 우려내어 품질이 나빠진 경우

rich : 풍부하고 짙은 향으로 초콜릿, 코코아, 캐러멜, 잼 등

robust : 풍부하고 깊이 있는 차 맛

roundness : 입안에서 부드럽게 감도는 맛

salty : 짠맛

shellfish : 조개류의 향으로 홍합, 굴, 고둥, 쇠고둥, 바다 골뱅이 등

silky : 비단처럼 부드럽고 약간 유질의 느낌

smoked : 훈제의 향으로 베이컨, 노간주나무, 타르, 소시지 등

smooth : 타닌 성분이 부족할 때 나타나는 부드럽고 미끄러운 맛

strong : 차의 맛이 강하거나 혹은 차의 외형이 어두운 색깔

structured : 골격으로 떫은맛이 입안을 가득 채우는 느낌

supple : 유연하게 순한 맛

sweet : 단맛

tannic : 풍부한 타닌

thick : 점성을 지닌 액체로 오일, 크림 같은 느낌

undergrowth : 덤불의 향으로 부식토, 젖은 잎, 이끼 등

unctuous : 벨벳처럼 약간 유질이 있는 차의 맛

vanilla sugar : 바닐라·설탕의 향으로 꿀, 설탕, 엿 등

watery : 차의 맛이 매우 밋밋한 것

white flowers : 흰 꽃에서 나는 향으로 재스민, 데이지, 미모사, 백합 등

woody : 나무의 향으로 삼나무, 대추나무, 감나무, 소나무 등

🍃 티 블라인드 테이스팅 쉬트

생산국가	① 중국 ② 한국 ③ 일본 ④ 타이완 ⑤ 인도 ⑥ 스리랑카 ⑦ (기타)	종류	① 녹차 ② 백차 ③ 황차 ④ 청차 ⑤ 홍차 ⑥ 흑차(보이차) ⑦ 대용차
생산년도	① 2014 ② 2013 ③ 2012 ④ 2011 ⑤ 2010 ⑥ (기타)		
가격	① 1만원미만 ② 1만원~3만원 ③ 3만원~5만원 ④ 5만원~10만원 ⑤ 10만원이상(100g기준)		

1-1. 건조 찻잎의 외형(Sight of Appearance)

1-1 투명도(Sight of Appearance)
① 탁한 ② 조금 탁한 ③ 흐린 ④ 맑음 ⑤ 아주 맑음

1-2 색농도(Depth of color)
① 아주 진한 ② 진한 ③ 중간 ④ 엷음 ⑤ 아주 엷음

1-3 색상(Color)
① 연한 노란색 ② 연한 녹색 ③ 녹색 ④ 선홍색 ⑤ 담홍색 ⑥ 갈색

1-4 청결상태(Sanitary Conditions)
① 매우 깨끗함 ② 깨끗함 ③ 보통 ④ 지저분함

1-2. 건조 찻잎의 향(Smell or Nose)

1-1 향의 강도(Strength)
① 가벼움 ② 중간(-) ③ 중간 ④ 중간(+) ⑤ 뚜렷한

1-2 전반적인 향의 상태(General Appeal)
① 나쁨 ② 보통 ③ 좋음 ④ 매우 좋음 ⑤ 문제 있음

1-3 세부적인 향
① 견과류 ② 머스켓 ③ 레몬 ④ 복숭아 ⑤ 살구 ⑥ 사과 ⑦ 바닐라 ⑧ 흰꽃향 ⑨ 단향
⑩ 배 ⑪ 마른잎 ⑫ 감귤류 ⑬ 장향 ⑭ 난향 ⑮ 연 꽃향 ⑯ 대추향 ⑰ 볏짚 향 ⑱ 삼나무
⑲ 연기 ⑳ 토스트 ㉑ 기타(   )

2-1. 우려낸 찻잎의 외관(Sight of Appearance)

2-1 투명도(Sight of Appearance)
① 탁한　② 조금 탁한　③ 흐린　④ 맑음　⑤ 아주 맑음

2-2 색농도(Depth of color)
① 아주 진한　② 진한　③ 중간　④ 엷음　⑤ 아주 엷음

2-3 색상(Color)
① 연한 노란색　② 연한 녹색　③ 녹색　④ 선홍색　⑤ 담홍색　⑥ 갈색

2-4 점성도(Viscosity)
① 묽음　② 보통　③ 진한　④ 유질한(Oilly)

2-2. 우려낸 찻잎의 향 (Smell or Nose)

2-1 향의 강도(Strength)
① 가벼움　② 중간(-)　③ 중간　④ 중간(+)　⑤ 뚜렷한

2-2 전반적인 향의 상태(General Appeal)
① 나쁨　② 보통　③ 좋음　④ 매우 좋음　⑤ 문제 있음

2-3 세부적인 향
① 견과류　② 머스켓　③ 레몬　④ 복숭아　⑤ 살구　⑥ 사과　⑦ 바닐라　⑧ 흰꽃향　⑨ 단향
⑩ 배　⑪ 마른잎　⑫ 감귤류　⑬ 장향　⑭ 난향　⑮ 연 꽃향　⑯ 대추향　⑰ 볏짚 향　⑱ 삼나무
⑲ 연기　⑳ 토스트　㉑ 기타(　　　　　)

3. 맛(Taste or Palate/Flavor)

3-1 당도(Sweetness)
① 드라이　② 오프 드라이　③ 미디엄 드라이　④ 미디엄 스위트　⑤ 스위트

3-2 산도(Acidity)
① 낮음　② 중간(-)　③ 중간　④ 중간(+)　⑤ 높음

3-3 타닌(Tannin)
① 낮음　② 중간(-)　③ 중간　④ 중간(+)　⑤ 높음

3-4 밀도(Boby)
① 가벼움　② 중간(-)　③ 중간　④ 중간(+)　⑤ 무거움

3-5 후운(Length/Finish)
① 짧음　② 중간(-)　③ 중간　④ 중간(+)　⑤ 오래 지속

3-6 균형(Balance)
① 불균형　② 보통　③ 좋음　④ 균형이 잘 잡힌　⑤ 완전한

3-7 세부적인 맛

① 능금 맛 ② 캐러멜 맛 ③ 나무열매 맛 ④ 자극적인 맛 ⑤ 강렬한 맛 ⑥ 밋밋한 맛
⑦ 금속성 맛 ⑧ 싱거운 맛 ⑨ 연약한 맛 ⑩ 카시스 맛 ⑪ 싱싱한 맛 ⑫ 곰팡이 맛 ⑬ 단맛
⑭ 쓴맛 ⑮ 짠맛 ⑯ 떫은맛 ⑰ 낙엽 맛 ⑱ 흙맛 ⑲ 신맛 ⑳ 쉰 맛 ㉑ 기타(   )

4. 보이차 경우 : 회감

4-1 맛

① 아주 미미한 단맛 ② 중간정도 단맛 ③ 강도 있는 단맛

4-2 시간

① 아주 빠름 ② 빠름 ③ 보통 ④ 늦음 ⑤ 아주 늦음

5. 총체적 평가

① 조잡함 ② 열등함 ③ 괜찮은 ④ 좋음 ⑤ 뛰어남

중국 다예사의 좋은 차를 우려내는 방법

🌿 녹차 다예

녹차(綠茶)의 품질과 물의 온도 관계는 매우 중요하다. 녹차는 찻잎 색이 푸르고, 향기는 그윽하며, 맛은 순수하고, 찻잎 모양은 아름다운 것 등의 4가지 특징이 있다. 녹차는 차의 특징을 잘 살려 개완, 유리잔, 도자 등의 다양한 다구를 사용한다. 최고급 녹차의 경우 카테킨 용출을 억제하고 감칠맛을 내는 아미노산 성분이 잘 우러나도록 저온(50~60℃)으로 침출해야 하고, 고급녹차는 75~80℃, 보통 녹차는 80~85℃, 저급녹차는 감칠맛을 기대하기 어렵기 때문에 고온(90~95℃)으로 단시간에 침출해야 한다. 일반적으로 녹차는 다른 차에 비해 떫은맛 성분이 적게 우러나도록 70~80℃의 낮은 온도로 우리는 것이 좋으며, 찻잎이 많이 부서진 심증차(深蒸茶)의 경우는 차를 우려낼 때 온도를 낮게 하거나 우려내는 시간을 짧게 하는 것이 차의 맛을 좋게 한다.[5]

---

[5] 김영숙 『중국의 차와 예』 불교춘추사(2006)

차를 우리는 시간의 차이는 1~2분 정도로 증제차(蒸製茶 : 수증기로 찻잎을 찐 다음에 수분을 건조시켜 만든 차)는 덖음차(살청(殺靑)한 차를 우리나라에서 부르는 용어)보다 약간 짧게 해야 하는데 덖음차가 곡형으로 되어 있어 용출되는 시간이 더 걸리기 때문이다. 즉, 차의 원료와 제다방법에 따라서 물의 온도를 선택할 수 있으며, 녹차를 넣어 우리는 방법은 세 가지가 있는데, 하투법(下投法 : 찻잎을 먼저 잔에 넣고 뜨거운 물을 따른다)과 중투법(中投法 : 찻잎을 찻잔에 넣고 뜨거운 물을 약 1/3 넣고 찻잎을 흔들어 준 다음 다시 뜨거운 물을 따른다) 그리고 상투법(上投法 : 뜨거운 물을 먼저 잔에 넣고 찻잎을 넣는 방법)이다. 용정차, 벽라춘, 몽정감로 같은 어린 찻잎을 사용한 고급차는 상투법이나 중투법을 사용하고, 그 다음 좋은 녹차인 육안과편, 황산모봉, 태평후괴 등은 중투법을 주로 사용하며, 일반 녹차는 하투법을 사용한다.[6]

녹차는 찻잔에 찻물이 1/3 정도 남아 있을 때 속수(續水 : 찻물을 다시 부어주는 것)해주며, 첫 번째 우린 차 맛과 두 번째 우린 차 맛은 차이를 보인다. 녹차는 보통 3~4회 정도 우려 마시는데, 첫 번째 차를 우렸을 때 차의 가용성물질이 용해되는 양은 약 50~55%이고, 두 번째는 약 30%, 세 번째는 약 10%, 네 번째는 겨우 2~3% 정도이다. 보통 찻잎 2g에 100ml의 물을 부어 우려 마신다.[7]

---

6 김영숙 『중국의 차와 예』 불교춘추사(2006)
7 김영숙 『중국의 차와 예』 불교춘추사(2006)

녹차 테이스팅

준비물

다반, 티 포트, 탕관, 다양관, 다칙통(다칙, 다침, 다협 등), 다건, 개완 3개, 전자저울, 시계, 시음할 녹차

티 테이스팅하는 방법

1. 시음할 차를 우리는 데 사용할 모든 다구를 깨끗이 씻어 마른 수건으로 물기를 없애고 준비한다.
2. 시음할 차를 우리기 위하여 차례로 다구를 보기 좋게 세팅한다.
3. 시음할 찻잎을 다양관 안에 조금 덜은 후 손님에게 찻잎의 형태와 균일감 등을 감상하도록 한다.
4. 개완 뚜껑(찻잔 뚜껑)을 오픈하여 양쪽으로 조심스럽게 내려놓는다.
   → 개완에 뜨거운 물을 조금씩 따르고, 개완 위에서 개완 뚜껑을 돌려 데워주고 청결하게 씻어준 후, 개완을 한 바퀴 천천히 돌려준 다음 사용한 물은 통에 버린다.
5. 다건(냅킨이나 하얀 면 행주)을 사용하여 양손을 닦아 준다.
6. 다양관 안의 시음할 녹찻잎을 다시 덜어 놓는다.
7. 시음할 찻잎을 개완에 넣는다.
8. 개완 안에 녹차의 품질과 개성에 따라 온도를 맞춘 뜨거운 물을 따른다.
9. 마른 찻잎에 뜨거운 물이 스며들어 차의 미네랄 성분이 잘 추출될 수 있도록 흔들어 준 후에 첫 번째 개완의 향기를 맡는다.
10. 세 번 정도로 뜨거운 물을 개완 안으로 7~8부 정도 공손하게 따르는데 이것을 봉황삼점두(鳳凰三点頭)라고 한다. 그리고 뚜껑을 덮는다.
11. 찻잎이 천천히 가라앉도록 기다린다.
12. 손님에게 정성스럽고 공손하게 시음할 녹차를 드린다.
13. 시음할 녹차의 색상, 향기, 맛을 보고 평가한다.
14. 시음할 녹차의 향기를 맡고, 탕색을 보고, 녹차를 마시면서 맛을 음미한다.

녹차 테이스팅 노트

태평후괴(太平猴魁)

건조 찻잎

- 외형 : 눈으로 마시는 녹차답게 짙은 녹색의 부드럽고 두툼한 찻잎으로 보이며, 줄기는 3~5cm 정도로 나무망치로 조심스럽고 정성스럽게 줄기를 때려 편형이 되어 차별화가 되어있다.
- 향 : 훈제 향이 감도는 신선하고 상쾌한 약초 향기로 마음을 진정시키는 것 같은 느낌이 있다.

우려낸 찻잎

- 색상 : 선명한 황록색 계통 주갈색의 올리브색 찻잎과 붉은색 잎맥
- 향 : 상쾌한 난초향이 올라오며, 약초향, 미세한 미네랄향, 블랙 커런트 과일향이 있다.

찻물 평가

- 시각 : 수정같이 맑은 투명한 정녹색
- 후각 : 난초향의 산뜻함이 있으며 우려낸 찻잎과 거의 같고, 생화 향기, 복합적인 약초향, 미네랄 향
- 미각 : 미세한 쓴맛 후에 매우 부드럽고 순하며 산뜻한 단맛이 올라온다.
- 밸런스 : 쓴맛, 단맛 그리고 구조감이 좋으며, 후운(喉韻)의 은은한 단맛이 끝에 강한 인상을 남긴다.

준비 방법

한 잔이 약간 안 되는 양의 75℃ 물에 2티스푼의 차를 넣고 3분간 우려낸다. 또는 개완의 1/3의 높이까지 찻잎을 채운 후 30~40초씩 수차례 우려낸다.

백차 다예

백차는 매우 희귀한 차로 가공방법도 매우 특이하여 살청과 유념도 없으며, 기본적으로 위조와 건조과정으로 만들어지기 때문에 백차를 우릴 때는 고도의 기술이 필요하다. 특히 백차는 백색 솜털로 덮여 있어 잔털의 향과 맛을 살려야 하며, 탕색도 맑고 깨끗하게 추출되도록 해야 한다. 백차의 대표적인 백호은침는 청나라시대 복정현에서 만들어졌으며 효능이 뛰어나 민간에서는 해열 진정작용과 홍역에 좋은 약으로 사용되고 화장품을 만드는 데도 쓰인다.

백차를 우려내는 방법은 녹차와 비슷한 방법이지만, 흰색 털이 많아 차 성분이 쉽게 추출되지 않아서 우리는 시간이 비교적 길기 때문에 세심한 주위가 필요하다. 백차의 탕색은 아주 옅은 편이라 순백색의 자기로 된 개완에 3g의 백호은침과 85℃의 뜨거운 물로 우려낸다. 차를 우리는 횟수는 2~3회 정도가 적당한 편이며, 더 많이 우릴 경우 차맛이 흐려져 제 맛을 느낄 수 없다. 그리고 차를 우리는 시간을 20~30초씩 늘려가면서 차의 탕색을 보는 것이 좋다. 차를 우릴 때 약 3분이 지나면 차싹이 천천히 가라앉으면서 은침차의 겉 표면을 감싸고 있는 은백색의 하얀 백호가 하나씩 세워져 마치 아래위로 올라갔다 내려갔다 하는 모습처럼 보인다. 백호은침은 우아하면서 살포시 내비치는 푸른 찻잎의 싱그러움은 자연에 매료된 느낌이며, 난초향이 일품이다.

백차 테이스팅

준비물
다반, 티 포트, 탕관, 다양관, 다칙통(다칙, 다침, 다협 등), 다건, 백자 개완, 전자저울, 시계, 시음할 백차

티 테이스팅하는 방법
1. 시음할 백차를 우리는 데 사용할 모든 다구를 깨끗이 씻어 마른 수건으로 물기를 완전하게 닦아 준비한다.
2. 시음할 백차를 우리기 위하여 차례로 다구를 보기 좋게 세팅한다.
3. 시음할 찻잎을 다양관 안에 조금 덜은 후 손님에게 찻잎의 형태와 균일감 등을 감상하도록 한다.
4. 개완 뚜껑(찻잔 뚜껑)을 오픈하여 양쪽으로 조심스럽게 내려놓는다.
   → 개완에 뜨거운 물을 조금씩 따르고, 개완 위에서 개완 뚜껑을 돌려 데워주고 청결하게 씻어준 후, 개완을 한 바퀴 천천히 돌린 다음 사용한 물은 통에 버린다.
5. 다건(냅킨이나 하얀 면 행주)을 사용하여 양손을 닦아 준다.
6. 다양관 안의 시음할 백찻잎을 다시 덜어 놓는다.
7. 시음할 찻잎을 개완에 넣는다.
8. 개완 안에 백차의 품질과 개성에 따라 온도를 맞춘 뜨거운 물을 따른다.
9. 마른 찻잎에 뜨거운 물이 스며들어 차의 미네랄 성분이 잘 추출될 수 있도록 흔들어 준 후에 첫 번째 개완의 향기를 맡는다.
10. 세 번 정도로 뜨거운 물을 개완 안으로 7~8부 정도 공손하게 따르는데 이것을 봉황삼점두(鳳凰三点頭)라고 한다. 그리고 뚜껑을 덮는다.
11. 찻잎이 천천히 가라앉도록 기다린다.
12. 손님에게 정성스럽고 공손하게 시음할 차를 드린다.
13. 시음할 백차의 색상, 향기, 맛을 보고 평가한다.
14. 시음할 백차의 향기를 맡고, 탕색을 보고, 차를 마시면서 맛을 음미한다.

🌿 백차 테이스팅 노트

백호은침(白毫銀針)

건조 찻잎

- 외형 : 아주 고우면서 섬세한 은빛을 띠고 있으며, 잔털이 길고 맑고 연한 녹색의 싹을 덮어 매우 아름답다.
- 향 : 아주 섬세한 어린 버들나무향, 난초향

우려낸 찻잎

- 색상 : 아름다운 연녹색
- 향 : 고급스러운 난향, 과일의 단향, 야금류 향

찻물 평가

- 시각 : 맑은 연두색에 가깝지만 탕색이 거의 없어 보인다.
- 후각 : 우아한 나무향이 풍부하며, 과일의 달콤한 향, 버들강아지 향, 난초향이 어우러진다.
- 미각 : 아주 미세하게 떫은 촉감에 달콤하고 향기로우면서도 부드러운 맛
- 밸런스 : 향기가 좋고 단맛이 남으며 떫은맛이 적고, 산뜻하면서 깔끔한 맛이 여성들에게 호기심을 발동시킨다.

준비 방법

한 잔이 약간 안 되는 양의 85℃ 물에 2티스푼의 차를 넣고 15분간 우려내면 아주 맛있는 백호은침을 맛볼 수 있다. 또는 개완의 1/3의 높이까지 찻잎을 채운 후 15초씩 수차례 우려낸다.

황차 다예

중국의 황차는 유구한 역사를 가지고 있지만 생산량과 종류가 많지 않아 인기도 갈수록 시들해지고 있다. 최근에는 만드는 방법을 녹차처럼 변형하거나 생산량을 줄이고 있는 추세이다. 황차는 황아차(黃芽茶)로 만든 군산은침(君山銀針)과 몽정황아(蒙頂黃芽), 황소차(黃小茶)로 만든 북항모첨(北港毛尖)과 온주황탕(溫州黃湯), 황대차(黃大茶)로 만든 곽산황대차(藿山黃大茶)와 광동 대엽청(廣東大葉靑)이 있다.

황차의 대표격인 군산은침은 200년의 역사를 가지고 있으며, 청나라 당시 황실의 공차(貢茶)로 지정되기도 하였다. 군산은침은 매년 청명 3~4일 전 찻잎의 첨(尖 : 어린 싹)만을 골라 채집하여 아주 정성스럽게 만든다.

황차는 일반적으로 유리나 도자로 만든 다구를 사용한다. 군산은침의 경우 2g을 100ml의 물에 우린다. 75℃의 물로 4분간 우려내는데, 특히 30~40초 동안 4회 정도 추출할 수 있다. 군산은침은 또한 시각적인 즐거움을 주는데, 시인들에게도 많은 시적인 영감을 감흥을 불러일으켰다고 한다. 유리글라스에 차를 넣고 뜨거운 물을 부으면 찻잎이 곧게 떴다가 내려앉기를 3번 정도 하는데 이 모습이 춤을 추는 것 같아 삼기삼락(三紀三落)이라고 하며, 싹이 하나하나 아래로 떨어지는 형상이 마치 보슬비가 소리 없이 내려오는 것 같이 보인다고도 한다.

황차 테이스팅

준비물
다반, 티 포트, 탕관, 다양관, 다칙통(다칙, 다침, 다협 등), 다건, 다호, 전자저울, 시계, 잔, 다탁, 다우, 황차

티 테이스팅하는 방법
1. 시음할 황차를 우리는 데 사용할 모든 다구를 깨끗이 씻어 마른 수건으로 물기를 완전하게 닦아 준비한다.
2. 시음할 황차를 우리기 위하여 차례로 다구를 보기 좋게 세팅한다.
3. 시음할 찻잎을 다양관 안에 조금 덜은 후 손님에게 찻잎의 형태와 균일감 등을 감상하도록 한다.
4. 개완 뚜껑(찻잔 뚜껑)을 오픈하여 양쪽으로 조심스럽게 내려놓는다.
   → 개완에 뜨거운 물을 조금씩 따르고, 개완 위에서 개완 뚜껑을 돌려 데워주고 청결하게 씻어준 후, 개완을 한 바퀴 천천히 돌린 다음 사용한 물은 통에 버린다.
5. 다건(냅킨이나 하얀 면 행주)을 사용하여 양손을 닦아 준다.
6. 다양관 안의 시음할 황찻잎을 다시 덜어 놓는다.
7. 시음할 찻잎을 개완에 넣는다.
8. 개완 안에 황차의 품질과 개성에 따라 온도를 맞춘 뜨거운 물을 따른다.
9. 마른 찻잎에 뜨거운 물이 스며들어 차의 미네랄 성분이 잘 추출될 수 있도록 흔들어준 후에 첫 번째 개완의 향기를 맡는다.
10. 찻잔을 헹구어 준다.
11. 다호를 천천히 돌려주어 따뜻한 기운이 스미게 한다.
12. 다호 안의 우러난 찻물을 찻잔에 따르고, 찻잔의 탕색을 확인 후 다시 다호에 천천히 조심스럽게 따른다.
13. 손님에게 정성스럽고 공손하게 황차를 드린다.
14. 시음할 황차의 색상, 향기, 맛을 보고 평가한다.
15. 시음할 황차의 향기를 맡고, 탕색을 보고, 차를 마시면서 맛을 음미한다.

황차 테이스팅 노트

군산은침(君山銀針)

건조 찻잎

- 외형 : 매우 아름다우면서 긴 찻잎이 백호(흰솜털)로 흰색을 띠면서 황갈색의 은빛 나는 바늘 형태
- 향 : 은은한 빵 굽는 향과 젖은 덤불 향

우려낸 찻잎

- 색상 : 찻잎이 토실토실하면서 연하고 선명한 금황색
- 향 : 과일향, 바닐라향, 토스트향, 너트향이 있으며, 곰삭은 향이 있다.

찻물 평가

- 시각 : 옅은 노란색을 띠는 연한 등황색
- 후각 : 우려낼 때 발향되는 향 중에서 특별하게 열대 과일향이 두드러지며, 과일향, 바닐라 향, 토스트향, 너트향이 있으며, 곰삭은 향이 있다.
- 미각 : 잡맛이 거의 없고, 비단 같은 촉감, 향기가 맑고 부드럽고 달고 상쾌한 과일향과 맛 속에 쓴맛이 나타난다.
- 밸런스 : 다양한 향들이 균형이 잡혀 풍미가 입안 가득하며, 미각을 돋우어 주고 단맛의 여운이 오랫동안 지속된다. 그리고 아주 적당히 쓴맛은 향에 섬세함을 더해 주고 있지만 자칫하면 쓴맛 때문에 차 고유의 풍미를 덮어버릴 수 있다.

준비 방법

한 잔이 약간 안 되는 양의 75℃ 물에 1티스푼의 차를 넣고 4분간 우려내는데, 특히 3회 정도 분량을 작은 개완에 넣은 뒤 찻잎은 30~40초 동안 4회 정도 추출할 수 있다. 아니면 한번에 4~5분간 우려낼 수 있다.

🍃 청차 다예

청차는 부분발효차에 속하고 주로 중국 복건성, 광동성, 타이완에서 생산되며, 우롱차도 여기에 포함된다. 발효정도는 15~70%로 범위가 넓어 맛과 향의 특징도 녹차와 발효차의 특징을 가지고 있다.

청자를 우릴 때는 다구의 종류와 지역에 따라 각각 4가지로 구분한다. 먼저 다구의 종류에 따라 첫 번째, 호충쌍배포법(壺盅雙杯泡法 : 품명배와 문향배를 사용), 두 번째, 호충단배포법(壺盅單杯泡法 : 다호와 다충, 품명배를 사용), 세 번째, 호배포법(壺杯泡法 : 다호와 품명배를 사용), 네 번째, 개완포법(蓋碗泡法 : 주로 광동지역에서 사용하며 도자로 된 쌍층 다반에 작은 개완과 품명배를 사용)이 있다.[8] 중국의 지역에 따른 분류로는 광동성의 조산공부오룡차포법, 복건성의 안계오룡차포법과 무이산의 무이오룡차포법 그리고 대만오룡차포법 등의 4대 유파가 있다. 이중 광동성의 조산공부오룡차포법이 가장 오래된 역사를 갖고 있다.

청차를 우려내는 방법은 개완에 우리는 방법과 자사차호에 우리는 방법, 두 가지가 있으며, 각자 선호하는 방법으로 우려내면 된다. 특히 청차는 다른 차에 비해 우려내는 방법이 엄격하고 복잡하기 때문에 '공력을 필요로 한다'고 하여 붙여진 이름이 바로 공부(工夫)이다.

다호나 개완은 차를 마시는 사람의 인원수에 따라 선택하게 되는데, 혼자서 마시는 차호를 '득신호(得神壺)', 둘이서 마시는 차호를 '득취호(得趣壺)', 여럿이 마시는 차호를 '득혜호(得慧壺 : 혜심이라 하며 우주의 진리를 깨닫는 마음이란 뜻)'라 한다.[9]

청차를 우릴 때는 95℃ 물로 5~7분간 우려내는데 고급 청자는 12회 정도이며, 일반적으로 7~9회 정도 추출한다. 중국인들은 7회를 칠포유여향(七泡有余香), 9회를 구포불실차진미(九泡不失茶眞味)라고 부른다.

---

[8] 김영숙 『중국의 차와 예』 불교춘추사(2006)
[9] 김영숙 『중국의 차와 예』 불교춘추사(2006)

청차(공부우롱차) 테이스팅

준비물

다반, 티 포트, 탕관, 다양관, 다칙통(다칙, 다침, 다협 등), 다건, 다호, 품명배, 문향배, 다탁, 전자저울, 시계, 청차 중 우롱차

티 테이스팅하는 방법

1. 시음할 우롱차를 우리는 데 사용할 모든 다구를 깨끗이 씻어 마른 수건으로 물기를 완전하게 닦아 준비한다.
2. 시음할 우롱차를 우리기 위하여 차례로 다구를 보기 좋게 세팅한다.
3. 시음할 찻잎을 다양관 안에 조금 덜은 후 손님에게 찻잎의 형태와 균일감 등을 감상하도록 한다.
4. 문향배와 품명배를 차례로 뒤집어 주면서 탕관의 뜨거운 물로 문향배 그리고 품평배를 왼쪽부터 헹구어 주고 사용한 물은 통에 버린다.
5. 다건(냅킨이나 하얀 면 행주)을 사용하여 양손을 닦아 준다.
6. 다양관 안의 시음할 우롱찻잎을 다시 덜어 놓는다.
7. 시음할 찻잎을 다호에 넣는다.
8. 다호 안에 우롱차의 품질과 개성에 따라 온도를 맞춘 뜨거운 물을 따른다.
9. 마른 찻잎에 뜨거운 물이 스며들어 차의 미네랄 성분이 잘 추출되면 문향배에 따른다.
10. 다시 뜨거운 물을 낮은 곳에서 높은 곳으로 따르면 다호 윗부분에 거품이 생기게 되는데, 다호 뚜껑을 사용하여 거품을 조심스럽게 걷어 낸다.
11. 거품이 묻어 있는 다호 뚜껑을 뜨거운 물로 헹군 후 다호를 덥는다.
12. 다호 밑 부분의 물기를 닦아내고 다호를 들어 왼쪽 잔부터 조금씩 오른쪽으로 찻물을 붓고 다시 오른쪽에서 왼쪽으로 찻물을 조심스럽게 천천히 채워 나간다.
13. 손님에게 우롱차를 정성스럽고 공손하게 드린다.
14. 시음할 우롱차의 색상, 향기, 맛을 보고 평가한다.
15. 시음할 우롱차의 향기를 맡아, 탕색을 관찰하고, 차를 마시면서 맛을 음미한다.

🍃 백자 혹은 개완을 사용한 봉황단총 차 테이스팅

준비물
쌍층 다반, 티포트, 화로, 탕관, 다양관, 다칙통(다칙, 다침, 다협 등), 다건, 소개완, 작은 찻잔, 다탁, 다선, 전자저울, 시계, 봉황단총

티 테이스팅하는 방법
1. 시음할 봉황단총를 우리는 데 사용할 모든 다구를 깨끗이 씻어 마른 수건으로 물기를 완전하게 닦아 준비한다.
2. 시음할 봉황단총를 우리기 위하여 차례로 다구를 보기 좋게 세팅한다.
3. 시음할 찻잎을 다양관 안에 조금 덜은 후 손님에게 찻잎의 형태와 균일감 등을 감상하도록 한다.
4. 개완을 따뜻한 물로 씻고, 데워주기 위해서 왼손으로 개완 뚜껑을 열어서 개완 받침과 개완 사이에 기대어 놓는 후에 뜨거운 물을 완에 따른다. 다시 왼손으로 개완의 뚜껑을 닫고 오른쪽 다선 위쪽에 내려놓는다.
5. 다건(냅킨이나 하얀 면 행주)을 사용하여 양손을 닦아 준다.
6. 다양관 안에 시음할 봉황단총 잎을 다시 덜어 놓는다.
7. 개완 뚜껑을 열어서 개완 받침 위에 올려놓고 온도에 맞춘 뜨거운 물을 따른다.
8. 개완의 뜨거운 물을 다선에 버린다.
9. 뜨거운 물을 다시 개완에 따른다.
10. 양손으로 조심스럽게 찻잔을 헹구어 준다.
11. 개완 밑 부분의 물기를 마른 수건으로 깨끗하게 닦아 준다.
12. 고객에게 봉황단총을 균일하게 정성스럽고 공손하게 쌍다반 채로 드린다.
13. 시음할 봉황단총의 색상, 향기, 맛을 보고 평가한다.
14. 시음할 봉황단총의 향기를 맡고, 탕색을 관찰하고, 차를 마시면서 맛을 음미한다.

청차 테이스팅 노트

대홍포(大紅袍)

건조 찻잎

- 외형 : 고급차답게 기풍도 있고, 길게 말린 큰 잎의 차엽은 크기가 일정하며, 가장자리에는 검은 회색을 띠고 있다.
- 향 : 나무타는 은은한 향과 훈연향 그리고 과일향이 복합적으로 나타나면서 압도한다.

우려낸 찻잎

- 색상 : 처음엔 붉은 색깔로 우려지고, 점차 시간이 갈수록 갈색에서 검은색으로 변한다.
- 향 : 훈연향, 과일향, 꽃향, 나무향도 난다.

찻물 평가

- 시각 : 황색에 붉은색이 있어 옅은 주황색이나 짙은 귤색을 보여준다.
- 후각 : 풍부한 과일향, 블랙베리향, 살구향, 스파이스향, 훈연향
- 미각 : 아주 부드러운 실크 같은 촉감, 그리고 서서히 느껴지는 상쾌하고 맑은 청량감이 일품이다.
- 밸런스 : 향과 맛의 복합성이 잘 어울려져 상쾌하면서 매우 깔끔하여 입안에 청량감을 주며, 처음에는 쓴맛이 있으나 바로 단맛으로 바뀌고, 여운을 오랫동안 경험할 수 있다.

준비 방법

한 잔이 약간 안 되는 95℃ 물에 1티스푼의 차를 넣고 5~7분간 우려내는데, 특히 원하는 대로 우려낼 수 있지만 5회 정도는 아주 좋은 향과 맛을 낸다.

홍차 다예

동양에서는 찻물의 빛이 붉기 때문에 홍차(紅茶)라고 불렀고, 서양에서는 찻잎의 검은 색깔 때문에 'black tea(검은색 차)'라고 부른다. 특히 영국인들이 최초로 접한 차는 발효차인 홍차였으며 유럽의 홍차 문화를 발전시켰다.

홍차를 우리는 방법 또한 매우 다양하다. 순수한 홍차만을 우리는 방법과 홍차에 레몬이나 우유, 설탕 등과 같이 열매 말린 것 혹은 과일을 첨가하여 우리는 방법, 얼음을 띄우거나 꽃을 띄우는 등 그 종류는 이루 헤아릴 수 없다.[10] 특히 청음법(淸飮法 : 순수한 홍차의 향과 맛을 보기 위한 방법), 조음법(調飮法 : 블랜딩한 홍차를 시음하는 것), 공부홍차법(工夫紅茶法 : 참선의 의미를 부여하여 정신세계를 강조)이 있다.

홍차의 특성은 부드럽고 끝맛이 매우 깔끔하며, 순수한 느낌을 줄 만큼 잡맛이 없다. 그리고 신맛, 단맛, 우아한 기풍이 다른 차와 비교할 수 없다고도 한다. 홍차를 우리는 물의 온도는 95℃가 적당하며, 인도, 스리랑카는 3~4분 정도 우려내며, 중국홍차는 5~7분 정도 우려내는 것이 좋다. 홍차를 우리는 횟수는 일반적으로 2~3회가 가장 적당하다.

홍차를 우려내는 방법은 티백, 블랜딩 홍차 등에 따라 다르지만 중국의 전통적인 공부홍차 다예법을 소개하고자 한다.

---
[10] 김영숙 『중국의 차와 예』 불교춘추사(2006)

홍차 테이스팅

준비물

다반, 티 포트, 탕관, 다양관, 다칙통(다칙, 다침, 다협 등), 다건, 다호, 품명배, 다탁, 다우, 홍배기, 전자저울, 시계, 홍차

티 테이스팅하는 방법

1. 시음할 홍차를 우리는 데 사용할 모든 다구를 깨끗이 씻어 마른 수건으로 물기를 완전하게 닦아 준비한다.
2. 시음할 홍차를 우리기 위하여 차례로 다구를 보기 좋게 세팅한다.
3. 시음할 찻잎을 다양관 안에 조금 덜은 후 고객에게 찻잎의 형태와 균일감 등을 감상하도록 한다.
4. 홍차를 우릴 물이 끓을 때까지 조용하고 경건한 마음으로 명상을 하면서 홍차의 시음할 마음의 준비를 한다.
5. 다선(냅킨이나 하얀 면 행주)를 사용히여 양손을 닦아 준다.
6. 대나무 다칙을 가지고 와서 다건 위에 올려놓고 시음할 홍찻잎을 배다기에 덜어 놓는다.
7. 배다기 안의 홍차를 불에 달구어 준다.
8. 찻잔을 뒤집어 주고 다호의 뚜껑을 열어 뜨거운 물을 다호에 따르고 헹구어 사용한 물은 통에 버린다.
9. 배다기 안의 홍차를 다호에 조심스럽게 덜어 넣는다.
10. 다호 안에 홍차의 품질과 개성에 따라 온도를 맞춘 뜨거운 물을 따른다.
11. 찻잔에 뜨거운 물로 부은 후에 3번 정도 돌린 다음 다우에 조심스럽게 버린다.
12. 마른 찻잎에 뜨거운 물이 스며들어 차의 미네랄 성분이 잘 추출되도록 한다.
13. 다호 안에서 잘 추출된 첫 번째 홍차를 첫잔에 따른 후에 탕색을 관찰한다.
14. 확인한 홍차를 다시 다호에 조심스럽게 부어 준다.
15. 손님에게 홍차를 정성스럽고 공손하게 드린다.

홍차 테이스팅 노트

기문홍차(祁門紅茶)

건조 찻잎

- 외형 : 찻잎의 꼬임새가 튼실하고 끝이 뾰족하며, 가늘고 윤기가 나는 흑색 잿빛이 둘러져 있으면서 은은한 광택이 나므로 '보광(寶光)'이라고도 한다.
- 향 : 훈연향, 진한 가죽향

우려낸 찻잎

- 색상 : 탕색은 맑은 투명하고 밝은 오렌지빛의 선홍색을 띤다.
- 향 : 달콤한 발효향, 꿀향, 난초향, 진한 가죽향

찻물 평가

- 시각 : 어두운 붉은 계통의 구리색이 밝게 빛난다.
- 후각 : 훈제향, 난초향, 가죽향, 코코아향, 나무향, 풍부한 맥아향, 사과향, 와인향이 있다.
- 미각 : 부드럽고 은은한 훈제향이 감도는 단맛이 풍부하다.
- 밸런스 : 향과 구강촉감이 어울려져 풍부한 느낌이 기분을 좋게 하며, 맛은 순하여 회감이 오랫동안 지속되고, 바디감은 분명하게 상쾌하고 떫은맛과 단맛의 절묘한 조화로 매력을 더해주고 있다.

준비 방법

한 잔이 약간 안 되는 95℃ 물에 1티스푼의 차를 넣고 5~7분간 우려낸다.

흑차 다예

현재 우리가 마시는 보이차를 가장 먼저 만들어낸 사람들은 운남성의 소수민족들이며, 차나무의 원산지로 '운남성에서 생산된 대엽종의 찻잎을 햇빛에 건조시킨 쇄청모차를 원료로 하여 발효시킨 산차, 혹은 긴압차'로 정의하고 있다. 보이차의 종류는 병차, 전차, 타차, 산차로 나눌 수 있고, 자주 접하는 병차는 둥근 모양으로 납작하게 만들어진다. 병차는 통기성이 좋으므로 발효가 잘되는 장점이 있고, 전차는 벽돌모양, 타차는 만두나 버섯모양으로 만들어지고, 산차는 잎차의 형태를 말한다. 보이차는 세계적으로 훌륭한 건강차의 대명사로 명성을 얻게 되었으며, 소비층이 매우 한정적이며 보이차 애호가들은 보이차의 매력에 빠져 고수차를 선호하게 되고 다른 종류의 차에 비해 값비싼 고급차로 자리매김하게 되었다.

보이차를 우리는 방법에는 생차와 숙차가 있으며, 숙차와 생차의 우려내는 방법은 세차(洗茶)에서 차이가 난다. 다관의 1/3 정도로 보이차 찻잎을 채운 뒤 95℃ 물로 우리는데, 숙차는 2~3회 정도, 생차는 1회 정도 세적한 후 같은 온도로 5~7분간 우려낸다. 보이차는 일반적으로 5~10회 정도 우린다. 보이차의 탕색은 갈홍색이며, 쓴맛이 있으나 순하고 진하며 난맛이 돌기도 하며, 회감으로 단맛이 올라오기도 한다. 또한 오래 보관된 빈티지 노생차에는 독특한 특징이 있는데 보이차만이 가질 수 있는 아주 오래된 깊은 향과 맛이 아주 우아하면서 잡맛이 없고 마음을 평온하게 해준다.

보이차 테이스팅

준비물
다반, 티 포트, 탕관, 다양관, 다칙통(다칙, 다침, 다협 등), 다건, 개완, 다탁, 포자, 다저, 전자저울, 시계, 보이 생차 혹은 숙차

티 테이스팅하는 방법
1. 시음할 차를 우리는 데 사용할 모든 다구를 깨끗이 씻어 마른 수건으로 물기를 없애고 준비한다.
2. 시음할 차를 우리기 위하여 차례로 다구를 보기 좋게 세팅한다.
3. 시음할 찻잎을 다양관 안에 조금 덜은 후 손님에게 찻잎의 형태와 균일감 등을 감상하도록 한다.
4. 개완 뚜껑(찻잔 뚜껑)을 열어 양쪽으로 조심스럽게 내려놓는다.
   → 개완에 뜨거운 물을 조금 따르고, 개완 위에서 개완 뚜껑을 돌려 데워주고 청결하게 씻어준 후, 개완을 한 바퀴 천천히 돌린 다음 사용한 물은 통에 버린다.
5. 다건(냅킨이나 하얀 면 행주)을 사용하여 양손을 닦아 준다.
6. 다양관 안에 시음할 보이찻잎을 다시 덜어 놓는다.
7. 시음할 보이찻잎을 개완에 넣는다.
8. 개완 안에 보이차(생차 혹은 숙차)의 품질과 개성에 따라 온도를 맞춘 뜨거운 물을 따른다.
9. 마른 찻잎에 뜨거운 물이 스며들어 보이차의 미네랄 성분이 잘 추출될 수 있도록 하고 숙차의 경우 2~3회 세차하고, 생차의 경우 1회 정도 세차한 후 물을 버린다.
10. 세 번 정도로 뜨거운 물을 개완 안으로 7~8부 정도 공손하게 따르는데 이것을 봉황삼점두(鳳凰三点頭)라고 한다. 그리고 뚜껑을 덮는다.
11. 찻잎이 천천히 가라앉도록 기다린다.
12. 손님에게 정성스럽고 공손하게 시음할 보이차를 드린다.
13. 시음할 보이차의 색상, 향기, 맛을 보고 평가한다.
14. 시음할 보이차의 향기를 맡고, 탕색을 보고, 보이차를 마시면서 맛을 음미한다.
15. 계속 적정 온도의 뜨거운 물을 개완에 부어 차를 우려서 손님에게 보이차를 보충해 준다.

노반장보이생차(老班章普洱生茶)

건조 찻잎

- 외형 : 검고 밝으며 찻잎이 단단하게 말려 있고, 새순이 굵고 솜털이 많으며, 찻잎도 크다.
- 향 : 맑고 마른 풀잎향, 미네랄향

우려낸 찻잎

- 색상 : 맑은 황록색
- 향 : 강한 난초향, 꽃향, 미네랄향이 복합적으로 어우러져 향이 일품이다.

찻물 평가

- 시각 : 맑고 밝은 금황색
- 후각 : 난초향, 장향, 야생 풀잎향
- 미각 : 쓰고 떫은맛이 강하며, 쓴맛이 빠르게 단맛으로 변하는 오묘한 느낌 때문에 매료된다. 단맛이 오래가고 떫은맛은 점차 없어지면서 야생 기운이 입안에 감돈다.
- 밸런스 : 향과 구강촉감이 어울려져 풍부한 느낌이 기분을 좋게 하며, 맛은 순후하여 회감이 오랫동안 지속되고, 바디감은 분명하게 상쾌하고 떫은맛과 단맛의 혼합으로 매력을 더해주고 있다. 회감이 매우 뚜렷하며, 긴 여운이 사람들로 하여금 계속 마시고 싶은 충동을 준다.

준비 방법

한 잔이 약간 안 되는 95℃ 물에 1티스푼의 차를 넣고 1회 정도 세척을 한 후 같은 온도로 5~7분간 우려낸다. 노반장 보이차는 일반적으로 5~10회 우린다.

중국 차 관련 용어 중국식 발음

가(檟) → 지아
가소종(假小種) → 지아씨아우중
감비차(減肥茶) → 잰페이차
강소성(江蘇省) → 찌양쑤성
강촌(岡村) → 깡쳔
개완포법(盖碗包法) → 까이완파우파
건양(建陽) → 쟨양
건양수길(建陽水吉) → 쟨양수어이지
건조(乾燥) → 깐짜우
경매(景邁) → 찡마이
계가장(桂家場) → 꾸어이찌아창
계시기(計時器) → 찌스치
계화차(桂花茶) → 꾸어이화차
고(苦) → 쿠우
고교은봉(高校銀峰) → 까우씨아우인펑
고산차(高山茶) → 까우산차
고형차(固形茶) → 꾸씽차
곡우(穀雨) → 꾸위
공도배(公道杯) → 꿍따우뻬이
공미(貢眉) → 꿍메이
공부차(工夫茶) → 꿍푸차
공부홍차(功夫紅茶) → 꿍푸훙차
공점(龔店) → 꿍땐
공차(貢茶) → 꿍차
공희(貢熙) → 꿍씨
곽산(霍山) → 후어산
곽산현(霍山縣) → 후어산쌘

곽산황대차(霍山黃大茶) → 후어산황따차
곽산황아(霍山黃芽) → 후어산황야
관서(關西) → 꾸안씨
관장차수(罐裝茶水) → 꾸안쫭차수어이
괄풍채(刮風寨) → 꾸아펑짜이
광동대엽청(廣東大葉青) → 광뚱따예칭
광동청차(廣東青茶) → 광뚱칭차
광서(廣西) → 광씨
괴첨(魁尖) → 퀴이쟨
구룡봉(九龍峰) → 찌우룽펑
구차(漚茶) → 어우차
군산은침(君山銀針) → 쥔산인펑
귀지(貴池) → 꿔이츠
금강대(金鋼臺) → 찐깡타이
금계오(金溪塢) → 찐씨우
금산(金山) → 찐산
금속다구(金屬茶具) → 찐수차쮜
금죽평(金竹坪) → 찐주핑
금채(金寨) → 찐짜이
기란(奇蘭) → 치란
기문홍차(祁門紅茶) → 치먼훙차
기홍(祁紅) → 치훙
기홍공부차(祁紅工夫茶) → 치훙꿍푸차
긴압(緊壓) → 찐야
낙수동(落水洞) → 뤄수어이뚱
남교(南嶠) → 난치아우
남나산(南糯山) → 난눠산

270

남로은침(南路銀針) → 난루인쩐
냉유(冷揉) → 렁러우
녕홍(寧紅) → 닝훙
노만아(老曼峨) → 라우만어
노반장(老班章) → 라우반장
노전료(老田寮) → 라우탠랴우
녹차(綠茶) → 뤼차
농축차(濃縮茶) → 눙쒀차
뇌원차(腦原茶) → 나우왠차
다경(茶經) → 차찡
다관(茶館) → 차관
다군사(茶軍司) → 차쮠쓰
다도(茶道) → 차따우
다도조(茶道組) → 차따우주
다방(茶房) → 차팡
다선(茶船) → 차추안
다성(茶聖) → 차성
다소(茶所) → 차쑤어
다점(茶店) → 차땐
다판 · 차탁(茶盤 · 茶卓) → 차판 · 차주어
다향제(茶鄕祭) → 차샹찌
단유(團楺) → 투안러우
단차(團茶) → 투안차
대계(大溪) → 따시
대계산(大溪山) → 따씨산
대만청차(臺灣靑茶) → 타이완칭차
대방(大方) → 따팡

대백차(大白茶) → 따바이차
대별산(大別山) → 따베산
대우령(大禹嶺) → 따위링
대작(大作) → 따줘
대차(大茶) → 따차
대홍포(大紅袍) → 따훙파우
도(茶) → 투
도원용담(桃園龍潭) → 타우왠룽탄
도화봉(桃花峰) → 타우화펑
독산(獨山) → 두산
동목촌(桐木村) → 퉁무춴
동방미인(東方美人) → 둥팡메이런
동정동산(洞庭東山) → 뚱팅뚱산
동징시산(洞庭西山) → 뚱팅씨산
동정오룡(東頂烏龍) → 뚱띵우룽
동지(東至) → 뚱쯔
동차(冬茶) → 뚱차
두빈(頭份) → 터우펀
두옥(頭屋) → 터우우
두충차(杜沖茶) → 뚜충차
떡차(餠茶) → 뼁차
락가암(駱家庵) → 뤄쨔안
란창(瀾滄) → 란창
란창시(瀾滄市) → 란창스
레몬홍차(檸檬紅茶) → 닝멍훙차
만사(曼撒) → 만싸
만송(曼松) → 만쏭

만전(蠻磚) → 만좐
말리화차(茉莉花茶) → 무어리화차
말차(抹茶) → 뭐차
망지(莽枝) → 망지
매괴화차(玫瑰花茶) → 메이꿔이화차
매오용정(梅塢龍井) → 메우룽찡
맹송(勐宋) → 멍쑹
맹해(勐海) → 멍하이
명(茗) → 밍
명편(茗片) → 밍팬
모차(毛茶) → 마우차
모해(毛蟹) → 마우쎄
몽정황아(蒙頂黃芽) → 멍띵황야
묘율(苗栗) → 미아우리
무석시(無錫市) → 우씨스
무이산(武夷山) → 우이산
무이암차(武夷岩茶) → 우이앤차
문향배(聞香杯) → 원쌍뻬이
민남(閩南) → 민난
민남색종(閩南色種) → 민난써중
민남청차(閩南淸茶) → 민난칭차
민북수선(閩北水仙) → 민베이수어이쌘
민홍(閩紅) → 민홍
민홍청(閩烘靑) → 민홍칭
민황(悶黃) → 민황
반구형(半球形) → 빤치우씽
반암차(半岩茶) → 빤앤차

반초반홍(半炒半烘) → 빤차우빤홍
반편(扳片) → 빤팬
발효차(醱酵茶) → 파찌아우차
방외(邦崴) → 빵워이
백계관(白溪冠) → 바이씨관
백룡담(白龍潭) → 바이룽탄
백모단(白牡丹) → 바이무단
백산차(白山茶) → 바이산차
백아차(白芽茶) → 바이야차
백엽차(白葉茶) → 바이예차
백호은침(白毫銀針) → 바이하우인쩐
번구배(翻口杯) → 판커우뻬이
번차(番茶) → 판차
벽라춘(碧螺春) → 삐뤄췬
변소차(邊銷茶) → 빤씨아우차
병차(餠茶) → 삥차
보산(保山) → 빠우산
보산(寶山) → 빠우산
보이생차(普洱生茶) → 푸얼성차
보이시(普洱市) → 푸얼스
보이차(普洱茶) → 푸얼차
복건(福建) → 푸짼
복수차(福壽茶) → 푸서우차
복전(茯磚) → 푸좐
복정현(福鼎縣) → 푸띵쌘
복화(復火) → 푸훠
본산(本山) → 번산

본산용정(本山龍井) → 번산룽찡

본초강목(本草綱目) → 번차우깡무

봉미(鳳眉) → 펑메이

봉황단총(鳳凰單欉) → 펑황딴충

봉황산(鳳凰山) → 펑황산

봉황수선(鳳凰水仙) → 펑황수어이쌘

부량(浮梁) → 푸량

부초차(釜炒茶) → 푸차우차

북로은침(北路銀針) → 버이루인쩐

북포(北捕) → 버이부

북항모첨(北港毛尖) → 베이깡마우쨴

빙도(冰島) → 삥따우

사간(篩揀) → 사이쨴

사모(思茅) → 쓰마우

사봉용정(獅峰龍井) → 스펑룽찡

사선(四仙) → 쓰쌘

사자강(獅子崗) → 스쯔깡

사천성(四川省) → 쓰촨성

사향용정(四鄕龍井) → 쓰쌍룽찡

산다화과(山茶花科) → 산차화커

산성(酸性) → 쏸씽

산차(山茶) → 산차

산차(山岔) → 산차

산차(散茶) → 싼차

살청(殺青) → 사칭

삼만(三滿) → 싼만

상파형(上把形) → 상빠씽

상화가(上和街) → 상허찌에

색종(色種) → 써중

샘재배(三才杯) → 싼차이뻬이

서로변차(西路邊茶) → 씨루뺀차

서쌍판납(西雙版納) → 씨쐉빤나

석고평오룡(石古坪烏龍) → 스구펑우룽

석기다구(石器茶具) → 스치차쮜

석태(石台) → 스타이

석파점(石婆店) → 스풔땐

석판충(石板沖) → 스빤충

선엽(鮮葉) → 쌘예

선화령(鮮花嶺) → 샌화링

설(蔎) → 서어

성촌향(星村鄕) → 씽췬쌍

세눈초청(細嫩炒靑) → 씨넌차우칭

세작(細作) → 씨줘

소엽종(小葉種) → 씨아우예중

소종홍차(小種紅茶) → 씨아우중홍차

소주(蘇州) → 쑤저우

소홍청(蘇烘靑) → 쑤홍칭

속수(續水) → 쉬수어이

속용차(速溶茶) → 쑤룽차

송계(宋溪) → 쑹씨

송연향(松烟香) → 쑹앤썅

송침(松針) → 쑹쩐

쇄차(碎茶) → 쒀이차

쇄청(曬靑) → 사이칭

쇄청녹차(曬青綠茶) → 사이칭뤼차
수구배(收口杯) → 서우커우뻬이
수금귀(水金龜) → 수어이찐꿔이
수미(壽眉) → 서우메이
수미(秀眉) → 씨우메이
수선(水仙) → 수어이쎈
수선백차(水仙白茶) → 수어이쎈바이차
숭안현(崇安縣) → 충안쎈
신농(神農) → 선눙
신명(新明) → 씬밍
신반장(新班章) → 씬반장
신양모첨(信陽毛尖) → 신양마우쨴
신양시(信陽市) → 신양스
신죽현(新竹縣) → 신주쎈
쌍봉(雙蜂) → 쐉펑
아미(峨尾) → 어워이
악양(岳陽) → 웨양
악퇴(渥堆) → 워뚜이
안계현(安溪縣) → 안씨쎈
안길백차(安吉白茶) → 안지빠이차
안화흑차(安化黑茶) → 안화허이차
안휘성(安徽省) → 안휘이성
양청(凉青) → 량칭
양촌(楊村) → 양췬
여지홍차(荔枝紅茶) → 리즈홍차
연소종(烟小種) → 앤씨아우중
연운(連云) → 랜윈

열유(熱揉) → 러러우
영덕홍차(英德紅茶) → 잉더훙차
영두단총(嶺頭單樅) → 링터우딴충
영산사(靈山寺) → 원산쓰
영춘불수(永春佛手) → 융췬푸어서우
영춘수선(永春水仙) → 융췬수어이쎈
예모봉(豫毛峰) → 위마우펑
오동산(梧桐山) → 우퉁산
오미첨(烏米尖) → 우미쨴
오운(五云) → 우윈
오현(吳縣) → 우쎈
옥로(玉露) → 위루
온주황탕(溫州黃湯) → 원쩌우황탕
외산소종(外山小種) → 와이산씨아우중
요가판(姚家畈) → 야우찌아반
욕사(浴舍) → 위서
용문(龍門) → 룽먼
용문충(龍門冲) → 룽먼충
용정차(龍井茶) → 룽찡차
용차(茸茶) → 룽차
우룽차(烏龍茶) → 우룽차
우전차(雨前茶) → 위챈차
우차(雨茶) → 위차
우화차(雨花茶) → 위화차
운곡사(云谷寺) → 윈꾸쓰
운남(雲南) → 윈난
운남공부홍차(雲南工夫紅茶) → 윈난꿍푸홍차

274

운남성(雲南省) → 윈난성
운무(云霧) → 윈우
원초청(圓炒靑) → 왠차우칭
위산모첨(潙山毛尖) → 워이산마우펑
위조(萎凋) → 워이띠아우
유념(揉捻) → 러우낸
유다(乳茶) → 루차
유락(攸樂) → 여우러
유리다구(玻璃茶具) → 부어리차쥐
육계(肉桂) → 러우꾸어이
육보차(六堡茶) → 리우빠우차
육안과편(六安瓜片) → 리우안꽈팬
육우(陸羽) → 루위
은갱(銀坑) → 인캉
의방(倚邦) → 이방
의홍(宜紅) → 이훙
의흥(宜興) → 이씽
이무(易武) → 이우
이산(梨山) → 리산
이현(黟縣) → 이쌘
임창(臨滄) → 린창
자기다구(瓷器茶具) → 츠치차쥐
자사차호(紫砂茶壺) → 쯔사차후
자생지(自生地) → 쯔성띠
자수기(煮水器) → 주수어이치
자운봉(紫云峰) → 쯔윈펑
작설차(雀舌茶) → 췌서차

잔탁(盞托) → 짠투어
장사(長沙) → 창사
장초청(長炒靑) → 창차우칭
장평수선병차(漳平水仙餠茶)
　　　　　　→ 장핑수어이쌘삥차
절강성(浙江省) → 쩌쟝성
전차(煎茶) → 짼차
전홍(滇紅) → 땐훙
절홍청(浙烘靑) → 쩌훙칭
점토다구(陶土茶具) → 타우투차쥐
정가채(丁家寨) → 띵쨔짜이
정산소종(正山小種) → 정산씨앙중
정암차(正岩茶) → 정앤차
정유(精揉) → 찡러우
정화(政和) → 정허
제불암(諸佛庵) → 주푸어안
제운과편(濟云瓜片) → 찌윈꾸아팬
조안팔선(詔安八仙) → 자우안빠쌘
조음법(調飮法) → 티아우인파
조주(潮州) → 차우저우
조취차(鳥嘴茶) → 니아우쭈어이차
조형(條形) → 티아우씽
주란화차(珠蘭花茶) → 주란화차
주원장(朱元璋) → 주왠장
주차(洲茶) → 저우차
주차(珠茶) → 주차
죽동진(竹東鎭) → 주뚱쩐

죽로차(竹露茶) → 주루차
죽목다구(竹木茶具) → 주무차쥐
중유(中揉) → 중러우
중작(中作) → 중쭈어
중투법(中投法) → 중터우파
증제차(蒸製茶) → 정즈차
증청녹차(蒸靑綠茶) → 정칭뤼차
직구배(直口杯) → 즈커우뻬이
진뢰산(震雷山) → 전레이산
진품(珍品) → 전핀
집운(集云) → 지윈
차(茶) → 차
차건(茶巾) → 차찐
차루(茶漏) → 차러우
차마고도(茶馬古道) → 차마꾸따우
차상보(桌布) → 주어뿌
차시(茶匙) → 차스
차엽관(茶葉觀) → 차예관
차운(車云) → 처윈
차칙(茶則) → 차저
차침(茶針) → 차전
차통(茶筒) → 차퉁
차하(茶荷) → 차허
차협(茶夾) → 차지아
차호(茶壺) → 차후
차황소(茶黃素) → 차황쑤
창구배(敞口杯) → 창커우뻬이

채엽(采葉) → 차이예
천(舛) → 추완
천목산(天目山) → 탠무산
천운(天云) → 탠윈
천청(川靑) → 촨칭
천홍(川紅) → 촨훙
철관음(鐵觀音) → 테관인
철라한(鐵羅漢) → 테뤄한
첨차(尖茶) → 쨴차
청라봉(靑螺峰) → 칭뤄펑
청심오룡(靑心烏龍) → 칭신우룽
청음법(淸飮法) → 칭인파
초청(炒靑) → 차우칭
초청녹차(炒靑綠茶) → 차우칭뤼차
추차(秋茶) → 치우차
춘아(春芽) → 춴야
춘차(春茶) → 춴차
칠기다구(漆器茶具) → 치치차쥐
침형(針形) → 전씽
타(詫) → 차
타차(沱茶) → 투어차
탁판(托盤) → 투어판
탄량(灘京) → 탄량
탕구(湯口) → 탕커우
탕다(湯茶) → 탕차
태양하(太陽河) → 타이양허
태평후괴(太平猴魁) → 타이핑허우쿼이

태호(太湖) → 타이후

태화평(大化坪) → 따화핑

특진(特珍) → 터전

파달(巴達) → 빠다

파채(帕寨) → 파짜이

팽풍차(膨風茶) → 펑펑차

편차(片茶) → 팬차

평화백아기란(平和白牙奇蘭) → 핑허바이야치란

포기노청차(逋圻老靑茶) → 부치라우칭차

포랑(布朗) → 뿌랑

포유(包揉) → 빠우러우

포종차(包種茶) → 빠우중차

품명배(品茗杯) → 핀밍뻬이

하가채(何家寨) → 허찌아짜이

하남성(河南省) → 허난성

하문(廈門) → 씨아먼

하차(夏茶) → 씨아차

항주(杭州) → 항저우

해괴(解塊) → 제쿠어이

해남도(海南島) → 하이난따우

향훙전(響共甸) → 썅훙땐

혁등(革登) → 꺼덩

호남성(湖南省) → 후난성

호북성(湖北省) → 후버이성

호지용정(湖地龍井) → 후띠룽징

호충단배포법(壺盅單杯泡法)
　　　　　　→ 후중딴뻬이파우파

호충쌍배포법(壺盅雙杯泡法)
　　　　　　→ 후중쌍뻬이파우파

호홍(湖紅) → 후훙

홍배(烘焙) → 훙페이

홍쇄차(紅碎茶) → 훙쑤어이차

홍수오룽(紅水烏龍) → 훙수어이우룽

홍옥(紅玉) → 훙위

홍인(紅茵) → 훙인

홍전차(紅磚茶) → 훙좐차

홍청(烘靑) → 훙칭

화정운무(華頂雲霧) → 화띵원우

환형(圓形) → 환씽

황간하(黃澗河) → 황쩬허

황강산(黃岡山) → 항깡산

황금계(黃金桂) → 황찐꿰이

황대차(黃大茶) → 황따차

황산모봉(黃山毛峰) → 황산마우펑

황소차(黃小茶) → 황씨아우차

황아차(黃芽茶) → 황야차

황차(黃茶) → 황차

횡산(橫山) → 헝산

횡파형(橫把形狀) → 헝빠씽좡

후괴(猴魁) → 허우퀘이

후파형(后把形) → 허우빠씽

휘홍청(徽烘靑) → 훠이훙칭

흑룡담(黑龍潭) → 허이룽탄

흑전(黑磚) → 허이좐

참고문헌

중국

고영자(高英姿) 선주(選注), 『자사명도전적(紫砂名陶典籍)』, 절강섭영출판사(浙江攝影出版社)

고장림(高章林)황조생(黃祖生)·뇌우산(雷友山)·우달흥(牛達興)주편(主編), 『호북차문화대관(湖北茶文化大觀)』, 호북과학기술출판사(湖北科學技術出版社), 1995.1.

관검평(關劍平), 『차와 중국문화(茶与中國文化)』, 인민출판사(人民出版社), 2004.4.1.

김명배(金明培) 역저(譯著), 『중국의 다도(中國의 茶道)』, 명문당(明文堂), 1985.12.

뇌평양(雷平陽) 저(著), 『보이차기(普洱茶記)』, 영기당인공예출판사(盈記唐人工藝出版社), 2003.3.

다엽권(茶葉卷) 왕택농(王澤農)외, 『중국농업백과사전(中國農業百科全書)』, 북경 농업출판사(北京農業出版社), 1988.12.

류근진(劉勤晉) 저(著), 『중국보이차과학독본(中國普洱茶科學讀本)』, 광동여유출판사(廣東旅遊出版社), 2005.8.

류성용(刘诚龙), 『차품평학(谁解茶中味)』, 북경시대화문서국(北京时代华文书局), 2014.1.

동계경(童啓慶) 주편(主編), 『영상중국다도(影像中國茶道)』, 절강섭영출판사(浙江攝影出版社), 2002.1.

범증평(范增平) 주편(主編), 『다예학(茶藝學)』, 만권루도서유한공사(萬卷樓圖書有限公司), 대만(臺灣)민국(民國), 1989.6.

상관예요(上官禮耀) 편저(編著), 『안계다보(安溪茶譜)』, 복건전자음상출판사(福建電子音像出版社), 2000.6.

서수당(徐秀棠), 『중국자사(中國紫砂)』, 상해고서출판사(上海古籍出版社), 1998.11.

서전굉(徐傳宏)·낙봉봉(駱芃芃) 編著, 『중국다관(中國茶館)』, 산동과학기술출판사(山東科學技術出版社), 2010.7.

서해영(徐海榮) 주편(主編), 『중국차사대전(中國茶事大典)』, 화하출판사(華夏出版社), 2000.1.

소완방(邵宛芳), 『보이차보건효능과학독본(普洱茶保健功效科学读本)』, 운남과학기술출판사(云南科技出版社), 2014.6.

시해근(施海根) 주편(主編), 『중국명차도보(中國名茶圖譜) -녹차편(綠茶篇)』, 상해문화출판사(上海文化出版社), 1995.5.

시해근(施海根) 편저(編者), 『중국명차도보 : 녹차 홍차 황차 백차권(中国名茶图谱 : 绿茶红茶 黃茶 白茶卷)』, 상해문화출판사(上海文化出版社), 2007.1.

예위칭촨(叶羽晴川), 『보이차심원(普洱茶尋源)』, 중국경공업출판사(中國輕工業出版社), 2014.5.

예위칭촨(叶羽晴川) 주편(主編), 『중국다서선접·주석본(中華茶書選輯·注釋本)』, 중국경공업출판사(中國輕工業出版社), 2005.8.

오지화(吳智和), 『중국다예논총(中國茶藝論叢)』, 정중서국(正中書局), 1989.12.

요국곤(姚國坤)·왕존례(王存禮)·정계곤(程啓坤)편저(編著), 『중국차문화(中國茶文化)』, 상해문화출판사(上海文化出版社), 1991.1.

요국곤(姚國坤)·진배방(陳佩芳) 편저(編著), 『음다건신전전(飲茶健身全典)』, 상해문화출판사(上海文化出版社), 1995.12.

완일명(阮逸明) 편저(編著), 『세계차문화대관(世界茶文化大觀)』, 국제화문출판사(國際華文出版社), 2002.8.

왕진항(王鎭恒)·왕광지(王廣智) 주편(主編), 『중국명차지(中國名茶志)』, 중국농업출판사(中國農業出版社), 2000.12.

왕집동(王缉东) 편저(編者), 『오룡차 보이차 홍차(乌龙茶 普洱茶 红茶)』, 중국경공업출판사(中国轻工业出版社), 2013.1.

완호경(阮浩耕)·심동매(沈冬梅)·우양자(于良子) 접교주석(点校注釋), 『중국고대다엽전서(中國古代茶葉全書)』, 절강섭영출판사(浙江攝影出版社), 1999.1.

완호경(阮浩耕)·심동매(沈冬梅)·우저양(于子良) 접교주석(点校注釋), 『중국다예(中國茶藝)』, 산동과학기술출판사(山東科學技術出版社), 2003.1.

완호경(阮浩耕)·왕건영(王建榮)·오승천(吳胜天) 편저(編著), 『중국다예(中國茶藝)』, 산동과학기술출판사(山東科學技術出版社), 2005.5.

유소서(劉邵瑞) 저(著), 『중국고대음다예술(中國古代飲茶藝術)』, 문진출판사(文津出版社), 2014.11.

육우(陆羽) 저자(作者), 범위(范伟) 편저(编者), 『다경(茶经)』, 중국화보출판차(中国画报出版社), 2011.9.

윤경혁(尹庚爀) 역저(譯著), 『차문화고전(茶文化古典)』, 홍익제(弘益齋), 1999.7.

이대춘(李大椿) 주편(主編), 『서호용정차(西湖龍井茶)』, 절강과학기술출판사(浙江科學技術出版社), 1992.1.

임아금(任亞琴) 편저(編著), 『차지서(茶之書)』, 중국경공업출판사(中國輕工業出版社), 2004.10.

임치(林治) 주편(主編), 『중국다예(中國茶藝)』, 중화공상연합출판사(中華工商聯合出版社), 2000.11.

서수당(徐秀堂), 『중국자사(中國紫砂)』, 상해고적출판사(上海古籍出版社), 1998.11.

설운봉(薛雲峰), 『백호오룡(白毫烏龍)』, 우하문화출판(宇河文化出版), 2003.7.

송백윤(宋伯胤), 『자사원학보(紫砂苑學步)』, 영기당인공예출판사(盈記唐人工藝出版社), 1998.8.

장과(張科) 편저(編著), 『설천(說泉)』, 절강섭영출판사(浙江攝影出版社), 2006.4.

장굉용(張宏庸) 편저(編纂), 『차의 예속(茶的禮俗)』, 차학문학출판사(茶學文學出版社), 1987.3.

장신제(張迅齊) 편역(編譯), 『다화여다경(茶話與茶經)』, 장춘수서방(長春樹書坊), 1987.1.

장영철(張永哲)·진금린(陳金林)·고병권(顧炳權) 주편(主編), 『중국다주사전(中國茶酒辭典)』, 호남출판산(湖南出版社), 1992.12.

장조(庄昭), 『다시삽백수(茶詩三百首)』, 남방일보출판사(南方日報出版社), 2003.3.

정계곤 외3인(程啟坤 外3人), 『음다의 과학(飲茶的科學)』, 상해과학기술출판사(上海科學技術出版社), 1995.8.

조대엽(趙大炎) 주편(主編), 『만화무이차문화(漫話武夷茶文化)』, 건양시제삼인쇄창(建陽市第三印刷廠), 2000.7.

조방임(趙方任) 집주(輯注), 『당송다시집주(唐宋茶詩輯注)』, 중국치공출판사(中國致公出版社), 2002.7.

주가기(朱家驥)·완호경(阮浩耕), 『서호용정차(西湖龍井茶)』, 항주출판사(杭州出版社), 2004.10.

주세영(朱世英)·완진항(王鎭恒)·첨라구(詹羅九)주편(主編), 『중국차문화대사전(中國茶文化大辭典)』, 한어대사전출판사(漢語大詞典出版社), 2002.4.

주소명(朱小明) 편저(編著), 『다사다전(茶事茶典)』, 세계문물풀판사(世界文物出版社), 1980.5.

주자진(朱自振)·심한(沈漢), 『중국다주문화사(中國茶酒文化史)』, 문진출판유한회사(文津出版有限公司), 1995.5.

주중림(周重林) 주편(主編), 『천하보이(天下普洱)』, 운남대학출판사(雲南大學出版社), 2004.1.

주홍걸(周紅杰) 주편(主編), 『운남보이차(雲南普洱茶)』, 운남과기출판사(雲南科技出版社), 2004.5.

중국다엽고빈유한공사(中國茶葉股份有限公司)·중화차인연의회(中華茶人聯誼會) 편저(編著), 『중화다엽오천년(中華茶葉五千年)』, 인민출판사(人民出版社), 2001.12.

지종헌(池宗憲) 지(著), 『오룡차(烏龍茶)』, 지하문회출판유한공사(宇河文化出版有限公司), 대만(臺灣), 2004.3.

진문회(陳文懷), 『차의 품음예술(茶的品飮藝術)』, 시사문화출판사기엽유한회사(時事文化出版社企業有限公司), 2013.05.

진종무(陈宗懋) 주편(主編), 『중국차엽대사전(中國茶葉大辭典)』, 상해문화출판사(上海文化出版社), 2008.5.

진종무(陳宗懋) 주편(主編), 『중국다경(中國茶經)』, 상해인민출판사(上海人民出版社), 2004.4.

진종무(陳宗懋) 주편(主編), 『중국다엽대사전(中國茶葉大辭典)』, 중국경공업출판사(中國輕工業出版社), 2011.12.

진환당(陳煥堂)·임세욱(林世煜), 『대만차(臺灣茶)』, 묘두응출판(貓頭鷹出版), 2001.6.

진혼(陳琿)·려국리(呂國利), 『중화문화심종(中華茶文化尋蹤)』, 중국성시출판사(中國城市出版社), 2000.9.

양현강(杨贤强) 교신저자(合著者), 王岳飞 (编者), 徐平 (编者), 『차문화와건강(茶文化与茶健康)』, 여행교육출판사(旅游教育出版社), 2014.1.

추가구(鄒家駒), 『만화보이차(漫話普洱茶)』, 운남민족출판사(雲南民族出版社), 2005.9.

포건남(鮑建南), 『호론(壺論)』, 중국문련출판사(中國文聯出版社), 2004.7.

한기루(韓其樓)· 하준위(夏俊偉), 『중국자사명호진상(中國紫砂茗壺珍賞)』, 상해과학기술출판사(上海科學技術出版社), 2007.1.

허현요(許賢瑤) 편역(編譯), 『중국고대끽다사(中國古代喫茶史)』, 박원출판유한회사(博遠出版有限公司), 1991.2.

허현요(許賢瑤) 편역(編譯), 『중국다서제요(中國茶書提要)』, 박원출판유한회사(博遠出版有限公司), 1990.7.

호남농학원(浩南農學院) 주편(主編), 『다엽심평과검험(茶葉審評與檢驗)』, 농업출판사(農業出版社), 1985.4.

황검양(黃劍亮), 『당인공예(唐人工藝)』, 영기당인출판사(盈記唐人工藝出版社), 2000.5.

황돈암(黃墩岩), 『중국다도(中國茶道)』, 창문출판사(暢文出版社), 1993.3.

사료(史料)

송·이석(宋·李石) 찬(撰), 이지량(李之亮) 교점(交點), 『속박물지(續博物志)』, 파촉서사(巴蜀書社), 1991.1.

『이십오사(二十五史)』, 『구당서(舊唐書)』, 『신당서(新唐書)』, 『송사(宋史)』, 『명사(明史)』, 『청사고(淸史稿)』, 상해고서출판사(上海古籍出版社), 1986.12.

일본·오현보(日本·奧玄寶), 『명호도록(茗壺圖錄)』, 절강섭영출판사(浙江攝影出版社), 2010.10.

진·상거(晉·常璩) 찬(撰), 임내강(任乃强) 교주(校注), 『화양국지교보도주(華陽國志校 補圖注)』, 상해고서출판사(上海古籍出版社), 1987.7.

청·고염무(淸·顧炎武), 『일지록(日知彔)』, 악록출판사(岳麓出版社), 1996.2.

청·오건(淸·吳騫), 『양선명도록(陽羨名陶錄)』, 절강섭영출판사(浙江攝影出版社), 1996.9.

청·필원(淸·畢沅) 찬(撰), 『속자치통감(續資治通鑒)』, 악록출판사(岳麓出版社), 1992.1.

한국

고세연 『차의 역사』 미래문화사(2006)

고재윤 『워터 커뮤니케이션』 세경(2014)

고재윤 『와인 커뮤니케이션』 세경(2012)

권혁란 『세가지 색, 차 이야기』 도서출판 이채(2005)

김경우 『중국차의 이해』 월간 다도(2005)

김명배 『다도학』 문학사(1998)

김명배 『일본의 다도』 보림사(1987)

김명배 『중국의 다도』 명문당(1985)

김명배 『한국의 다서』 탐구당(1993)

김용도 『한국의 문화와 차』 동인출판 문화원(2012)

김영숙 『중국의 차와 예』 도서출판 불교(2006)

뉴욕중앙일보(2009년 4월 29일) 미주판 18면

대익다도원 · 김태연 『대익보이차』 도서출판 다빈치(2013)

박영환 『중국의 차문화』 도서출판 문현(2013)

박필금 『생활 속의 다도』 삶과꿈(1998)

과일향의 '벽라춘(碧螺春)'과 애틋한 사랑의 전설 『불교저널』(2013년 11월 3, 4, 6일)

박영환 칼럼 '중국의 홍차' 『불교저널』(2014년 7월 4일)

박영환 칼럼 '중국의 홍차' 『불교저널』(2014년 8월 5일)

석용운 『한국다예』 도서출판 초의(2009)

송재소 · 조창록 · 이규칠 『한국의 차문화 천년 1, 2』 돌베개(2009)

신수길 『차도구』 (사)한국차인연합회 · 이른아침(2012)

오지화 『중국다예』 정중서국(2006)

육우 · 박양숙 역 『다경』 자유문고(1998)

이상균 『당신에게 차를 권하다』 오픈하우스(2012)

이진수 · 이진미 『찻잎 속의 차』 이른아침(2008)

이진수 『찻자리미학』 지영사(2006)

이진수 『한국의 명차를 찾아서, 보성』 이른아침(2011)

이진수 『한국의 명차를 찾아서, 하동』 이른아침(2011)

여연스님 『우리가 알아야 할 우리 차』 현암사(2006)

짱유화 『다경강론』 도서출판 삼녕당(2013)

정동주 『한국인과 차』 다른세상(2004)

정동효 · 윤백현 · 이영희 『차생활백과사전』 홍익재(2012)

정상구 『중국차 문화학』 해동문화사(1994)

정영선 『한국차문화』 너럭바위(2007)

제인 피티그루 『세계의 명품차 TEA』 세경(2009)

조은아 『인야의 티노트』 네시간(2014)

초의, 통광 역주 『초의차 선집(동다송, 다신전)』 불광출판사(1996)

최규용 『금당다화』 이른아침(2004)

최범술 『한국의 다도』 보련각(1975)

프랑수와 사비에르 델마스·마티미네·크르스틴 마르바스트 『티소믈리에 가이드』
 한국 티소믈리에 연구원(2013)

하보숙·조미라 『홍차의 거의 모든 것』 도서출판 열린세상(2014)

『한국민족대백과사전』 한국학중앙연구원(2001)

『향토문화전자대전』 한국학중앙연구원(2008)

혜우스님 『알고보면 쉬운차』 이른아침(2008)

저자약력

고재윤 박사

　새로운 것에 도전하는 삶을 살아 온 저자는 1997년 와인에 입문하여 전 세계 20여 개국 와인 산지를 찾아 다녔으며, 2008년도부터 먹는 샘물 즉, 생수에 매료되어 유명한 생수 수원지와 장수마을을 찾아다니면서 연구하였다. 그리고 2010년부터는 차(茶)에 푹 빠져 중국의 차산지와 운남성을 정신없이 다니면서 공부를 하였다.

　2014년에 국내 최초로 (사)한국국제소믈리에협회와 함께 티소믈리에 경기대회를 개최하여 티소믈리에를 양성 발굴하고, 한국 차문화 대중화에 새로운 장을 열었다.

　서울 쉐라톤 그랜드 워커힐 호텔에서 20년간 식음료부장, 인사총무부장, 외식사업본부장을 거쳐 현재는 경희대학교 호텔관광대학 외식경영학과 교수 겸 관광대학원 와인소믈리에학과 학과장을 맡고 있으며, 국제소믈리에협회(ASI)의 (사)한국국제소믈리에협회 회장을 수행하고 있다. 2010년 7월 프랑스 보르도 생떼밀리옹에서 쥐라드 와인 기사작위를 수여받았으며, 2011년 5월 독일대사관에서 독일모젤와인협회로부터 홍보대사로 임명되었고, 2012년 3월 프랑스 부르고뉴에서 슈발리에 뒤 따스뜨 뱅 와인기사작위를 수여 받았으며, 2014년 5월에 동양인 최초로 포르투갈 가이아에서 형제애 와인기사작위를 수여 받았다.

　학회 활동으로 (사)한국외식경영학회 회장, (사)한국호텔리조트학회 회장, 한국와인소믈리에학회 회장, (사)한국관광학회 부회장 등을 역임하였고 국제소믈리에협회(ASI)의 2012년 제2회 아시아·오세아니아 베스트 소믈리에 경기대회를 대전에 유치하고 심사위원을 수행하였으며, 한국 국가대표소믈리에 경기대회 심사위원장, 독일 베를린 와인트로피와 아시아 와인트로피의 심사위원장을 맡고 있다.

대외적인 활동으로 한국표준협회의 국가 서비스 품질 심사위원, 농림축산식품부의 식품진흥심의위원회 위원, 한국관광공사의 호텔등급평가 심사위원으로도 활동하고 있다.

『와인 커뮤니케이션』, 『워터 커뮤니케이션』을 비롯한 4권의 와인관련 저서와 소믈리에 자격증 평가항목개발에 관한 연구 등 총 120여 편의 논문을 썼으며 그 중 40편은 와인·먹는 샘물·커피·차 관련 연구논문을 발표하였다.

머니 투데이, 월간 호텔 & 레스토랑, 품질경영, 리치 등에서 와인·워터 칼럼니스트로도 활동하고 있으며, 국내 건전한 와인·전통주·커피·차·워터 소비자의 저변 확대와 학문적 영역 구축에 심혈을 기울이고, 특히 향후에는 우리나라의 고유한 녹차 문화를 해외의 티 소믈리에게 알리고 연구하는데 일생을 바치고자 한다.

티 커뮤니케이션

초 판 1쇄 | 2015년 3월 28일 발행
초 판 2쇄 | 2019년 10월 2일 발행
저　자 | 고 재 윤
펴낸이 | 이 은 경
펴낸곳 | (주)세경북스
주　소 | 서울특별시 서초구 신반포로3길 8 반포프라자 606호
전　화 | 02-596-3596
팩　스 | 02-596-3597
등　록 | 제2013-000189호

정가 : 20,000원

이 책의 모든 권리는 (주)세경북스에 있습니다.
본 출판사의 동의 없이 내용을 복제하거나 전산장치에
저장·전파할 수 없습니다.

Printed in Korea
ISBN : 979-11-85611-60-0 13590

이 도서의 국립중앙도서관 출판예정도서목록(CIP)은
서지정보유통지원시스템 홈페이지(http://seoji.nl.go.kr)와
국가자료공동목록시스템(http://www.nl.go.kr/kolisnet)에서
이용하실 수 있습니다.(CIP제어번호: CIP2015008349)